Γνώρισε τον Εαυτό σου Μέσα από τα Μάτια του Πατέρα

Ο ΡΟΛΟΣ του Abba

Δρ. Κέρι Γουντ
με την Δρ. Τσίκι Γουντ

Copyright © 2022 Kerry Wood
ISBN: 978-1-940359-46-5

Με την επιφύλαξη παντός νόμιμου δικαιώματος βάσει του νόμου 1976 περί πνευματικών δικαιωμάτων των Η.Π.Α. Δεν επιτρέπεται η χρήση ή αναπαραγωγή του παρόντος βιβλίου, εν όλω ή εν μέρει, με οποιοδήποτε μέσο και μορφή, γραπτώς, ηλεκτρονικώς, μηχανικώς, μέσω φωτοτύπησης, ηχογράφησης, βιντεοσκόπησης ή άλλου συστήματος αποθήκευσης και ανάκτησης πληροφοριών, χωρίς τη ρητή γραπτή άδεια του συγγραφέα και του εκδότη.

English Print Version
Copyright © 2018 Kerry Wood
ISBN: 978-1-940359-61-8
Αριθμός Βιβλιοθήκης του Κογκρέσου: 2018932482
Εκδόθηκε στις Ηνωμένες Πολιτείες Αμερικής

Τίτλος του αγγλικού πρωτοτύπου: *The Abba FACTOR*
Μετάφραση: Μελίνα Σταμάτη, Παναγιώτα Καπετανικόλα

Για τα εδάφια της Αγίας Γραφής χρησιμοποιείται η Αγία Γραφή στη Δημοτική του Σπύρου Φίλου, εκτός αν αναγράφεται διαφορετικά.
Στο πρωτότυπο κείμενο χρησιμοποιούνται κατόπιν άδειας οι εξής μεταφράσεις και αποδόσεις της Αγίας Γραφής στην αγγλική:
New King James Version® (NKJV). Copyright © 1982 by Thomas Nelson. Used by permission. All rights reserved.
THE HOLY BIBLE, NEW INTERNATIONAL VERSION®, NIV® Copyright © 1973, 1978, 1984, 2011 by Biblica, Inc.® Used by permission. All rights reserved worldwide.
The Message. Copyright © 1993, 1994, 1995, 1996, 2000, 2001, 2002 by Eugene H. Peterson.
The Amplified Bible. Copyright © 1954, 1958, 1962, 1964, 1965, 1987 by The Lockman Foundation.

Σχεδιασμός Εξωφύλλου: Ivethe Zambrano-Fernández
www.designbytwo.com

Φωτογραφία των Συγγραφέων από τον John Choate

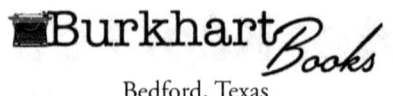

Bedford, Texas
www.BurkhartBooks.com

Αφιέρωση και Ευχαριστίες

Αυτό το βιβλίο το αφιερώνω στην Τσίκι, την αξιαγάπητη, στοργική και ιδιοφυή σύζυγό μου. Σε ευχαριστώ που με παρακινείς να γράφω, με συμβουλεύεις με σοφία και κάνεις τη ζωή μου έναν επίγειο παράδεισο, περισσότερο απ' όσο αξίζω.

Ευχαριστώ το Πανεπιστήμιο «The King's University» στο Σάουθλεϊκ του Τέξας που με προσκάλεσε να διδάξω αυτές τις αλήθειες στο εντατικό καλοκαιρινό πρόγραμμα μαθημάτων του 2017. Ευχαριστώ ιδιαίτερα τους Κόουλ Μπαρνέτ, Ρέιτσελ Κλαρκ, Κλόι Ντουάιερ, Άλεν Πάουερς, Τάρεν Γουόλτερς και Λόρεν Βαλτς (σπουδαστές του «The King's University») που αφιέρωσαν αρκετό χρόνο για να μελετήσουν, να ακούσουν και να μου προσφέρουν την ειλικρινή εποικοδομητική κριτική τους κατά τη διάρκεια της συγγραφής.

Ευχαριστώ, επίσης, τους Ράιαν Νόρθκατ, Φιλ και Μπεθ Στρίκλαντ και τη σύζυγό μου, Τσίκι, για τα σχόλια και τη συνεισφορά τους στην επεξεργασία κειμένου. Είμαι σίγουρος ότι θα θέλεις να αποκτήσεις και τα άλλα δύο βιβλία της τριλογίας που γράψαμε μαζί με την Τσίκι. Το δεύτερο βιβλίο της σειράς έχει τίτλο Το Θεμέλιο του Abba (το θεολογικό θεμέλιο των όσων αναφέρω στα άλλα δυο βιβλία, γραμμένο από τη δρα Τσίκι Γουντ), και το τρίτο είναι Η Διαμόρφωση από τον Abba (μια βουτιά στα βαθιά σχετικά με το έργο του Αγίου Πνεύματος που μας δίνει τη νέα μας ταυτότητα και καλλιεργεί τη μεταμόρφωσή μας, όπως φαίνεται στο δεύτερο κεφάλαιο της προς Κορινθίους Α'). Ο τόμος που έγραψε η Τσίκι είναι καθοριστικής σημασίας διότι, αν δεν έχουμε ορθή οπτική του χαρακτήρα του Πατέρα, υπάρχει κίνδυνος να συνδυάσουμε λανθασμένα τις έννοιες του ορφανού και του γιου. Η ουσία κάθε αληθινού γιου, εξάλλου, έχει να κάνει με τη σχέση του με τον Πατέρα.

Τέλος, χρωστώ ένα μεγάλο ευχαριστώ στον Τοντ και την Τάμι Γουίλιαμς που με γενναιοδωρία μας παραχώρησαν την πολυτελή καμπίνα τους «Οι Δώδεκα Πέτρες» (στο Μπρόκεν Μπόου της Οκλαχόμα), ως το συγγραφικό μας καταφύγιο. Δεν ξέρω πόσο καιρό θα χρειαζόμουν για να ολοκληρώσω το παρόν βιβλίο αν δεν είχα εκείνο το μέρος διαφυγής.

Περιεχόμενα

Πρόλογος
Εισαγωγή
Γιατί Είναι Τόσο Σημαντική η Χρήση της Λέξης Abba για τον Θεό;

Ένα - Μια Πρόσκληση για Σένα σε ένα Ταξίδι «Αναψυχής» 23
Δύο - Το Ορφανό Πνεύμα σε Διεθνή Κλίμακα 35
Τρία - Η Πρόσκληση του Πατέρα να Ζήσουμε ως Γιοι 49
Τέσσερα - Το Πατρικό Πνεύμα Είναι Εδώ 65
Πέντε - Η Πορεία προς το Ορφανό Πνεύμα 79
Έξι - Η Πορεία προς το Ορφανό Πνεύμα Συνεχίζεται 95
Επτά - Ψευδοπληρότητα: Όταν Αποδέχομαι το Ψεύτικο σαν Αληθινό 107
Οχτώ - Μεταμόρφωση: Όταν Γίνεσαι Άλλος Άνθρωπος 131
Εννιά - Η Πορεία προς την Καρδιά ενός Αληθινού Γιου 151
Δέκα - Η Πορεία προς την Καρδιά ενός Αληθινού Γιου Συνεχίζεται 165
Έντεκα - Οι Ορφανοί Γίνονται Κληρονόμοι 179

Επίλογος 195
Βιβλιογραφία 199
Σχετικά με τον Συγγραφέα 200
Υπόμνημα 201

Πρόλογος

Θα είμαι πάντα ευγνώμων για την πνευματική μου ανατροφή. Οι γονείς μου αγάπησαν τον Θεό με θέρμη και μετέδωσαν την ίδια πνευματική κληρονομιά στα παιδιά τους. Πηγαίναμε στην εκκλησία τρεις φορές τη βδομάδα. Υπήρχε, όμως, κάτι που δεν λειτουργούσε σωστά, και εγώ ως παιδί αδυνατούσα να το αντιληφθώ. Πριν από χρόνια, λοιπόν, ο πατέρας μου (ένας απ' τους πιο εργατικούς και θεοσεβούμενους ανθρώπους που έχω γνωρίσει) άρχισε να γίνεται υποχωρητικός στην πίεση. Δεν μπορούσα να καταλάβω γιατί απέφευγε να αντιμετωπίσει οποιαδήποτε πρόκληση. Τον θυμάμαι αμέτρητες φορές να ανοίγει την πόρτα, να μπαίνει στο αμάξι και να φεύγει, για να μην αναγκαστεί να διευθετήσει κάποιο οικογενειακό ζήτημα με τη μαμά μου.

Τότε, βέβαια, δεν μου φαινόταν περίεργο· έτσι λειτουργούσαμε στο σπίτι μας. Ήταν «φυσιολογικό» για μας. Όσο μεγάλωνα, όμως, άρχισα να αναρωτιέμαι γιατί συνέβαινε αυτό. Θυμάμαι τα ανάμεικτα συναισθήματα πικρίας και οίκτου που ένιωθα, γιατί ήθελα ο μπαμπάς μου να είναι δυνατός και γενναίος. Σιχαινόμουν το γεγονός ότι έτρεχε να φύγει αντί να μείνει να διευθετήσει τα πράγματα. Ταυτόχρονα, όμως, τον λυπόμουν, τον συμπονούσα και θύμωνα με τη μαμά μου ή οποιονδήποτε θεωρούσα ότι του προκαλούσε πόνο.

Αργότερα, εγώ και τα αδέλφια μου μάθαμε την ιστορία του μπαμπά, ότι στα χρόνια της Ύφεσης, όταν ήταν δύο ετών, έμεινε ορφανός. Μας είναι δύσκολο να το καταλάβουμε τώρα, αλλά υπήρχε μια εποχή στην Αμερική, που κάποιες οικογένειες δεν είχαν άλλη επιλογή: ή θα άφηναν τα παιδιά τους να πεθάνουν της πείνας ή θα τα έδιναν σε ορφανοτροφείο μέχρι να καλυτερεύσουν τα πράγματα. Στην περίπτωση του πατέρα μου, τον έβαλαν μαζί με τα αδέλφια του σε ορφανοτροφείο. Από μια θεϊκή (κατά τη γνώμη μου) ανατροπή της πλοκής, τον μπαμπά μου τον υιοθέτησε τελικά μια οικογένεια Χριστιανών και έτσι, αποχωρίστηκε από τα αδέλφια του μέχρι τα είκοσι του.

Μεγάλωσε σε χριστιανικό σπίτι, σε πολύ διαφορετικό περιβάλλον από τα βιολογικά του αδέλφια, αλλά οι αποχωρισμοί που βίωσε άφησαν μέσα του ένα ανεξίτηλο σημάδι. Όταν πλησίαζα τα σαράντα, άρχισα να συνειδητοποιώ ότι η τάση του μπαμπά μου να αποφεύγει τις συγκρούσεις συνδέονταν άμεσα με την υποθάλπουσα νοοτροπία του ορφανού μέσα του.

Για μένα, αυτό το θέμα είναι κάτι παραπάνω από το περιεχόμενο ενός κηρύγματος ή ενός μαθήματος. Είναι ένα κομμάτι από το ανάγλυφο της ζωής μου, από το ταξίδι της ψυχής μου και από τον ιστό της οικογένειάς μου. Γράφω και μιλάω για αυτό το θέμα με πάθος, επειδή είναι το μήνυμα της ζωής μου. Αν μου το επιτρέψεις, έχουμε να πούμε πολλά στις σελίδες που ακολουθούν.

«Νομίζω ότι μας το Ξαναείπε»

Οι μαθητές μου με ακούνε να *λέω συχνά ότι Είμαι ελεύθερος από τον φόβο της επανάληψης*. Κάποιες αλήθειες πρέπει να επαναλαμβάνονται πολλές φορές και να λέγονται με όσο το δυνατόν περισσότερους και διαφορετικούς τρόπους. Συνεπώς, οφείλω να σε προειδοποιήσω ότι σκόπιμα θα επαναλαμβάνω κάποια πράγματα πολλές φορές και με πολλούς τρόπους. Αυτό το κάνω αφενός για να εδραιώσω μια αλήθεια όσο γίνεται πιο βαθιά στην καρδιά και στο μυαλό σου ως ακροατή, και αφετέρου για να σε βοηθήσω να «ενώσεις τις τελείες» ως μαθητής — ώστε να μπορείς να εφαρμόσεις την εκάστοτε αλήθεια σε διάφορες πτυχές της ζωής και της νοοτροπίας σου. Σου ζητώ, λοιπόν, να δέχεσαι τις επαναλήψεις μου ξανά και ξανά με ταπεινή καρδιά, σαν τρυφερό φυτό που χρειάζεται καθημερινό πότισμα. Είναι κάτι που το χρειάζομαι και εγώ συνεχώς. Ας κάνουμε μαζί αυτό το ταξίδι ανακάλυψης· νιώθω και εγώ την αγωνία αυτής της ανακάλυψης, όπως είπε ο Παύλος, «μέχρι να αποκτήσω αυτό για το οποίο και αποκτήθηκα».

Η Αναγκαία Ταπεινότητα

Προσεγγίζω το έργο της συγγραφής αυτού του βιβλίου με τίτλο *Ο Ρόλος του Abba* (σχετικά με τον ρόλο του Αγίου Πνεύματος που διευκολύνει την οικεία σχέση μας με τον Θεό και την πνευματική μας μεταμόρφωση), με μια ιδιαίτερη αίσθηση δέους και φόβου. Το γεγονός ότι εξοικειώθηκα από μικρός με τα πράγματα του Πνεύματος είμαι σίγουρος ότι με έχει κάνει ταυτόχρονα περισσότερο και λιγότερο ευαίσθητο, χωρίς να το αντιλαμβάνομαι πάντα. Όταν μιλάω με τον Θεό δεν θέλω ούτε στο ελάχιστο να μιλάω σαν να τα έχω καταλάβει όλα. Ο Ιησούς είπε για το Άγιο Πνεύμα ότι «Ο άνεμος πνέει όπου θέλει, και ακούς τη φωνή του, αλλά δεν ξέρεις από πού έρχεται και πού πηγαίνει. Με τον ίδιο τρόπο, το Άγιο Πνεύμα...» (Κατά Ιωάννη 3:8). Εάν ο Ιησούς, που ήταν σε ενότητα και συνεχή κοινωνία με τον Πατέρα και το Άγιο Πνεύμα είπε κάτι τέτοιο, σκέψου εμείς πόσο λίγα γνωρίζουμε πραγματικά για Αυτόν!

Κι όμως, μας αποκάλυψε τον εαυτό Του (σαν μέσα από σπασμένο καθρέφτη) για να μας ελκύσει προς τον εαυτό Του. Ο Θεός θέλει να Τον γνωρίσουμε και μπορούμε να Τον γνωρίσουμε μέσω του Ιησού Χριστού διαμέσου του Πνεύματος. Είναι φανερό από την ιστορία της Εκκλησίας, ότι αν σηκώνουμε αδιάφορα τους ώμους μας και λέμε «Παραείναι μακριά από μας για να μπούμε στη διαδικασία να Τον αναζητήσουμε και να συνομιλήσουμε μαζί Του», αυτό σημαίνει ότι ξεχνάμε δύο πράγματα: πρώτον, ότι ο Θεός μας προσκαλεί να Τον γνωρίσουμε και δεύτερον, ότι κατόπιν εντολής Του, φέρουμε την ευθύνη να συνεργαστούμε μαζί Του για να δούμε τα έθνη να προστρέχουν στη Σιών. Θα πρέπει, λοιπόν, να δεχτούμε την πρόσκληση του Θεού που λέει:

Θα με βρείτε, όταν Με εκζητήσετε με όλη σας την καρδιά.

Ιερεμίας 29:13

Έλα μαζί μου σ' αυτή την αναζήτηση με ταπεινή καρδιά. Ας αποφασίσουμε και οι δύο πως όσα μαθαίνουμε, δεν θα τα κρατάμε σφιχτά· θα φέρνουμε διαρκώς μπροστά Του ό,τι νομίζουμε ότι ξέρουμε, ώστε να μπορεί να αφαιρεί το πέπλο και να μας δείχνει περισσότερα.

Πηγές και Παραπομπές

Άρχισα για πρώτη φορά να συνειδητοποιώ τη λειτουργία της οικογένειας στις διάφορες μορφές της στη ζωή μου, όταν έπεσε στα χέρια μου μια σειρά μηνυμάτων από τον Τζακ Φροστ με θέμα «Η Πατρική Καρδιά του Θεού», τα οποία είναι πλέον διαθέσιμα σε μορφή βιβλίου με τον τίτλο *Από την Πνευματική Δουλεία στη Θέση του Πνευματικού Γιου*.[1] Όπως συμβαίνει με κάθε αλήθεια, αυτό το μήνυμα υπήρχε κάπου βαθιά μέσα στο πνεύμα μου, αλλά χρειαζόταν έναν τρόπο έκφρασης για να πάρει μορφή. Ευχαριστώ τον αείμνηστο Τζακ Φροστ που το διατύπωσε και τον φίλο μου Νταγκ Στρίνγκερ που έφερε τα διδάγματα του Φροστ στα χέρια μου. Ποτέ δεν ξέρεις με ποιους τρόπους θα χρησιμοποιήσει ο Θεός ένα βιβλίο, μια ιστοσελίδα, ένα μήνυμα που στέλνεις σε κάποιον. Κηρύττω και διδάσκω αυτό το θέμα εδώ και πολλά χρόνια, αλλά πολλά από αυτά που παραθέτω εδώ ξεκίνησαν από τη διδασκαλία του Τζακ.

Ένας άλλος Τζακ, ο ποιμένας Τζακ Χέιφορντ, ήταν ο άνθρωπος που επηρέασε τη ζωή μου βαθύτατα τα τελευταία τριάντα πέντε χρόνια.

Μπορώ να πω πολλά για την εκτίμηση και στοργή που νιώθω γι' αυτόν τον πνευματικό πατέρα, αλλά ο στόχος μου εδώ είναι να σου δώσω μια σημαντική παραπομπή. Ο ποιμένας Χέιφορντ, πριν από αρκετές δεκαετίες, δίδαξε μια σειρά μηνυμάτων στην εκκλησία του, την «Εκκλησία Καθοδόν», τα οποία αποτέλεσαν τη βάση για το βιβλίο που εκδόθηκε αργότερα με τίτλο «*Ξαναχτίσε τον Αληθινό Εαυτό Σου*».² Πρόκειται για μια μελέτη γύρω από το έργο της μεταμόρφωσης που κάνει το Άγιο Πνεύμα στη ζωή κάθε πιστού, υπό το πρίσμα του Νεεμία. Το κάλεσμα του Νεεμία να ανοικοδομήσει τα κατεστραμμένα τείχη της Ιερουσαλήμ είναι μια πολύ όμορφη αναλογία της αποστολής του Αγίου Πνεύματος να ανοικοδομήσει τα κατεστραμμένα τείχη και τις πύλες της ψυχής του πιστού. Αυτά τα δύο αξεπέραστα βιβλία φανερώνουν τις δικές μου πηγές σ' αυτό το ταξίδι, και συνοδεύουν εξαιρετικά την ταπεινή συνεισφορά αυτού του βιβλίου.

Αποσαφήνιση των Όρων

Δύο όροι που θα επαναλαμβάνω συχνά και χρήζουν διευκρίνησης, είναι το *πνεύμα του γιου και το πνεύμα του ορφανού*. Δεδομένης της πολιτισμικής ιδιαιτερότητας που φέρουν αλλά και της πολυδιάστατης χρήσης τους, οφείλω να ενημερώσω τον αναγνώστη με ποιον τρόπο θα χρησιμοποιούνται οι συγκεκριμένοι όροι σ' αυτό το βιβλίο (ενώ σαφώς μπορούν να χρησιμοποιηθούν αλλού με διαφορετικό τρόπο). Εντός του παρόντος, με τον όρο γιος δεν αναφέρομαι σε ένα φύλο, αλλά σε μια θέση — είναι το μέρος όπου ανήκεις και έχεις μια νέα ταυτότητα μέσα στον Ιησού Χριστό, τον Γιο του Θεού. Συνεπώς, η *καρδιά* ή το *πνεύμα του γιου* έχει να κάνει με την πνευματική μας ταυτότητα και αυτό που ο Λόγος του Θεού περιγράφει ως τη θέση ενός πιστού μπροστά στον Θεό. Η Αγία Γραφή ονομάζει τους πιστούς που είναι εν Χριστώ, «γιους του Θεού» (Α' Ιωάννη 3:1-3). Ο όρος «γιοι» (κάποιες φορές συναντάται και ως *γιοι και θυγατέρες*) χρησιμοποιείται περιληπτικά, και όχι σεξιστικά, για να αναδείξει την ιδιαίτερη έννοια του «υιού». Αυτή η αρχαία ελληνική λέξη χρησιμοποιείται στη Βίβλο για να περιγράψει ένα συγκεκριμένο είδος υιο-θεσίας (τη θέση ενός υιού). Περιγράφει ένα παιδί που γίνεται «μπαρ/μπατ μίτσβα» (εβρ: περνάει την ηλικία του νηπίου και γίνεται υπεύθυνος γιος/κόρη), δηλαδή αναλαμβάνει να συνεργάζεται πλέον με τον πατέρα του για να φέρνει εις πέρας τις υποθέσεις του πατέρα (δες Γαλάτες 4:5-7).

Δεύτερον, όταν μιλάω για το *πνεύμα του ορφανού* δεν αναφέρομαι κατά βάση σε μια πνευματική ύπαρξη, ένα δαιμόνιο ή μια πνευματική αποστολή που εκτελείται από δαιμόνια, παρότι πιστεύω ότι όλα αυτά υπάρχουν. Χρησιμοποιώ τη φράση *ορφανό πνεύμα* με τον τρόπο που χρησιμοποιεί και ο Παύλος τη *λέξη πνεύμα* (Εφεσίους 4:23) όταν νουθετεί τους πιστούς να «ανακαινίζονται στο πνεύμα του νου τους». Θα μπορούσαμε να το ορίσουμε ως την κυρίαρχη νοοτροπία ή τρόπο σκέψης μας, την επικρατέστερη προσέγγιση ή στάση ζωής μας. Θα έλεγε κανείς ότι είναι η «προσωπική κοσμοθεωρία» μας, αν και στη δική μου χρήση του όρου εννοώ τον υποσυνείδητο τρόπο σκέψης και αντίληψης.

Στόχος

Όλοι παλεύουμε σε κάποιο βαθμό με τη νοοτροπία του ορφανού, και το πρώτο μεγάλο βήμα είναι να αναγνωρίσουμε ότι υπάρχει μέσα μας. Σε εκπλήσσει αυτό; Γύρω μας ο πόλεμος έχει ήδη ξεσπάσει στον κόσμο. Δεν είναι ένας πόλεμος μεταξύ συντηρητικών και προοδευτικών, καπιταλιστών και σοσιαλιστών, χριστιανών και μουσουλμάνων ή μεταξύ διαφορετικών χρωμάτων δέρματος. Αυτά είναι παγίδες που μας ξεγελούν. Ο πραγματικός πόλεμος είναι ανάμεσα στο πνεύμα του γιου και το πνεύμα του ορφανού. Και μαίνεται σε κάθε έθνος, σε κάθε κοινωνική ομάδα, μέσα και έξω από την Εκκλησία, στους άμβωνες και στα στασίδια. Ποια η αιτία και ποιο το τίμημα; Ο στόχος μου είναι να χρησιμοποιήσω ποικιλία μεθόδων, όπως ιστορίες από τη Βίβλο, τη διδασκαλία του Ιησού, προφητικές εικόνες, περιγραφή της διαδικασίας που μας οδηγεί στην ορφανή καρδιά και το αντίστροφο, καθώς και ιστορικά παραδείγματα· όλα αυτά με σκοπό να εκφράσω τις αντιθετικές διαφορές ανάμεσα στο πνεύμα του γιου και του ορφανού. Αυτές οι αντιθέσεις θα σου δώσουν «μάτια για να δεις» — και μόλις το δεις, δεν θα μπορείς να ξεχάσεις αυτό που είδες. Έτσι αρχίζει το Άγιο Πνεύμα να επιταχύνει το έργο της μεταμόρφωσης μέσα σου. Ο κόσμος περιμένει να σταθούμε ως γιοι που ξέρουν ότι είναι γιοι, και ξέρουν πώς να είναι γιοι χωρίς να χρειάζεται να βάλουν τα δυνατά τους για να γίνουν γιοι.

Εισαγωγή

Άρα, *Ο Ρόλος του Abba* έχει να κάνει με τον Θεό Πατέρα; Έχει να κάνει με τον Ιησού που χρησιμοποίησε την αραμαϊκή λέξη «Abba» (=μπαμπάς); Έχει να κάνει με το πώς να χρησιμοποιούμε αυτή τη λέξη όταν προσευχόμαστε; Ή έχει να κάνει με το Άγιο Πνεύμα που φωνάζει «Abba» μέσα στις καρδιές μας;
Ναι.

Έχει να κάνει με όλα αυτά — *Ο Ρόλος του Abba* είναι πρωτίστως και κυρίως μια γιορτή που οφείλεται στον Τριαδικό Θεό, ο οποίος μας δείχνει πόσο σίγουρος είναι, πόσο ικανός να μας αγαπάει άνευ όρων και πόσο πρόθυμος να συνεργάζεται με τον άνθρωπο, παρά την άπειρη και αυτάρκη φύση Του. Είναι ένας Θεός που δεν Του λείπει τίποτα, δεν έχει καμία ανάγκη, δεν έχει κανένα κενό που πρέπει να γεμίσει με τον έπαινο, το χειροκρότημα ή την υπακοή του ανθρώπου. Μας αγαπάει απλόχερα και με απόλυτη αυτοπεποίθηση, και έτσι μας τελειοποιεί ώστε να γίνουμε όπως μας έπλασε να είμαστε.

Ο Ρόλος του Abba ασχολείται με τις διαφορές ανάμεσα σ' έναν ορφανό και έναν γιο, και τις διαδικασίες που μας μεταμορφώνουν από τον ένα στον άλλο. Έχει να κάνει με το έργο του Αγίου Πνεύματος μέσα στο πνεύμα κάθε πιστού, που στοχεύει να τον/τη φέρει στο σημείο που θα έχει αδιάσειστη βεβαιότητα και συνεχή επίγνωση ότι είναι γιος — και ζει ως γιος. Η θέση του αληθινού γιου σημαίνει ότι δεν χρειάζεται να φτάσεις κάπου, γιατί είσαι ήδη εκεί «μέσα στον Χριστό». Ό,τι χρειάζεσαι, σου έχει ήδη δοθεί «στο Πνεύμα». Δεν αφορά το τι μπορείς να κάνεις, αλλά το ποιος «είσαι». Τέρμα οι αγωνιώδεις προσπάθειες. Το κυνήγι της αυτοπραγμάτωσης είναι μια ψευδαίσθηση. «Όλα είναι δικά σας» (Κατά Ιωάννη 16:15, Ρωμαίους 8:32, Α' Κορινθίους 3:21-22, Α' Ιωάννη 2:20, 27). Εάν ισχύει αυτό, τότε *το να είσαι μαθητής του Ιησού είναι μάλλον τρόπος ζωής παρά τρόπος εκτέλεσης καλών πράξεων*. Δεν είναι η αναζήτηση των ιδανικών μεθόδων, αλλά η ελευθερία να είσαι πραγματικά ο εαυτός σου. Αυτή η διαδικασία που σε μεταμορφώνει, θα βοηθήσει το μυαλό σου να κατανοήσει αλήθειες που η καρδιά σου ήδη γνωρίζει. Όμως, όσο πιο γρήγορα αντιληφθείς ότι δεν ξέρεις πώς να το κάνεις, τόσο το καλύτερο· το Άγιο Πνεύμα που είναι μέσα σου κάνει το έργο.

(Αν θέλεις να μελετήσεις βαθύτερα τον χαρακτήρα του Θεού ως *Abba*, διάβασε το βιβλίο «*Το Θεμέλιο του Abba*» της δρ. Τσίκι Γουντ, [Burkhart Books, 2018], που απαντάει σε ερωτήματα σχετικά με το γιατί να θέλει κάποιος να έχει μια τόσο στενή σχέση με τον Θεό. Εξάλλου, εάν κάποιος έχει εξαρχής λανθασμένη εντύπωση για τον Θεό, αυτό θα σαμποτάρει κάθε επιθυμία του να Τον γνωρίσει.)

Ο Ρόλος του Abba εμβαθύνει στο γεγονός ότι η ύψιστη προτεραιότητα του Αγίου Πνεύματος είναι να καλλιεργεί, να μορφώνει και να γεννά μέσα μας την καρδιά ενός γιου, και κατ' επέκταση, στο γεγονός ότι μπορούμε να συνεργαστούμε μαζί Του για να επισπεύσουμε αυτό το έργο. Πρώτα, όμως, υπάρχει ένα σημαντικό θέμα αντίληψης που πρέπει να διευθετήσουμε.

Γιατί Είναι Τόσο Σημαντική η Χρήση της Λέξης Abba για τον Θεό;

Ας μιλήσουμε για τη λέξη «Abba».

Ένα βασικό δείγμα ωριμότητας είναι να μπορεί κανείς να διακρίνει τι είναι και τι δεν είναι σημαντικό. Ως καλοί γονείς διδάσκουμε στα παιδιά μας αρχές και αξίες — δηλαδή τι είναι σημαντικό. Για να ορίσουμε σωστά ποιες είναι οι αξίες μας, πρέπει να έχουμε σωστή οπτική, άρα είναι σημαντικό να ξεκινήσουμε μελετώντας αυτή τη λέξη που περιγράφει τον Θεό, τον Πατέρα του Ιησού, τον οποίο μπορούμε να αποκαλούμε «Abba». Ας δούμε τι ακριβώς σημαίνει αυτό. Όσο σύντομη κι αν είναι η ανάλυσή μας, εφόσον θέλουμε να αντιμετωπίζουμε το μήνυμα του Χριστού με σοβαρότητα, θα πρέπει να εξετάσουμε και τις εβραϊκές ρίζες Του – και κατά μία έννοια, ρίζες μας.

Για έναν Εβραίο της αρχαιότητας, ήταν αδιανόητο, ασεβές και μάλλον βλάσφημο να προσφωνήσει τον Θεό χρησιμοποιώντας μια τόσο πεζή αραμαϊκή λέξη που σημαίνει *μπαμπάκας*. Έτσι φώναζαν τα παιδιά τον πατέρα τους στα αραμαϊκά στην αρχαία Παλαιστίνη (*abba*, μπαμπάς) και τη μητέρα τους (*imma*, μαμά). Ήταν πρωτόγνωρο, ιδιαίτερο και ανήκουστο που ο Ιησούς υιοθέτησε αυτό τον απλό όρο και συνομιλούσε με τον Θεό όπως μιλάει ένα παιδί με τον πατέρα του· με απλότητα, οικειότητα και σιγουριά. Και για μας είναι άκρως τολμηρό, σκανδαλώδες και προκλητικό. Είναι ξεκάθαρο ότι ο Ιησούς χρησιμοποιεί αυτόν τον όρο για να διαλύσει κάθε προηγούμενη εικόνα μας για τον Θεό.[3] Με τον τρόπο που μιλούσε, μας φανέρωνε ποια ήταν η βάση της επικοινωνίας Του με τον Θεό και μας άφηνε να ρίξουμε μια ματιά στη σχέση μεταξύ της Αγίας Τριάδας.

Μέσα στη Βίβλο, ο τετραγράμματος όρος YHWH *(Γιαχβέ)* χρησιμοποιείται 6.519 φορές —περισσότερες φορές από οποιοδήποτε άλλο όνομα για τον Θεό— και η επικρατέστερη απόδοσή του είναι «ο Θεός είναι Βασιλιάς». Ωστόσο, ο χαρακτηρισμός που χρησιμοποιείται λιγότερο στην Παλαιά Διαθήκη είναι αυτός του Θεού ως πατέρα (Δευτερονόμιο 32:6, Ησαΐας 63:16, Ιερεμίας 3:19). Ο Θεός αποκαλείται «πατέρας» λιγότερες από είκοσι φορές, στις οποίες περιγράφεται κυρίως ως πρόγονος ή δημιουργός (διότι η κτίση προήλθε από τον Θεό).[4] Η μόνη εξαίρεση είναι ένα εδάφιο του Ωσηέ, ο οποίος μας δείχνει ένα τρέιλερ των όσων θα ακολουθήσουν στην Καινή Διαθήκη, και περιγράφει την ήρεμη γονική φροντίδα του Θεού και την τρυφερή αγάπη Του για τα επαναστατημένα παιδιά Του (τον λαό Ισραήλ). Ο Ωσηέ προβλέπει ότι ο Θεός θα εκπαιδεύσει τον Ισραήλ για να γίνει τελικά γιος Του, αλλά λίγοι αντιλαμβάνονται ότι ο στόχος του Θεού ήταν να συμπεριλάβει όλα τα έθνη (Ωσηέ 11:3-4).

Φαντάσου όταν έφτασε εκείνη η ιστορική στιγμή, την οποία ο θεολόγος Ιερεμίας Ιωακείμ ονομάζει «ορόσημο στην ιστορία του ανθρώπου».[5] Ήταν η στιγμή που οι μαθητές (έχοντας δει πόσο διαφορετικά συνομιλούσε ο Ιησούς με τον Θεό) Του ζητούν να τους διδάξει να προσεύχονται με τον ίδιο τρόπο. Χωρίς κανέναν δισταγμό, ο Ιησούς απαντάει:

Να προσεύχεστε ως εξής: «Abba που είσαι στους ουρανούς...»
Κατά Ματθαίο 6:9

Σε παρακαλώ, μην το προσπεράσεις.

Δεν μιλάμε για μια τυποποιημένη μέθοδο προσευχής (όπως τη θεωρούμε εμείς, γνωστή ως «Πάτερ Ημών» ή «Κυριακή Προσευχή»). Μιλάμε για μια ανατρεπτική στιγμή στην ανθρώπινη ιστορία, που προσκαλεί απλούς ανθρώπους να γνωρίσουν τον Θεό με τρόπο που κανείς δεν μπορούσε να ονειρευτεί μέχρι τότε: ως τον Πατέρα τους. Ήταν μια πρόσκληση προς τους μαθητές να έρθουν πιο κοντά και να γνωρίσουν τον Θεό προσωπικά· όχι ως τον υπερβατικό Θεό (που είναι) ή τον απομακρυσμένο Θεό (που δεν είναι), ούτε ως τον Θεό που κανείς δεν τολμά να προφέρει το όνομά Του ή να το γράψει με όλα του τα γράμματα! Εκείνη τη στιγμή ο Ιησούς έδινε στους μαθητές Του μια γεύση από το σχέδιο δράσης και τη στρατηγική της αποστολής Του, για να δουν τι ακριβώς είχε στο μυαλό Του ο Θεός όταν έστειλε τον Γιο Του.[6] Το σχέδιο Του ήταν να επαναφέρει την ξεπεσμένη ανθρωπότητα στη θέση της στο τραπέζι του Πατέρα —κάθε έθνος, φυλή και γλώσσα— εκεί που όλοι θα μπορούν να ζήσουν ξανά ως παιδιά, γεμάτοι αθωότητα, ελευθερία και εμπιστοσύνη.

Ο Ρέημοντ Μπράουν αναφέρει ότι, «Η εντυπωσιακή χρήση της λέξης Abba από τον Ιησού έδειχνε πόσο στενή ήταν η σχέση που είχε με τον Θεό ως Πατέρα Του και αυτό ήταν κάτι που σημάδεψε τους μαθητές Του για πάντα».[7]

Η Πατρότητα του Θεού Αποκαλύπτεται στα Ευαγγέλια

Σε τουλάχιστον 170 σημεία μέσα στα Ευαγγέλια ο Ιησούς μιλάει για τον Θεό ή προς τον Θεό ως Πατέρα — τα 100 είναι στο Ευαγγέλιο του Ιωάννη. Ο Ιησούς δίδαξε τον ευρύτερο κύκλο των μαθητών Του ότι ο Θεός είναι ένας καλός πατέρας που ξέρει τι χρειάζονται τα παιδιά Του (Κατά Ματθαίο 6:32, Κατά Λουκά 12:30), ένας πατέρας γεμάτος έλεος (Κατά Λουκά 6:36) και άπειρη καλοσύνη (Κατά Ματθαίο 5:45), ένας πατέρας που συγχωρεί (Κατά Μάρκο 11:25) και θέλει να δώσει τη Βασιλεία στα παιδιά Του (Κατά Λουκά 12:32). Αλλά όταν ο Ιησούς υπέφερε, πέθανε και την τρίτη μέρα βγήκε από τον τάφο, συνάντησε τη Μαρία στον κήπο και της είπε:

Μη με αγγίζεις, επειδή δεν ανέβηκα ακόμα προς τον Πατέρα μου. Αλλά πήγαινε στους αδελφούς μου και πες τους: Ανεβαίνω προς τον Πατέρα μου και Πατέρα σας και Θεό μου και Θεό σας.
Κατά Ιωάννη 20:17

Πρόσεξες τα καινούργια μέλη που εντάσσονται στη σχέση τους; Ο Πατέρας μου είναι τώρα και Πατέρας σας.

Αυτό που μας είχε δώσει ο Ιησούς στο «Πάτερ Ημών» σαν προσδοκία για ένα νέο μέλλον, έγινε πλέον πραγματικότητα μετά την ανάστασή Του. Οι μαθητές δεν είχαν καταλάβει τότε ότι η λέξη *Abba* δεν είναι το προσωπικό όνομα του Θεού που μπορεί να χρησιμοποιεί μόνο ο Ιησούς, αλλά μια λέξη που φανερώνει και εκφράζει ολοκληρωμένα ποιος είναι ο Θεός του Ιησού· είναι πρωτίστως και κυρίως Πατέρας. Μας δείχνει, επιπλέον, ποια ήταν η αποστολή του Ιησού και πόσο απόλυτα συνειδητοποιημένος ήταν σχετικά μ' αυτή. Όπως εύστοχα εξηγεί ο συγγραφέας της επιστολής προς Εβραίους:

*Επειδή έπρεπε σ' αυτόν, για τον οποίο υπάρχουν τα πάντα και διαμέσου του οποίου έγιναν τα πάντα, **φέρνοντας στη δόξα πολλούς γιους**, να παραστήσει τέλειον τον αρχηγό της σωτηρίας τους διαμέσου των παθημάτων.*
Εβραίους 2:10

Η αποστολή του Ιησού δεν ήταν να δημιουργήσει μια νέα θρησκεία, να φέρει κρίση στον κόσμο ή να δώσει στην ανθρωπότητα έναν νέο ηθικό κώδικα. Ήταν κάτι πολύ μεγαλύτερο. Ήρθε για να μεταμορφώσει τους ορφανούς σε γιους — να φέρει πολλούς γιους στη δόξα και να επαναφέρει τον ορφανό πλανήτη μας στην αγκαλιά του Πατέρα όλων των πνευμάτων.[8]

Θα είμαι πατέρας τους, και αυτοί παιδιά Μου.
Όλοι θα αποκαλούνται παιδιά του ζωντανού Θεού.
Ιωβηλαία 1:24
(Από τον Βιβλικό Κανόνα της Αιθιοπικής Ορθόδοξης Εκκλησίας)

Ένας Νέος Δρόμος

Ο όρος *Abba* που χρησιμοποιεί ο Ιησούς δεν πρέπει να θεωρηθεί δείγμα μιας αποκλειστικής σχέσης που μόνο Αυτός μπορεί να απολαμβάνει. Η Καινή Διαθήκη επιβεβαιώνει το γεγονός ότι η αποστολή του Ιησού ήταν να θέσει σε κίνηση κάτι νέο που δεν θα τελείωνε με την ανάληψή Του στον ουρανό. Είχε πει στους μαθητές Του ότι θα έφευγε, αλλά ότι θα έστελνε έναν Άλλον όπως τον Εαυτό Του, το Άγιο Πνεύμα, ο οποίος «*θα πάρει από το δικό μου και θα το αναγγείλει σε σας*» (Κατά Ιωάννη 16:14). Όσοι πιστεύουν στον Ιησού (δηλαδή έχουν υιοθετηθεί ως γιοι και κόρες του Θεού, ζούνε με τη δύναμη του Αγίου Πνεύματος και ακολουθούν τα χνάρια του μεγαλύτερου Αδελφού τους), θα μπορούν πλέον να γνωρίσουν τον Θεό ως *Abba*, όπως και ο Ιησούς, επειδή το Άγιο Πνεύμα έρχεται να ξεκινήσει και να καλλιεργήσει την ίδια ακριβώς σχέση. Στα πρώτα χρόνια της Εκκλησίας, ο Παύλος κράτησε την επίγεια συνήθεια του Ιησού να αποκαλεί τον Θεό *Abba* (Ρωμαίους 8:15, Γαλάτες 4:6), ή *Πατέρα* (Γαλάτες 1:1, Φιλιππησίους 2:11), ή *Πατέρα του Κυρίου μας Ιησού Χριστού* (Ρωμαίους 15:6, Β' Κορινθίους 11:31).

Ο Παύλος εξηγεί στους πιστούς στη Ρώμη και τη Γαλατία ότι αυτή είναι η απόδειξη ότι το Άγιο Πνεύμα κατοικεί μέσα μας και ότι η πορεία προς τη διαμόρφωσή μας σε πραγματικούς γιους συνεχίζεται (Ρωμαίους 8:15, Γαλάτες 4:6). Δεν έχει να κάνει με την επανάληψη της λέξης *Abba* σαν να είναι ένα μάντρα, ένα μαγικό ξόρκι, ή ένας κωδικός που ανοίγει κάποιο μυστικό πέρασμα. Είναι ο τρόπος με τον οποίο το Άγιο Πνεύμα μας μεταμορφώνει από δόξα σε δόξα.⁹ Εκεί στοχεύουμε να φτάσουμε μέσα από το βιβλίο *Ο Ρόλος του Abba*. Ελπίζω να συνεχίσεις να διαβάζεις.

Συνειδητοποιημένοι Γιοι

Κάνω αυτό το ταξίδι εδώ και χρόνια, και συνεχίζω να μαθαίνω για το πνεύμα ενός αληθινού γιου. Είναι κάτι που αναπτύσσεται μέσα μου όλο και περισσότερο καθώς συνεχίζω να ακολουθώ πιστά τον *Abba*. Είναι ένα έργο που κάνει ο Κύριος και στη δική μου καρδιά, μέσα από τις καλές και τις δύσκολες στιγμές. Υπάρχουν πολλοί ηγέτες που διδάσκουν και γράφουν για το πνεύμα του γιου, πράγμα απόλυτα λογικό αν σκεφτείς ότι ο πρωταρχικός ρόλος του Αγίου Πνεύματος είναι να βεβαιώσει τους πιστούς ότι είναι γιοι Του μέσα από την *κραυγή προς τον Abba* (Ρωμαίους 8:17, Γαλάτες 4:1-7). Είναι ίσως το πιο σημαντικό μήνυμα για την Εκκλησία των ημερών μας. Μετά από σχεδόν 40 χρόνια ποίμανσης, διδασκαλίας και εκπαίδευσης ηγετών, μπορώ να πω χωρίς καμία αμφιβολία ότι η μεγαλύτερη ανάγκη των πιστών είναι να κάνουν κτήμα τους και να μεταμορφωθούν εξ' ολοκλήρου από αυτή την αλήθεια: ότι είναι πραγματικά γιοι και κόρες του Θεού. Ακόμα και η κτίση στενάζει περιμένοντας την Εκκλησία να το συνειδητοποιήσει, να γίνουμε συνειδητοποιημένοι γιοι. Αν κρίνω, όμως, από τις γενικότερες ενδείξεις, φαίνεται ότι η Εκκλησία εξακολουθεί να ζει σε μεγάλο βαθμό με τη νοοτροπία του ορφανού.

Μπορώ να πω χωρίς καμία αμφιβολία ότι η μεγαλύτερη ανάγκη των πιστών είναι να κάνουν κτήμα τους και να μεταμορφωθούν εξ' ολοκλήρου από την αλήθεια ότι είναι πραγματικά γιοι και κόρες του Θεού.

Υπάρχουν, λοιπόν, δύο πνεύματα (κυρίαρχες νοοτροπίες) στον κόσμο: το πνεύμα του ορφανού και το πνεύμα του γιου. Στόχος μου είναι να εμφυσήσω στον αναγνώστη την επίγνωση της λειτουργίας και τα χαρακτηριστικά του ορφανού πνεύματος, ώστε να μπορεί να αναγνωρίζει τα συμπτώματά του. Το κυριότερο, όμως, όπως είπε ο Τζακ Φροστ πριν από δεκαετίες, είναι να αντιληφθείς το γεγονός ότι το ορφανό πνεύμα (νοοτροπία) δεν μπορείς να το διώξεις με εκβολή, με διδασκαλία, με συμβουλευτική ή με ψυχανάλυση· το ορφανό πνεύμα εκτοπίζεται μόνο από την αποκάλυψη ότι είσαι γιος, η οποία γεννιέται μόνο από τη φωνή του Πατέρα μέσα στο πνεύμα σου. Τα λόγια του Πατέρα πάντα δημιουργούν μέσα μας αυτό που λένε. Είναι χρήσιμο να γνωρίζουμε πώς λειτουργεί το ορφανό πνεύμα· αρκεί να εξετάσουμε παράλληλα και την πορεία αλλαγής προς το πνεύμα του γιου· αρκεί να ξέρουμε ότι ο Θεός εργάζεται μέσα μας καθημερινά, ακόμα και όταν δεν το νιώθουμε. Μαθαίνουμε πολλά πράγματα από τον Λόγο του Θεού σχετικά με τους τρόπους που εργάζεται μέσα μας το Άγιο Πνεύμα με «*την κραυγή προς τον Abba*» και μαθαίνουμε, επίσης, ότι μπορούμε να συνεργαστούμε μαζί Του σ' αυτό το έργο Του. Και, ίσως, όσο περισσότερο μαθαίνουμε την καρδιά του Πατέρα, τόσο να συνειδητοποιούμε ότι το έργο Του μοιάζει περισσότερο με χορό, παρά με έργο.

Άρα, αυτό το βιβλίο (και το επόμενο) δεν μιλάνε μόνο για τις διαφορές ανάμεσα στις δύο νοοτροπίες, αλλά και για το πώς μας αλλάζει το Άγιο Πνεύμα από μέσα προς τα έξω, και πώς μπορούμε με τη στάση μας να επισπεύσουμε αυτή τη διαδικασία.

Ξέρει Πώς να Σε Κάνει να Καταλάβεις

Αυτό που θα σε βοηθήσει περισσότερο από οτιδήποτε άλλο να κατανοήσεις ότι είσαι γιος Του, συνδέεται άρρηκτα με το να μάθεις να ακούς τη φωνή του Πατέρα.

Υπάρχει ένα πράγμα που θα σε βοηθήσει περισσότερο από οτιδήποτε άλλο να κατανοήσεις ότι είσαι γιος Του, και συνδέεται άρρηκτα με το να μάθεις να ακούς τη φωνή του Πατέρα — αυτή η φωνή είναι μέσα σου, είναι *η κραυγή προς τον Abba*, και σε βεβαιώνει ότι είσαι γιος Του. Τα καλά νέα είναι ότι, αν έχεις δεχθεί τον Ιησού, το Πνεύμα του Θεού ζει μέσα σου. Σου μιλάει συνεχώς για αυτά που Του έδωσε ο Ιησούς για σένα και ξέρει πολύ καλά πώς να επικοινωνεί μαζί σου με τον τρόπο που καταλαβαίνεις. Γνωρίζει τι τύπος μαθητή είσαι, αν είσαι ακουστικός τύπος, κιναισθητικός ή οπτικός τύπος. Ξέρει με ποιον τρόπο ακούς καλύτερα, επειδή Αυτός σε μόρφωσε στην κοιλιά της μητέρας σου (Ψαλμός 139:13). Ξέρει κάθε τραυματική εμπειρία που έζησες, μαζί με τα ψυχικά τραύματα, τις πληγές, τους συναισθηματικούς τοίχους, τα προβλήματα και τις δυσκολίες που έφερε. Γνωρίζει τι πυροδοτεί τα συναισθήματά σου και τι σε «ξενερώνει». Αυτός (το Άγιο Πνεύμα που κατοικεί μέσα σου) ξέρει πώς να ξεπερνάει όλα αυτά τα εμπόδια για να σου μιλήσει — να ξεσκεπάσει τα ψέματα που πιστεύεις για τον εαυτό σου (και για Αυτόν) και να τα αντικαταστήσει με την Αλήθεια. Σε ξέρει καλά, ξέρει πώς να σε κάνει να καταλάβεις και είναι πάντα διαθέσιμος να σου μιλήσει. Με άλλα λόγια, μπορείς να χαλαρώσεις. Το Άγιο Πνεύμα έχει αναλάβει με μεγάλη χαρά την ευθύνη να σου μεταφέρει τη φωνή του Πατέρα με τρόπο που θα μπορείς την ακούσεις.

Είναι Ξεναγός, Όχι Ταξιδιωτικό Γραφείο

Είχα μια υπάλληλο πριν από χρόνια για να με βοηθάει στις γραφειακές δουλειές (τότε το λέγαμε «θέση γραμματέως»), η οποία ήταν υπεύθυνη για τις κρατήσεις των αεροπορικών εισιτηρίων μου και τον ταξιδιωτικό προγραμματισμό για τα υπερατλαντικά ταξίδια μου. Η ίδια, βέβαια, δεν είχε ποτέ την ευκαιρία να ταξιδέψει εκτός των Ηνωμένων Πολιτειών και έτσι, πολλές φορές κατέληγα σε χώρους αναμονής αεροδρομίων για ώρες, ή διανυκτέρευα σε ξενοδοχεία ενώ θα μπορούσα να είμαι καθοδόν, ή άλλαζα άσκοπα αεροπλάνα και τρένα. Τότε κατάλαβα τη διαφορά ανάμεσα σε κάποιον που κάνει την κράτηση του ταξιδιού, και κάποιον που έχει κάνει τη διαδρομή του ταξιδιού. Υπάρχει τεράστια διαφορά ανάμεσα σ' έναν υπάλληλο ταξιδιωτικού γραφείου και έναν ξεναγό (παρότι εκτιμώ ιδιαίτερα και τους ταξιδιωτικούς πράκτορες που έχουν ταξιδέψει).

Αν εμπιστευόμαστε το Άγιο Πνεύμα μόνο για να μας βοηθάει να κατανοούμε την Αγία Γραφή, κάνουμε τεράστιο λάθος.

Το Άγιο Πνεύμα δεν είναι ένας απλός ταξιδιωτικός πράκτορας, που κάνει τις κρατήσεις σου και σου λέει πού να πας. Δεν σου δίνει έναν χάρτη και σε στέλνει στο καλό. Είναι ο ξεναγός σου. Περπατάει μαζί σου, γιατί είναι μέσα σου. Ναι, μιλάμε για ένα ταξίδι ζωής, αλλά ο Κύριος δεν σου δίνει απλώς την Αγία Γραφή και σου λέει πόσο υπέροχο είναι το μέρος που πρέπει να επισκεφθείς. Δεν είναι υπάλληλος ταξιδιωτικού γραφείου που σου δίνει συμβουλές για το πού να πας, σε βοηθάει να προετοιμαστείς για το ταξίδι σου, και έπειτα σε ξεπροβοδίζει με την ευχή, «Καλή τύχη! Καλά να περάσεις!». Ο Κύριος σου έστειλε έναν προσωπικό ταξιδιωτικό οδηγό, το Άγιο Πνεύμα, ο οποίος έχει ήδη πάει εκεί που πρέπει να πας, και θα κάνει μαζί σου κάθε βήμα αυτής της διαδρομής. Αν εμπιστευόμαστε το Άγιο Πνεύμα μόνο για να μας βοηθάει να κατανοούμε την Αγία Γραφή, κάνουμε τεράστιο λάθος. Το έργο που Του ανατέθηκε δεν είναι μόνο να σου εξηγεί τη Βίβλο, αλλά να σε φέρει μέσα στην αγκαλιά του Πατέρα ως γιο Του. Κάπου θέλει να σε πάει — ή μάλλον, σε Κάποιον. Μπορείς να χαλαρώσεις ελεύθερα, λοιπόν, διότι το βασικό μέλημα του Αγίου Πνεύματος είναι η μεταμόρφωσή σου από δόξα σε δόξα (Β' Κορινθίους 3:16-18), σύμφωνα με την εικόνα του Γιου (Ρωμαίους 8:29), και είναι κάτι που έχει ξανακάνει εκατομμύρια φορές.

ΠΡΟΣΕΥΧΗ

Θα ήθελες να προσευχηθώ για σένα καθώς ξεκινάς το Κεφάλαιο Ένα;

Abba, Σου ανήκουμε. Η επιμονή και η ένταση της αγάπης Σου μας ελκύει να Σε δούμε όπως είσαι στ' αλήθεια. Έστειλες τον Γιο Σου για να «μας δείξει τον Πατέρα», να μας δείξει πώς ακριβώς είσαι, Ποιος πραγματικά είσαι. Άνοιξε τα μάτια μας να Σε δούμε, να μείνουμε έκπληκτοι μπροστά Σου, να δούμε τη δόξα Σου. Σε ευχαριστούμε που έστειλες το Πνεύμα Σου να επιβεβαιώσει ότι είμαστε πλέον γιοι και να μας δείξει τι σημαίνει αυτό. Προσεύχομαι να ανοίξεις τα πνευματικά αυτιά μας για να ακούσουμε τι μας λες. Άνοιξε τα πνευματικά μάτια μας για να δούμε τι κάνεις — πάνω από όλα, τι κάνεις μέσα μας. Ερχόμαστε με ταπεινότητα να Σου πούμε ότι δεν βλέπουμε τους εαυτούς μας όπως μας βλέπεις Εσύ. Γι' αυτό, αφαίρεσε τις παρωπίδες από τα μάτια μας. Σου ζητώ να αποκαλύψεις στον αναγνώστη, σ' αυτόν που η ψυχή του πεινάει, τι σημαίνει να ζει χωρίς να φοβάται κάτι, χωρίς να πρέπει να αποδείξει κάτι, χωρίς να έχει κάτι να χάσει. Δεν θέλουμε να μάθουμε για Σένα· θέλουμε να Σε γνωρίσουμε.

Στο όνομα (την εξουσία και τη βασιλεία) του Πατέρα, του Υιού και του Αγίου Πνεύματος, Αμήν.

ΕΝΑ

Μια Πρόσκληση για Σένα σε ένα Ταξίδι «Αναψυχής»

Αν είμαστε μέσα στον Χριστό, πού άλλου χρειάζεται να πάμε; Γιατί τόση προσπάθεια; Αυτή η καινούργια ζωή δεν είναι ένας προορισμός στον οποίο πρέπει να φτάσουμε, αλλά ένας διαφορετικός τρόπος ζωής.

Θέλω να έρθεις μαζί μου σε ένα φανταστικό ταξίδι, σε μια εικονική περιήγηση με τη βοήθεια της φαντασίας σου. Είναι μια προφητική εικόνα που μου έδωσε ο Κύριος και πιστεύω ότι θα σε βοηθήσει να επιστρέψεις στην παιδικότητα. Το πρώτο βήμα αυτής της «επιστροφής» είναι να συνειδητοποιήσεις ειλικρινά πού βρίσκεσαι και να αναγνωρίσεις ότι θέλεις να αλλάξεις και το χρειάζεσαι.

Φαντάσου, λοιπόν, μια κόκκινη Μερσεντές κάμπριο που ταξιδεύει με κατεβασμένη οροφή μέσα στην ύπαιθρο. Η τοποθεσία είναι ένας περιφερειακός δρόμος στη γραφική ορεινή Ελλάδα κοντά στο Ζαγόρι και η εποχή είναι αρχή του καλοκαιριού. Η διαδρομή που ακολουθεί το αμάξι διασχίζει ένα εκτενές φυσικό τοπίο, γεμάτο πλούσια βλάστηση και πράσινα βοσκοτόπια. Τα βουνά που φαίνονται δεξιά στο βάθος έχουν ακόμα χιονισμένες κορυφές, και στα αριστερά κυλάει ένα κρυστάλλινο ποτάμι με γάργαρο, καθαρό νερό από την πηγή. Κοπάδια βοοειδών βόσκουν ελεύθερα στα λιβάδια (ίσως είναι οι πιο ευτυχισμένες αγελάδες του κόσμου) και εδώ και εκεί υπάρχουν σκόρπια κάποια αγροκτήματα. Το βλέπεις το σκηνικό;

Τώρα ας εστιάσουμε στην ανέμελη πενταμελή οικογένεια μέσα στην κόκκινη Μερσεντές· εκ πρώτης όψεως δεν βλέπουμε κάτι ασυνήθιστο. Πίσω από το τιμόνι, ο πατέρας της οικογένειας οδηγεί με σιγουριά και ηρεμία. Είναι ολοφάνερο ότι απολαμβάνει την ευκαιρία να πάει με την οικογένειά του για μια περιπέτεια στη φύση. Στο πρόσωπό του διαφαίνεται ένα αμυδρό χαμόγελο — το καταστάλαγμα της βαθιάς απόλαυσης που νιώθει. Υποθέτουμε ότι παίρνει την οικογένεια σε κάποιο σπίτι της παιδικής του ηλικίας ή σε έναν προορισμό που σχεδίαζε να τους φέρει εδώ και καιρό. Με τον αριστερό του αγκώνα στηρίζεται στην πλαϊνή πόρτα του οδηγού, ενώ με το δεξί του χέρι, απλωμένο πάνω στο τιμόνι, κατευθύνει το αμάξι με άνεση. Είναι χαρούμενος. Τον βλέπεις;

Δρ. Κέρι Γουντ με την Δρ. Τσίκι Γουντ

Μπροστά, στη θέση του συνοδηγού, κάθεται η σύζυγος. Το βλέμμα της είναι κολλημένο στο κινητό τηλέφωνο στα γόνατά της, γιατί παρακολουθεί την εφαρμογή με τους Χάρτες Google ώστε να γνωρίζει ανά πάσα στιγμή την ακριβή τοποθεσία του οχήματος, και να είναι σίγουρη ότι ο σύζυγος δεν θα πάρει λάθος στροφή. Τα μαλλιά της ανεμίζουν από τον αέρα, αλλά μάλλον την ενοχλούν, γιατί την εμποδίζουν να παρακολουθεί τη μικρή οθόνη του κινητού. Τα μακριά καστανά μαλλιά της μπαίνουν συνέχεια μπροστά στα μάτια της, ενώ η καημένη προσπαθεί να τα στερεώσει πίσω από τα αυτιά της, μια από τη μία πλευρά και μια από την άλλη. Από μέσα της κάνει κάποιους υπολογισμούς: πόση ώρα ταξιδεύουν, πόση απόσταση τους απομένει, πότε είναι η επόμενη στροφή, πόσο απέχει το επόμενο βενζινάδικο και πότε θα πεινάσουν τα παιδιά. Εδώ και κάμποση ώρα δεν έχει σηκώσει τα μάτια της για να δει την ομορφιά που είναι γύρω της· είναι, όμως, καλή και ευσυνείδητη πλοηγός.

Στα πίσω, και κάπως στενά, καθίσματα (το κάμπριο δεν ήταν ιδέα της μαμάς) κάθονται τρία παιδιά ηλικίας από οχτώ μέχρι δεκαπέντε ετών.

Ακριβώς πίσω από τη μαμά κάθεται το δεύτερο από τα τρία παιδιά, η μεγάλη κόρη. Είναι αρκετά ανήσυχη σ' αυτό το ταξίδι. Το παραδέχεται και η ίδια ότι γενικά «δεν τα ευχαριστιέται τα ταξίδια». Όταν ήταν πιο μικρή βρέθηκε σε ένα δυστύχημα, και αυτή η τραυματική ανάμνηση παραμένει ζωντανή στο μυαλό της γιατί επαναλαμβάνεται στους συχνούς εφιάλτες της. Είναι ξεκάθαρο ότι υποφέρει· κρατά το κεφάλι της ανάμεσα στα χέρια της, έχει σκύψει μπροστά με το πρόσωπο προς τα γόνατα και κουνιέται μπρος-πίσω ελπίζοντας ότι το ταξίδι θα τελειώσει σύντομα χωρίς τρομακτικές εκπλήξεις! Προφανώς το τελευταίο πράγμα στο μυαλό της αυτή τη στιγμή είναι να απολαύσει το τοπίο που τους περιβάλλει. Θα 'λεγε κανείς, ότι ίσως αυτός είναι ο λόγος που η μητέρα δίνει τόση προσοχή στην πλοήγηση. Ο πατέρας οδηγεί ήρεμα και με σιγουριά, η μητέρα παρακολουθεί σχολαστικά την πορεία τους, και αυτό το παιδί είναι ψυχικά τραυματισμένο και σίγουρα δεν απολαμβάνει το ταξίδι. Το βλέπεις;

Στα αριστερά, πίσω από τον πατέρα, κάθεται το μεγαλύτερο από τα τρία παιδιά. Είναι ο μεγάλος γιος που φοράει τα τεράστια ακουστικά του για εξουδετέρωση θορύβων και τα έχει συνδέσει με το βιντεοπαιχνίδι που παίζει στο PlayStation. Αγνοεί παντελώς ό,τι και όσους είναι γύρω του και το μόνο που τον απασχολεί είναι το σκορ που προσπαθεί να πετύχει εδώ και μια βδομάδα. Είναι τελείως αποκομμένος από τον πραγματικό κόσμο· αποκομμένος από την οικογένειά του μέσα στο αμάξι, αποκομμένος από το αξεπέραστο τοπίο έξω από το αμάξι και αποκομμένος από την πραγματικότητα (εκτός, βέβαια,

Αυτός συμμερίζεται τη χαρά της —κι αυτή εκφράζει τη χαρά του.

από την περιστασιακή αίσθηση πείνας και δίψας που νιώθει). Είναι ικανός να παίζει βιντεοπαιχνίδια με τις ώρες, χωρίς διακοπή. Είναι και αυτός σκυφτός, αλλά με την άκρη του ματιού του πιάνει κάτι που τον εκνευρίζει: δίπλα του κάθεται η μικρότερη αδελφή τους, με τη συνηθισμένη ανεξέλεγκτη ζωντάνια της.

Η μικρότερη κόρη κάθεται ανάμεσα στα δύο αδέλφια της, στο εξόγκωμα που είναι στη μέση των πίσω καθισμάτων, αλλά ουσιαστικά δεν κάθεται. Είναι όρθια —πράγμα επικίνδυνο— με τα χέρια ψηλά και με τις μακριές ξανθιές μπούκλες της να πετούν στον αέρα· τσιρίζει από χαρά. Κοιτάζει μια τα βουνά, μια το ποτάμι, μια τα λιβάδια. Φωνάζει ξανά και ξανά, «Πω πω, μπαμπά, κοίτα τα βουνά! Δες πώς μυρίζει ο καθαρός αέρας! Έχεις ξαναδεί κάτι τέτοιο;». Ξέρω ότι η πρώτη σκέψη σου είναι ότι είναι επικίνδυνο να είσαι όρθιος στο πίσω μέρος ενός αυτοκινήτου που κινείται με ταχύτητα. Εμείς, ως θεατές, αμέσως κοιτάμε τον πατέρα και περιμένουμε να τη μαλώσει και να της πει «Κάτσε κάτω!». Αντί γι' αυτό, βλέπουμε το ήρεμο χαμόγελο στο πρόσωπό του να μετατρέπεται σε πλατύ χαμόγελο. Κάθε λίγο και λιγάκι ρίχνει μια ματιά στον καθρέφτη για να χορτάσει με τη χαρά της.

Μόλις τώρα, εμείς, οι θεατές, καταλαβαίνουμε ότι σ' αυτό που βλέπουμε υπάρχει ένας δυναμισμός. Ο πατέρας συμμερίζεται τη χαρά της κόρης — κι η κόρη εκφράζει τη χαρά του πατέρα. Από όλους τους επιβάτες, είναι η μόνη που εκτιμάει πραγματικά το μεγαλείο και την ομορφιά γύρω της, δηλαδή τον σκοπό του ταξιδιού τους. Ο πατέρας είναι ήσυχος διότι ξέρει ότι, κατά κάποιον τρόπο, η κόρη του είναι ασφαλής μέσα στην ευφορία της. Η μικρή κόρη με το λαμπερό χαμόγελο κοιτάζει τον καθρέφτη σαν παιχνίδι, ψάχνοντας ξανά το βλέμμα του πατέρα της — και ταυτόχρονα, βλέπει μέσα από τον καθρέφτη τον εαυτό της. Ο πατέρας, ως έμπειρος οδηγός, μπορεί να βλέπει τον δρόμο με το ένα μάτι και τη μικρή με το άλλο. Ο ένας βλέπει τον άλλο και οι δυο τους μοιράζονται τη χαρά της κτίσης μαζί, σαν ένα.

Το βλέπεις;

Ο πατέρας αγαπάει τη μικρή κόρη πιο πολύ από τους υπόλοιπους; Όχι, βέβαια. Εννοείται ότι αγαπάει τη γυναίκα του και όλα τα παιδιά του με όλη την καρδιά του. Η ανάμνηση της γέννησης του κάθε παιδιού του δεν φεύγει ποτέ από το μυαλό του. Αυτή τη στιγμή, όμως, χαίρεται το παιδί που χαίρεται μαζί του. Η καρδιά του ξεχειλίζει όταν βλέπει τη μικρή του κόρη, που δεν έχει καμία μέριμνα, κανέναν φόβο, καμία σκέψη για το τι μπορεί να πάει στραβά ή πότε θα είναι η επόμενη στάση. Ούτε και συνειδητοποιεί ότι ακριβώς αυτό —αυτή η στιγμή— είναι ο απώτερος σκοπός του ταξιδιού τους.

Θα ξαναγυρίσουμε στην ιστορία· προς το παρόν, το ερώτημα που καλούμαστε να σκεφτούμε στο δικό μας ταξίδι είναι, *Εσύ, σε ποια θέση κάθεσαι μέσα στην κόκκινη Μερσεντές;*

Το Πρώτο Θεμέλιο ενός Γιου

Εάν είχες ποτέ δικό σου ενυδρείο, ξέρεις ότι για να γεμίσεις τη δεξαμενή, δεν ξεκινάς να τη γεμίζεις με νερό και μετά βάζεις τις μεγάλες πέτρες. Αυτό θα το έκανε μόνο ένας άπειρος ιδιοκτήτης ενυδρείου και το αποτέλεσμα θα ήταν ένας μικρός κατακλυσμός μέσα στο σπίτι του. Όχι, το μυστικό είναι να βάλεις πρώτα τις μεγάλες πέτρες μέσα στο ενυδρείο. Ας βάλουμε, λοιπόν, εξαρχής μια μεγάλη πέτρα στο ενυδρείο μας. **Η φύση του Θεού είναι να αποκαλύπτει —και όχι να κρύβει— τον εαυτό Του από τα δημιουργήματά Του.** Είναι Θεός που αποκαλύπτεται, δηλαδή είναι στον χαρακτήρα Του να φανερώνει τον εαυτό Του και δεν μπορεί να κάνει αλλιώς.

Η μεγάλη καταστροφή του Αδάμ και της Εύας δεν ήταν μόνο ότι αμάρτησαν ή ανυπάκουσαν σε έναν θεϊκό κανόνα. Η καταστροφή ήταν ότι, μόλις πίστεψαν το ψέμα του πονηρού, έγιναν τυφλοί. Όταν λέω «τυφλοί», δεν εννοώ ότι δεν μπορούσαν να δουν με τα φυσικά μάτια τους. Εννοώ ότι διαστρεβλώθηκε η ικανότητά τους να αντιλαμβάνονται την πραγματικότητα, τόσο πολύ, που δεν μπορούσαν πλέον να αντιληφθούν την αλήθεια σχετικά με τον Θεό ή τον εαυτό τους.

Εάν ισχύει ότι είμαστε πλασμένοι να ζούμε μια άφθονη ζωή, να γνωρίζουμε την καρδιά του Πατέρα, να ακούμε τη φωνή της επιβεβαίωσης και της χαράς Του και να είμαστε αποδέκτες της ζεστής αγκαλιάς Του, τότε το γεγονός ότι τυφλωθήκαμε ως προς τον Πατέρα ήταν η μεγαλύτερη καταστροφή που θα μπορούσε να μας συμβεί. Ο Αδάμ και η Εύα πίστεψαν ένα ψέμα για τον Θεό και ταυτόχρονα, ένα ψέμα για τον εαυτό τους. Το προφανές ψέμα σχετικά με τον Θεό ήταν ότι έκρυβε κάτι από «τον γιο και την κόρη Του». Άρα, το υπονοούμενο ψέμα ήταν ότι υπήρχε κάτι που ο Αδάμ και η Εύα δεν είχαν.

Θα σου πω από πού το ξέρουμε.

Ο Θεός δεν αποκρύπτει· αποκαλύπτει. Η φύση Του είναι άπειρη αγάπη που ξεχειλίζει και είναι εξωστρεφής, γι' αυτό είναι απόλυτα αυτασφαλής σ'

Η φύση του Θεού είναι να αποκαλύπτει, να κάνει τον εαυτό Του γνωστό.

αυτήν την τέλεια αγάπη και δεν φοβάται τίποτε. Δεν σου κρύβει τίποτε από φόβο μήπως κάνεις κάτι λάθος με αυτό. Ακριβώς το αντίθετο· επειδή η φύση Του είναι άπειρη αγάπη, δεν μπορεί να κρατήσει τον εαυτό Του μόνο για τον εαυτό Του — η καρδιά Του διαρκώς υπερχειλίζει, στρέφεται προς τα έξω και έτσι, δίνει τον εαυτό Του. Δεν έχει κάτι να κρύψει και Του είναι αδύνατο να νιώσει φόβο. Γιατί; Επειδή είναι Θεός. Εάν ποτέ χρειαστεί κάτι που δεν έχει, μπορεί να το δημιουργήσει. Για ποιόν λόγο να φοβηθεί μήπως χάσει κάτι;

Το πρώτο ψέμα που ειπώθηκε προς την ανθρωπότητα δεν ήταν μόνο ότι ο Θεός έκρυβε κάτι απ' αυτούς· σ' αυτό το ψέμα ήταν ενσωματωμένος ο υπαινιγμός ότι ο Θεός είχε κάποιον λόγο να κρύψει κάτι από αυτούς. «Όλες οι βόλτες και οι συζητήσεις που κάνατε με τον Θεό κατά το δειλινό, δεν ήταν τόσο ειλικρινείς όσο νομίζατε» υπαινίσσεται ο Σατανάς. Ο Θεός, όμως, δεν τους έκρυβε τίποτα, ούτε και έλειπε κάτι από τον Αδάμ και την Εύα.

Αυτή είναι η πρώτη μεγάλη πέτρα μέσα στο ενυδρείο μας — *η φύση του Θεού είναι να αποκαλύπτει, να κάνει τον εαυτό Του γνωστό.* Είναι Θεός που αποκαλύπτεται. Δεν έχει κάτι να κρύψει. Δίνεται απλόχερα και ολοκληρωτικά (δες Ρωμαίους 8:34), γι' αυτό δεν έλειπε τίποτα από τον Αδάμ και την Εύα. Όσο είχαν τον Θεό, είχαν όλα όσα χρειάζονταν. Ο Εωσφόρος έβαλε μέσα τους την αμφιβολία σπέρνοντας στο μυαλό τους μια σκέψη που δεν είχαν σκεφτεί ποτέ προηγουμένως: «Ίσως δεν έχω όλα όσα χρειάζομαι. Ίσως κάποια πράγματα πρέπει να τα κάνω μόνος μου. Ίσως ο Θεός με δοκιμάζει για να δει αν μπορώ να πάρω την πρωτοβουλία». Όταν πιστεύουμε ένα ψέμα σχετικά με τον Θεό, κατ' επέκταση, πιστεύουμε ένα ψέμα για τον εαυτό μας — όχι επειδή είμαστε Θεός (γιατί δεν είμαστε), αλλά επειδή ο Θεός μας έπλασε σύμφωνα με την εικόνα Του, μας έπλασε να χρειαζόμαστε μόνο Αυτόν ως πηγή της ζωής μας. Οι γιοι νιώθουν σιγουριά μέσα στην αγάπη του Πατέρα τους· οι ορφανοί προσπαθούν να αποδείξουν ότι είναι γιοι.

(Αν θέλεις να ριζωθεί μέσα σου αυτή η αποκάλυψη για τον Θεό, διάβασε το βιβλίο *Το Θεμέλιο του Abba*, από τη δρ. Τσίκι Γουντ, Burkhart Books, 2018.)

Η αποκάλυψη του Θεού ως Πατέρα είναι μία από τις σπουδαιότερες αποκαλύψεις. Εάν το θεμελιώδες πιστεύω σου είναι ότι ο Θεός περισσότερο αποκρύπτει, παρά αποκαλύπτει, τότε με την πρώτη δυσκολία, θα καταφύγεις ασυναίσθητα σε απαξιωτικά κλισέ, τύπου «Ο Θεός δουλεύει με μυστήριους τρόπους για να κάνει τα θαυμαστά έργα Του» ή «Ποτέ δεν ξέρεις τι σκοπεύει να κάνει ο Θεός». Ουσιαστικά, δεν πιστεύεις ότι μπορείς να Τον γνωρίσεις πραγματικά όπως ένας γιος γνωρίζει τον πατέρα του. Ούτε πιστεύεις ότι ο Θεός θέλει πράγματι να σε γνωρίσει προσωπικά. Ο Θεός δεν κρύβεται από σένα όλον αυτόν τον καιρό, απλώς ο Σατανάς μας λέει ψέματα και διαστρεβλώνει αυτά που βλέπουμε. Ο Σατανάς χαίρεται να σε βλέπει να ακολουθείς ένα βιβλίο ηθικών αρχών αντί να αγκαλιάζεις ένα Πρόσωπο· απολαμβάνει περισσότερο τις ασκήσεις αυτοελέγχου σου, παρά τον δυναμισμό της συνεργασίας σου με τον Θεό. Να θυμάσαι ότι ο Θεός βγήκε να ψάξει τον Αδάμ, όχι το ανάποδο — και μέχρι σήμερα ο Θεός συνεχίζει να μας ψάχνει και να φανερώνει τον εαυτό Του. Η πρώτη Του ερώτηση δεν ήταν «Αδάμ, παραβίασες τον κανόνα Μου;», αλλά «Αδάμ, πού είσαι;». Και εξακολουθεί να έρχεται κοντά μας και εξακολουθεί να μας μιλάει (Κατά Ματθαίο 4:4).

> *Ο Θεός, τον παλιό καιρό, αφού πολλές φορές και με πολλούς τρόπους μίλησε στους πατέρες μας διαμέσου των προφητών, σ' αυτές τις έσχατες ημέρες μίλησε σε μας διαμέσου του Υιού, τον οποίο έθεσε κληρονόμο των πάντων, διαμέσου του οποίου έκανε και τους αιώνες.*
>
> Εβραίους 1:1-2

Το Δεύτερο Θεμέλιο ενός Γιου

Η δεύτερη θεμελιώδης αλήθεια είναι ότι **τα πιστεύω σου είναι το πρίσμα μέσα από το οποίο βλέπεις και ερμηνεύεις όλα όσα σου συμβαίνουν**. Μπορούμε να πούμε με σιγουριά πως ό,τι πιστεύεις σχετικά με τον Θεό, επηρεάζει άμεσα αυτά που πιστεύεις για σένα. Και αυτά που πιστεύεις για τον εαυτό σου, είναι το πρίσμα μέσα από το οποίο βλέπεις και ερμηνεύεις όλα όσα σου συμβαίνουν, είτε καλά είτε άσχημα. Ο Σατανάς ξέρει ότι τα πιστεύω σου καθορίζουν την οπτική σου. Εάν τα πιστεύω σου για τον Θεό είναι προς μια κατεύθυνση, ό,τι σου συμβαίνει, θα το ερμηνεύεις υπό το πρίσμα αυτής της πεποίθησης. Γι' αυτό, η διαβολική τακτική του Σατανά είναι να χρησιμοποιεί τα τραυματικά περιστατικά της ζωής ενός ανθρώπου ως πόρτες εισόδου για διάφορα ψέματα. Χρησιμοποιεί τις τραυματικές εμπειρίες σου για να σου μεταδώσει ψέματα για τον Θεό και στη συνέχεια, για τον εαυτό σου. Μπορεί να σε παρακινήσει να πεις «Πού ήταν ο Θεός όταν Τον χρειαζόμουν; Εάν πράγματι με αγαπούσε ο Θεός, δεν θα επέτρεπε να μου συμβεί κάτι τέτοιο. Αποκλείεται να με αγαπάει ο Θεός. Ξέρω ότι είναι Θεός αγάπης, άρα μάλλον το πρόβλημα είμαι εγώ».

Ίσως τώρα αναρωτιέσαι, «Αν ισχύουν όλα αυτά, πώς θα μπορέσω να αλλάξω; Αν ερμηνεύω τα πάντα ακολουθώντας μια προεπιλεγμένη πορεία, πώς μπορώ να ξεφύγω;». Η απάντηση βρίσκεται στις εμπειρίες σου — όχι στην απλή διανοητική γνώση, αλλά στις στιγμές που συναντάς τον Θεό. Ο Σατανάς χρησιμοποίησε σαν Δούρειο Ίππο τις τραυματικές εμπειρίες που σε απογοήτευσαν, και έτσι κατάφερε να εισάγει τα ψέματά του στα μουλωχτά μέσα στον τρόπο σκέψης σου. Το Άγιο Πνεύμα θα χρησιμοποιήσει τις συναντήσεις σου με τον Θεό και τις εμπειρίες σου μαζί Του που σε μεταμορφώνουν, και έτσι θα αντικαταστήσει αυτά τα ψέματα με την πεποίθηση της Αλήθειας.

Μπορεί να μη σου φαίνεται τόσο σπουδαίο εκ πρώτης όψεως, αλλά σκέψου λίγο τη φυσιολογία μιας εμπειρίας. Ξέρουμε πλέον ότι κάθε εμπειρία εντυπώνεται στον εγκέφαλό μας μέσα από κάποιες χημικές ουσίες που παράγονται από το νευρολογικό μας σύστημα. Όταν μια τραυματική εμπειρία προκαλεί το νευρικό σύστημα να μπει σε λειτουργία «πάλης ή φυγής», ταυτόχρονα οδηγεί στην έκκριση αδρεναλίνης, εγκεφαλινών και ενδορφινών στην κυκλοφορία του αίματος, για να δώσει στο σώμα τη δυνατότητα να «ενεργοποιηθεί» και να αντιδράσει σε περίπτωση έκτακτης ανάγκης. Η υπερφόρτωση του οργανισμού

Δρ. Κέρι Γουντ με την Δρ. Τσίκι Γουντ

Οι εμπειρίες μας, αρνητικές ή θετικές, εντυπώνονται μέσα μας ως πραγματικότητά για μας. με αυτές τις χημικές ουσίες προκαλεί σοκ στο σύστημα, ο εγκέφαλος εξαντλείται (ή ουσιαστικά απενεργοποιείται), και έτσι προστατεύει το αισθητηριακό μας σύστημα από τον υπερβολικό πόνο ή φόρτο πληροφοριών. Αυτές οι δόσεις αδρεναλίνης δεν εξαφανίζονται απλά μόλις σταματήσει η απειλή. Στην ουσία, κάποια από αυτά τα χημικά συνδέονται με τους νευρώνες του εγκεφάλου και αποθηκεύουν το ψυχολογικό τραύμα και την ανάμνησή του. Όταν κάτι πυροδοτήσει αυτή την ανάμνηση, είτε μια παρόμοια εμπειρία είτε μια σκέψη, η αντίδρασή μας, από την πλευρά της φυσιολογίας μας, ενδέχεται να είναι σαν να ξαναζούμε εκείνη την εμπειρία. Αυτός είναι και ο λόγος που ένα άτομο που βίωσε κάτι τραυματικό στο παρελθόν, θα έχει πιθανώς φοβίες, εφιάλτες και αντιδράσεις στη φυσιολογία του που φαίνονται παράλογες στους γύρω του.

Οι Εμπειρίες σου γίνονται η Πραγματικότητά σου

Η σύζυγός μου έζησε ένα τρομακτικό τροχαίο πριν από μερικές δεκαετίες. Ενώ ήταν ακινητοποιημένη λόγω κίνησης σε έναν περιφερειακό δρόμο, ξαφνικά, μια νταλίκα ήρθε καταπάνω της από πίσω με 100 χιλιόμετρα την ώρα. Το αμάξι της συμπιέστηκε σαν ακορντεόν, αλλά η ίδια σώθηκε από θαύμα με ελάχιστους μώλωπες και εκδορές. Μέχρι σήμερα, όμως, οφείλω για χάρη της να θυμάμαι να κρατώ μεγαλύτερη απόσταση από τα αμάξια γύρω μας απ' όση θεωρώ αρκετή. Χωρίς να το αντιλαμβάνεται, αντιδρά αρνητικά στην κυκλοφοριακή συμφόρηση λόγω της τραυματικής εμπειρίας που έζησε. Οι εμπειρίες μας, αρνητικές ή θετικές, εντυπώνονται μέσα μας ως πραγματικότητά για μας.

Με τον ίδιο τρόπο λειτουργούν και οι θετικές εμπειρίες. Σου έχει τύχει να περπατάς σ' ένα πολυκατάστημα ή μαγαζί και να ακούς να παίζει ένα τραγούδι που σου ξυπνάει μνήμες; Ίσως εδώ και χρόνια είχες ξεχάσει την πρώτη σου σχέση από το λύκειο, αλλά τώρα που άκουσες «το τραγούδι σας», σε πλημμυρίζουν ξανά όλες εκείνες οι αναμνήσεις. Ίσως είναι η μυρωδιά μιας κολόνιας ή ενός αρώματος. Ίσως είναι μια λέξη ή φράση που σε έχει σημαδέψει τόσο βαθιά, που δεν πυροδοτεί μόνο μια ανάμνηση αλλά μια ολόκληρη αντίδραση στη φυσιολογία σου.

Όταν ήμουν τριάντα ετών συμμετείχα σε αρκετούς αγώνες δρόμου

5 και 10 χιλιομέτρων, και τελικά άρχισα να προπονούμαι και για μαραθώνιο. Είχα μια συγκεκριμένη λίστα τραγουδιών την οποία άκουγα κάθε μέρα καθώς έτρεχα, για να με βοηθά να διατηρώ τον ρυθμό μου. Τα περισσότερα ήταν μια αγαπημένη συλλογή τζαζ φιούζιον από τον Τζεφ Λόρμπερ και τον Τζέιμς Βίνσεντ. Αυτό που δεν είχα καταλάβει ήταν ότι δημιουργήθηκε ένας δεσμός ανάμεσα στη μουσική, που ήταν πάντα συγχρονισμένη με τον ρυθμό που έτρεχα, και τη φυσιολογία μου. Το αποτέλεσμα ήταν ότι μια μέρα που οδηγούσα από μια πόλη σε μια άλλη και έβαλα να παίξει στο αμάξι αυτή η λίστα τραγουδιών «για τρέξιμο», η αδρεναλίνη μου ανέβηκε στα ύψη. Δεν συνειδητοποίησα πόσο γρήγορα έτρεχα με το αμάξι, μέχρι που είδα πίσω μου τα κόκκινα και μπλε φώτα μιας σειρήνας!

Πώς νομίζεις ότι λειτουργούν οι εθισμοί; Πώς εθίζεται ένας άντρας στην πορνογραφία και φτάνει στο σημείο να βλέπει μια κοπέλα να περπατάει στον δρόμο, στην αρχή κάτι πυροδοτείται στο μυαλό του και έπειτα οι σωματικές αντιδράσεις του τον ωθούν να βρει ανακούφιση γι' αυτή τη «φωτιά» που είναι μέσα του; Τι ωθεί έναν επαγγελματία αθλητή ή διασκεδαστή να αναζητάει το χειροκρότημα και την επευφημία του πλήθους, ακόμα κι όταν έχει χάσει τις ικανότητές του; Τι κάνει τους ανθρώπους να συνεχίζουν τις καταστροφικές συμπεριφορές τους, αν και γνωρίζουν ότι θα τους στερήσουν την οικογένεια, την υγεία και, στο τέλος, τη ζωή τους;

Είναι πολύ σημαντικό. Ο Θεός σε έπλασε ως ολιστικό ον — με πνεύμα, ψυχή και σώμα. Όσο κι αν θέλουμε να διαχωρίσουμε τον σωματικό μας κόσμο από τον ψυχολογικό και τον πνευματικό, είμαστε δημιουργημένοι ως ολότητες, και όλα αυτά επηρεάζουν το ένα το άλλο. Ο Σατανάς παρακολουθεί την ανθρωπότητα εδώ και αρκετό καιρό και ξέρει πώς να εκμεταλλευτεί τις τραυματικές εμπειρίες μας ώστε να χτίζει οχυρώματα συναισθηματικών και πνευματικών δεσμών, που θα πυροδοτούνται ξανά και ξανά από συγκεκριμένα ερεθίσματα — και εμείς θα εξακολουθούμε να πέφτουμε ξανά και ξανά στις ίδιες παγίδες, χωρίς να καταλαβαίνουμε πώς να ελευθερωθούμε.

Δρ. Κέρι Γουντ με την Δρ. Τσίκι Γουντ

Το Άγιο Πνεύμα μας Μεταμορφώνει με Νέες Εμπειρίες

Εφόσον το Άγιο Πνεύμα σε μόρφωσε μέσα στην κοιλιά της μητέρας σου, δεν νομίζεις ότι ξέρει πώς να διαχειριστεί αυτές τις διασυνδέσεις μεταξύ του πνεύματος, της ψυχής και του σώματος; Δεν νομίζεις ότι ξέρει πώς να αντικαταστήσει την επίδραση των τραυματικών εμπειριών σου με νέες εμπειρίες από τον Θεό; Μήπως αυτός είναι ο λόγος που ο Ιησούς είπε:

*Το Άγιο Πνεύμα μένει **μαζί σας**, και μέσα σας θα είναι... και από το δικό Μου θα πάρει και θα το αναγγείλει σε σας.*

Κατά Ιωάννη 14:17, 16:15

Το Άγιο Πνεύμα που κατοικεί μέσα μας, μας οδηγεί σε νέες εμπειρίες και ένδοξες συναντήσεις με τον Θεό. Ουσιαστικά ελευθερώνει τον εγκέφαλό μας από παλιές ευαισθησίες που πυροδοτούν συγκεκριμένες αντιδράσεις, και τις αντικαθιστά με νέες εμπειρίες που μας μεταμορφώνουν και προκαλούν χαρά, ειρήνη και πραότητα, αντί για φόβο, θυμό και λάγνες επιθυμίες.

Βλέπεις, λοιπόν, ότι τα τμήματα του εαυτού μας αλληλοσυνδέονται εσωτερικά με τέτοιο τρόπο, ώστε να χρειαζόμαστε μια εμπειρία που θα προγραμματίσει εκ νέου την ψυχή μας; Άρα, μήπως τελικά είναι αδύνατο να μεταμορφωθούμε έχοντας μόνο σωστή πληροφόρηση (ορθό δόγμα και ορθή σκέψη); Ίσως τώρα μπορούμε να καταλάβουμε καλύτερα γιατί «το Ευαγγέλιο δεν είναι μόνο με λόγια, αλλά με δύναμη» (Α' Κορινθίους 4:20), και γιατί ο Ιησούς είπε στους μαθητές Του ότι δεν ήταν αρκετό μόνο να ακούν τη διδασκαλία Του — έπρεπε να πάνε στην Ιερουσαλήμ και να γεμίσουν δύναμη. Αυτή θα ήταν μια νέα εμπειρία που θα τους μεταμόρφωνε και θα τους σημάδευε με τη νέα πραγματικότητα της Βασιλείας (Πράξεις 1:8). Όσο μεγαλώνει η εμμονή

> Το Άγιο Πνεύμα που κατοικεί μέσα μας, μας οδηγεί σε νέες εμπειρίες και ένδοξες συναντήσεις με τον Θεό, και ουσιαστικά ελευθερώνει τον εγκέφαλό μας από παλιές ευαισθησίες που πυροδοτούν συγκεκριμένες αντιδράσεις και τις αντικαθιστά με νέες εμπειρίες που μας μεταμορφώνουν.

μας, σαν Εκκλησία, για απόκτηση πληροφοριών, και όσο αποφεύγουμε τις εμπειρίες με τη δύναμη του Θεού, τόσο λιγότερο θα βλέπουμε αληθινή μεταμόρφωση στις ζωές μας και τόσο λιγότερη επιρροή θα έχουμε στον κόσμο μας.

Η κραυγή προς τον Abba μας δείχνει την εξής αλήθεια: το Άγιο Πνεύμα έρχεται και μετακομίζει μέσα σου, όχι μόνο για να σε διδάσκει περισσότερες πληροφορίες για την Αγία Γραφή, αλλά για να απελευθερώνει τη δύναμη μιας εμπειρίας που θα σε μεταμορφώνει και θα μορφοποιεί (θα κάνει φορμάτ) εκ νέου τον σκληρό δίσκο σου (το πνεύμα σου) και θα σε ελευθερώνει από παλιούς τρόπους σκέψης, πίστης και συμπεριφοράς.

(Η επιστήμη που ασχολείται με τον τομέα της νευρολογικής μεταμόρφωσης ονομάζεται Επιγενετική. Θα τη μελετήσουμε σε βάθος στο επόμενο βιβλίο της τριλογίας, που έχει τίτλο, «*Η Διαμόρφωση από τον Abba*»).

Τι Είπαμε Μέχρι Τώρα;

Το πρώτο βασικό θεμέλιο για έναν γιο είναι να ξέρει ότι ο Θεός αποκαλύπτει τον εαυτό Του. Δεν έχει κάτι να κρύψει. Δίνει τον εαυτό Του απλόχερα και ολοκληρωτικά γιατί θέλει να Τον γνωρίσουμε.

Το δεύτερο θεμέλιο είναι να ξέρουμε ότι αυτό που πιστεύουμε είναι το πρίσμα μέσα από το οποίο βλέπουμε και ερμηνεύουμε όλα όσα μας συμβαίνουν.

Είτε το καταλάβαινες είτε όχι, όλη σου τη ζωή είχες έναν διερμηνέα (είτε τον Σατανά είτε το Άγιο Πνεύμα) που ερμήνευε κάθε περιστατικό μέσα από το φίλτρο της πίστης σου.

Κανείς μας δεν μπορεί να μεταμορφωθεί μόνο μέσα από πληροφορίες. Εάν οι πληροφορίες από μόνες τους μπορούσαν να μας μεταμορφώσουν, θα είχαμε ελευθερωθεί εδώ και πολύ καιρό και μάλιστα, οι άνθρωποι με τον υψηλότερο δείκτη νοημοσύνης θα ήταν οι πιο ελεύθεροι απ' όλους μας.

Δρ. Κέρι Γουντ με την Δρ. Τσίκι Γουντ

ΠΡΟΣΕΥΧΗ

Abba, μπορεί να μην έχω επίγνωση των τραυματικών εμπειριών του παρελθόντος μου που πιθανώς άνοιξαν την πόρτα της ζωής μου σε φοβίες, αμφιβολίες και ανασφάλειες. Εσύ, όμως, γνωρίζεις κάθε μία από αυτές τις εμπειρίες. Άγιο Πνεύμα, Σου ζητώ να με φέρεις στην παρουσία του Πατέρα με τον κατάλληλο τρόπο και με πραγματικές εμπειρίες της Παρουσίας Σου, ώστε οι εμπειρίες μου μαζί Σου να θεραπεύσουν ή να αντικαταστήσουν τη ζημιά που έγινε στο παρελθόν και να κλείσουν κάθε πόρτα της ψυχής μου που έχει μείνει ανοιχτή από παλιά. Σε καλωσορίζω, Άγιο Πνεύμα· φέρε με σε καινούργια μέρη με τον Θεό — παραπάνω από όσα θα μπορούσα να σκεφτώ ή να διανοηθώ. Αμήν.

ΓΙΑ ΟΜΑΔΙΚΗ ΣΥΖΗΤΗΣΗ

1) Δώστε μερικά παραδείγματα που αποδεικνύουν ότι η φύση του Θεού είναι να αποκαλύπτεται, να κάνει τον εαυτό Του γνωστό, και όχι να κρύβεται:

2) Πώς χρησιμοποιεί ο Σατανάς τις τραυματικές εμπειρίες μας ως πόρτες εισόδου για να χτίσει οχυρά στη ζωή μας; Μπορείτε να δώσετε ένα παράδειγμα;

3) Με ποιους τρόπους μας δίνει το Άγιο Πνεύμα νέες εμπειρίες με τον Θεό που μας ελευθερώνουν από παλιά δεσμά;

ΔΥΟ

Το Ορφανό Πνεύμα σε Διεθνή Κλίμακα

Η ρίζα κάθε μορφής συντριβής είναι η ορφανή καρδιά. Οι άνθρωποι δεν κατανοούν από Ποιον πηγάζει η αξία τους και επομένως, ποια είναι η αξία τους.

—Άλαν Σμιθ

Το ορφανό πνεύμα δεν αφορά μόνο μεμονωμένα άτομα· εκδηλώνεται και σε παγκόσμιο επίπεδο, όταν ένα έθνος στρέφεται ενάντια σε ένα άλλο, μια κουλτούρα ενάντια σε μια άλλη. Θέλω να δεις ότι ο απώτερος διαβολικός σκοπός του ορφανού πνεύματος δεν είναι μόνο να σε χωρίσει από την αγάπη του Πατέρα, αλλά να καταστρέψει όλη την ανθρωπότητα. Το ορφανό πνεύμα κατάφερε να έρθει στον πλανήτη μας, όταν το πρώτο ζευγάρι ανθρώπων πίστεψε ένα ψέμα για τον Θεό. Ανακάλυψαν, ξαφνικά, ότι κάτι τους έλειπε και έπρεπε να το αποκτήσουν (ή τουλάχιστον έτσι νόμιζαν). Ο περίφημος καρπός ήταν απλώς ένα σύμβολο. Έπειτα ο Κάιν μίσησε τον αδελφό του, τον Άβελ. Αργότερα ο Ιακώβ εξαπάτησε τον Ησαύ για να πάρει τα πρωτοτόκια και την ευλογία. Στη συνέχεια, ο Λωτ διάλεξε για τον εαυτό του το καλύτερο κομμάτι γης, ο Ισμαήλ διώχθηκε μακριά από τον Ισαάκ και έτσι, η μια ιστορία της Βίβλου μετά την άλλη αποκαλύπτουν ότι ο πόλεμος που ξεκίνησε δεν είναι ανάμεσα σε φυλές και έθνη, αλλά κάτι πολύ μεγαλύτερο. Το ορφανό πνεύμα έχει βάλει στόχο να καταστρέψει τους γιους του Θεού.

Ξέρουμε ότι η γη είναι κάτω από την κατάρα του ορφανού πνεύματος. Αν θέλεις ένα αντιπροσωπευτικό δείγμα σε επίπεδο λαών, θυμήσου τι είδαμε το 2004 στην κηδεία του Προέδρου Γιάσερ Αραφάτ.[10] Μπροστά στα μάτια όλου του κόσμου, ο Παλαιστινιακός λαός μας έδειξε τι σημαίνει να μην έχεις σπίτι (πατρίδα), τι σημαίνει να σου στερούν την ιδιοκτησία σου οι Άραβες αδελφοί σου.[11] Θεωρούνται ο ορφανός λαός του κόσμου, όμως ο Θεός έχει ένα σχέδιο για αυτούς. (Ο Παύλος φτάνει στην ουσία του θέματος όταν συγκρίνει τη Σάρρα με την Άγαρ, τον Ισαάκ με τον Ισμαήλ, πράγμα που θα εξηγήσουμε αναλυτικά αργότερα.) Είναι εύκολο να καθόμαστε αναπαυτικά στον

Δρ. Κέρι Γουντ με την Δρ. Τσίκι Γουντ

καναπέ μας, να βλέπουμε τις ειδήσεις και να λέμε με εθνικιστικό αέρα, «Πόσο χαίρομαι που είμαστε καλύτεροι απ' αυτούς». Καλό είναι να θυμόμαστε ότι δεν είμαστε καλύτεροι από κανέναν σ' αυτή τη γη. Όλη η ανθρωπότητα προέρχεται από ένα αίμα, ένα έθνος ανθρώπων και ο Θεός έχει ορίσει τον τόπο του κάθε λαού, τα μέρη της κατοικίας μας όπου θα εξελιχθεί η επίγεια ζωή μας (Πράξεις 17:26).

Η νοοτροπία του ορφανού φαίνεται και στη δική μου χώρα, όπου υπάρχουν έντονες πολιτισμικές συγκρούσεις και το ορφανό πνεύμα μάχεται διαρκώς ενάντια στο πνεύμα του γιου. Σε κάθε κουλτούρα υπάρχουν μελανά σημεία που προδίδουν τις βαθιά ριζωμένες πεποιθήσεις (ως ασυνείδητες πνευματικές και ψυχολογικές αντιδράσεις) που στρέφουν τους «έχοντες» ενάντια στους «μη έχοντες» και το αντίστροφο, με βάση το ψέμα ότι «κάτι σου κρύβουν, κάτι σου στερούν» (το ίδιο ψέμα με τον Κήπο). Οι κοινωνιολόγοι ακόμα μελετούν τις ταραχές του 1968 στο Γουάτς του Λος Άντζελες προσπαθώντας να καταλάβουν γιατί επιτέθηκε η μια μειονότητα στην άλλη. Για ποιους λόγους κάποιες κοινότητες που μετανάστευσαν στις Η.Π.Α φαίνεται ότι κέρδιζαν έδαφος και πλούτιζαν πιο γρήγορα από άλλες κουλτούρες που ήταν σαν να είχαν μείνει κολλημένοι στη φτώχεια και την απόγνωση; Πώς κατάφερε ο εβραϊκός λαός, μέσα στη μακραίωνη ιστορία του, όχι μόνο να επιβιώνει, αλλά και να ευημερεί μέσα σε κάθε πολιτισμό που διασκορπίστηκε; Πώς κατάφεραν οι ασιατικοί πληθυσμοί που ήρθαν πρόσφατα στη Βόρεια Αμερική, μέσα σε σύντομο χρονικό διάστημα να είναι ιδιοκτήτες καταστημάτων, επιχειρήσεων και εταιρειών; Μήπως αυτό που κάνει τη διαφορά είναι ένας συγκεκριμένος τρόπος σκέψης, μια ασυνείδητη νοοτροπία και στάση ζωής; Μήπως οι κουλτούρες που υιοθετούν μια πιο σχεσιακή, οικογενειακή κοσμοθεωρία (με βάση τον πατέρα, το σπίτι και την κληρονομιά) ζουν καλύτερα από εκείνες που προάγουν μια πιο ατομικιστική κοσμοθεωρία; Και ποια είναι η διαφορά ανάμεσα στις κουλτούρες που λειτουργούν με βάση τη ντροπή και αυτές που λειτουργούν με βάση τις ενοχές;

Το θέμα είναι ότι το ορφανό πνεύμα μπορεί να παρουσιάζει ελαφρώς διαφορετικά συμπτώματα από κουλτούρα σε κουλτούρα και ίσως, από γενιά σε γενιά, αλλά πρόκειται για ένα καθολικό φαινόμενο που αγγίζει όλο το ανθρώπινο γένος.

Ο ΡΟΛΟΣ του Abba

Διάσημοι με Κακές Πατρικές Σχέσεις

Ας στρέψουμε το βλέμμα μας από τον μακρόκοσμο των πολιτισμών στον μικρόκοσμο των οικογενειών και των ατόμων. Υπάρχει πληθώρα τραγικών ιστοριών με διάσημους, φτασμένους και πετυχημένους ανθρώπους που κατέληξαν στην απελπισία και στο ατέρμονο κυνήγι παθών, πλούτου, αξιωμάτων ή δύναμης. Μια απλή αναζήτηση στο διαδίκτυο με θέμα «διάσημοι που δεν είχαν αίσιο τέλος» ή «διάσημοι με κακούς γονείς» ή κάτι παρόμοιο, αρκεί για να δει κανείς το τραγικό και επαναλαμβανόμενο μοτίβο.

Θα σε εξέπληττε αν ανακάλυπτες ότι υπάρχει σχέση ανάμεσα στον αθεϊσμό και τις διαλυμένες πατρικές σχέσεις; Στην αυτοβιογραφική ταινία με τίτλο, *The Case for Christ (Η Υπόθεση Ιησούς Χριστός)*, ο Λι Στρόμπελ, βραβευμένος δημοσιογράφος της αμερικανικής εφημερίδας *The Boston Globe* και άθεος, είναι αποφασισμένος να διαψεύσει την ανάσταση του Χριστού. Μόλις, όμως, βρεθεί αντιμέτωπος με τις αδιάσειστες αποδείξεις ότι πάνω από 500 αυτόπτες μάρτυρες είχαν δει τον Ιησού μετά την ανάσταση, θα ζητήσει τη γνώμη μιας κορυφαίας ψυχολόγου σχετικά με το ενδεχόμενο να ήταν μια μαζική ψευδαίσθηση. Η Ρομπέρτα Γουότερς, Πρόεδρος της Αμερικάνικης Ένωσης Ψυχαναλυτών και ηγετική μορφή (εκείνη την εποχή) στη Μελέτη της Ανθρώπινης Συμπεριφοράς στο Πανεπιστήμιο του Πέρντιου, κάνει μια παρατήρηση σχετικά με το ιδιαίτερο άγχος του Στρόμπελ που τον ωθεί στην έρευνά του. Η ψυχολόγος και οπαδός του αγνωστικισμού του λέει: «Φαντάζομαι ότι όντας σκεπτικιστής είστε εξοικειωμένος με τα μεγάλα ονόματα της ιστορίας του αθεϊσμού: τους Χιουμ, Νίτσε, Σαρτρ, Φρόιντ…».

«Βεβαίως» απαντά ο Στρόμπελ, «είναι από τους σημαντικότερους ήρωές μου».

Η Δρ Γουότερς συνεχίζει, «Γνωρίζετε ότι όλοι αυτοί είτε έχασαν τον πατέρα τους σε μικρή ηλικία, είτε τους εγκατέλειψε ο πατέρας τους, είτε ήταν σωματικά ή συναισθηματικά κακοποιητικός απέναντί τους; Αυτό, εμείς οι ψυχοθεραπευτές, το ονομάζουμε *πατρικό τραύμα*».[12]

Ο Στρόμπελ, αφηγούμενος τη συζήτηση αργότερα, λέει:

Αγνοούσα παντελώς το γεγονός ότι η σχέση ενός νέου με τον πατέρα του μπορεί να επηρεάσει δραστικά τη στάση του απέναντι στον Θεό. Δεν ήξερα ότι πολλοί επιφανείς άθεοι, ανάμεσά τους ο

Φρίντριχ Νίτσε, ο Ντέιβιντ Χιουμ, ο Μπέρτραντ Ράσελ, ο Ζαν-Πολ Σαρτρ, ο Αλμπέρ Καμύ, ο Άρτουρ Σοπενχάουερ... ο Βολταίρος, ο Χ. Τζ. Γουέλς, η Μάνταλιν Μάρεϊ Ο'Χερ και άλλοι, ένιωθαν εγκαταλελειμμένοι ή βαθιά απογοητευμένοι από τους πατέρες τους, γεγονός που τους έκανε να μην επιθυμούν να γνωρίσουν έναν ουράνιο Πατέρα.[13]

Οι επιπτώσεις του ορφανού πνεύματος έχουν καταγραφεί εκτενώς από τις εφημερίδες, τα τηλεοπτικά κανάλια και την ίδια την Ιστορία, και δεν έχει νόημα να αναπαράγουμε σωρεία τέτοιων περιστατικών εδώ. Η αλήθεια είναι ότι κατά κάποιο τρόπο το θεωρούμε δεδομένο ότι οι άνθρωποι θα χάσουν την ηθική τους πυξίδα και κάποια στιγμή θα αυτοκαταστραφούν. Ένα σαδιστικό χόμπι των ορφανών ανθρώπων είναι να εξυψώνουν κάποιον σούπερ-σταρ μέχρι το σημείο που δεν μπορεί να διατηρήσει τη φήμη και τα πλούτη του· ώστε, στη συνέχεια, όλοι μαζί σαν κοινωνία να παρακολουθήσουμε την κατάρρευσή του (ίσως με κάποια κρυφή ευχαρίστηση που εμείς δεν τα θαλασσώσαμε τόσο πολύ).

Λογικά κανείς δεν θα περίμενε να συναντήσει το ορφανό πνεύμα στην ισχυρή, πετυχημένη πλευρά της κοινωνίας. *Ο Ρόλος του Abba*, όμως, αποκαλύπτει ότι η έννοια του αληθινού γιου δεν έχει να κάνει με τον πλούτο, τη μόρφωση, τα αξιώματα και τα προνόμια (ή την έλλειψή τους). Αντίθετα, βλέπουμε το ορφανό πνεύμα να λειτουργεί εξίσου αποτελεσματικά σε κάθε κοινωνικό στρώμα, ανάμεσα σε μορφωμένους αλλά και αναλφάβητους, σε κάθε κοινότητα και κοινωνική προέλευση. Μπορεί να παρουσιάζεται με περισσότερη φινέτσα σε ορισμένα μέρη ή να κρύβεται πίσω από «μεγάλες επιτυχίες» σε ορισμένες ιστορίες, αλλά η αλήθεια είναι ίδια για όλους: ή είσαι ορφανός ή είσαι γιος.

Η Καλή Οικογενειακή Ζωή δεν αποτελεί Εγγύηση

Το ορφανό πνεύμα εισχωρεί στη ζωή μας μέσα από τον πειρασμό μας να εστιάζουμε στα ελαττώματα που βλέπουμε στα διάφορα επίπεδα γονικής (και κατ' επέκταση κυβερνητικής) εξουσίας. Όλοι έχουμε να πούμε ιστορίες για τις ατέλειες των γονιών μας. Σε μια υγιή οικογένεια, όμως, μπορούμε να καθόμαστε όλοι μαζί στα οικογενειακά τραπέζια των Χριστουγέννων και να γελάμε μ' αυτές. Μπορούμε να γελάμε με κάτι που έκανε ο μπαμπάς όταν ήμασταν μικρά ή με τις αγαπημένες ατάκες της μαμάς. Σε μια υγιή οικογένεια υπάρχει διάλογος για τα κουσούρια όλων. Και σίγουρα δεν υπάρχει τέλειος γονιός, δεν υπάρχει τέλειος ποιμένας, δεν υπάρχει τέλειος πρωθυπουργός, διευθυντής ή δάσκαλος. Αυτό κάνει ο Σατανάς, λοιπόν· εκμεταλλεύεται τις ατέλειες των ανθρώπων που έχουν τεθεί από τον Θεό και έχουν κάποια εξουσία στη ζωή μας, ως σημεία εισόδου για το ορφανό πνεύμα.

Ο Σατανάς εκμεταλλεύεται τις ατέλειες των ανθρώπων που έχουν τεθεί από τον Θεό και έχουν εξουσία στη ζωή μας, ως σημεία εισόδου για το ορφανό πνεύμα.

Ήμουν και εγώ ένας από τους μπαμπάδες της κατ' οίκον εκπαίδευσης και θερμός υποστηρικτής της ανάγκης μας για επιστροφή στον θεσμό του καλού σπιτικού και της δυνατής οικογενειακής ζωής. Πάντα προσπαθούσα να αναδείξω τις διαφορές ανάμεσα στον ατομικισμό που υπάρχει στον Δυτικό κόσμο, και την εβραϊκή κουλτούρα της από κοινού ζωής. Μπορώ να υποστηρίξω με επιχειρήματα τις αρνητικές επιπτώσεις των ατομικιστικών και δυϊστικών φιλοσοφιών, τις αρνητικές επιπτώσεις που έφερε η πρώιμη Αμερικανική Βιομηχανική Επανάσταση στο σπίτι, και την ανάγκη να επιστρέψουμε στην οικογενειακή κουλτούρα. Το πρόβλημα, όμως, είναι πολύ βαθύτερο από την έλλειψη «ποιοτικού χρόνου με την οικογένεια».

Η Αγία Γραφή είναι γεμάτη με αληθινές ιστορίες καλών και κακών πατεράδων. Θα πρέπει να εκτιμούμε το γεγονός ότι η Βίβλος αρνείται να παρουσιάζει μόνο την καλή πλευρά των γεγονότων. Ο Θεός πάντα αποκαλύπτεται σε μας με ειλικρίνεια, αυθεντικότητα και ευθύτητα. Γι' αυτό και συμπεριέλαβε τις κραυγαλέες αποτυχημένες προσπάθειες πολλών ανθρώπων στον ρόλο τους ως πατέρες. Αν ξεφυλλίσουμε το οικογενειακό άλμπουμ της ανθρωπότητας μέσα από τη Βίβλο, θα εντοπίσουμε πατέρες που ενήργησαν σοφά αλλά και άσοφα — που εξάσκησαν την πατρότητά τους είτε ως ορφανοί, είτε ως αληθινοί γιοι.

ΑΔΑΜ — Ήταν ο πρώτος άνθρωπος και ο πρώτος γήινος πατέρας, άρα το μόνο πρότυπο που είχε ήταν ο Θεός. Δυστυχώς, όμως, Τον εγκατέλειψε, βυθίζοντας όλο τον κόσμο στην αμαρτία. Έπειτα, βίωσε μια απίστευτη τραγωδία, όταν ο γιος του, ο Κάιν, δολοφόνησε τον αδελφό του, τον Άβελ. Έχεις σκεφτεί ποτέ πόσο επηρέασε τον Αδάμ ο φόνος του Άβελ; Ίσως τα έβαλε με τον εαυτό του. Ίσως η δική του υπερπροσπάθεια να πετύχει και να επανορθώσει για την αποτυχία

Δρ. Κέρι Γουντ με την Δρ. Τσίκι Γουντ

του στον Κήπο επηρέασαν τον Κάιν και διαστρέβλωσαν μέσα του τις έννοιες της δύναμης και της αποδοχής. Πώς εκδηλώθηκε το ορφανό πνεύμα στη ζωή του Αδάμ;

ΝΩΕ — Ο Νώε ξεχωρίζει μέσα στη Βίβλο ως ένας πατέρας που προσκολλήθηκε στον Θεό παρά τη διαφθορά που υπήρχε γύρω του. Είναι, επίσης, προφανές ότι τα παιδιά του τον τιμούσαν και τον σέβονταν, καθώς τον υπηρετούσαν επί 100 χρόνια μέχρι να φέρει εις πέρας την εκπληκτική αποστολή του. Πόσο επίκαιρο το παράδειγμά του! Ολοκλήρωσε με γενναιότητα το έργο που του ανέθεσε ο Θεός, αλλά βλέπουμε ότι δεν ήταν τέλειος. Τι μας διδάσκει για τον ρόλο μας ως γονείς και τις προεκτάσεις του ρόλου του *Abba;* Δηλαδή, γιατί να αντιδράσει έτσι ο Χαμ στην αποτυχία του Νώε, ενώ ο Σημ και ο Ιάφεθ φέρθηκαν τελείως διαφορετικά (Γένεση 9:21-23);

ΑΒΡΑΑΜ, «πατέρας πολλών εθνών» — Δεν υπάρχει τίποτε πιο τρομακτικό από το να κουβαλάς μέσα σου μια υπόσχεση που αφορά όλα τα έθνη. Τέτοια ήταν η αποστολή που έδωσε ο Θεός στον Αβραάμ. Ήταν ένας ηγέτης με τεράστια πίστη, που πέρασε μια από τις πιο δύσκολες δοκιμασίες που έχουν δοθεί από τον Θεό στον άνθρωπο. Ακόμη και μετά τις πολλαπλές εμπειρίες αφοσίωσης, λατρείας και ευχαριστίας που έζησε μπροστά στο θυσιαστήριο του Θεού, μας δίνεται η ευκαιρία να δούμε τον Αβραάμ να κάνει λάθη στην προσπάθειά του να ελέγξει μια κατάσταση. Με ποιο τρόπο βλέπουμε τις δυνάμεις και τις αδυναμίες του να μεταβιβάζονται στα παιδιά του; (π.χ. το ψέμα που είπε ότι η Σάρρα είναι αδελφή του και όχι γυναίκα του [Γένεση 20:1-18], το επανέλαβε και ο γιος και ο εγγονός του). Και πώς ακριβώς μεταβιβάστηκαν αυτά τα δυνατά και αδύναμα στοιχεία του χαρακτήρα του στους επόμενους; Ήταν κληρονομικά; Ήταν ευθύνη του Θεού; Ήταν θέμα πικρίας και απέχθειας; Δεν περνάει απ' το μυαλό μας ότι ο πατέρας της πίστης μας, ο Αβραάμ, είχε καρδιά ορφανού· όμως, γιατί να πει ψέματα για τη γυναίκα του για να σώσει τον εαυτό του; Μήπως συμβαίνει κάτι άλλο;

ΙΣΑΑΚ, γιος του Αβραάμ — Για πολλούς πατέρες είναι τρομακτικό να ακολουθούν τα βήματα του δικού τους πατέρα, ειδικά όταν αυτά τα βήματα είναι μεγαλειώδη. Ο Ισαάκ σίγουρα ένιωθε αυτό το βάρος. Ο πατέρας του, ο Αβραάμ, έγινε ένας πλούσιος και πανίσχυρος πατριάρχης. Αντιλαμβανόταν αυτό το φορτίο ο Ισαάκ ή του φαινόταν φυσιολογικό;

Ο ΡΟΛΟΣ του Abba

Άραγε πάλευε μέσα του με την πικρία και τη δυσαρέσκεια, επειδή ο πατέρας του ήταν πρόθυμος να τον θυσιάσει; Κι όμως, βλέπουμε τον Ισαάκ ως έναν υπάκουο γιο, με ιδιαίτερη προσκόλληση στη μητέρα του (Γένεση 24:67). Γιατί έδειξε και ο Ισαάκ την ίδια αδυναμία, να λέει ψέματα για τη γυναίκα του (Γένεση 26:7);

ΙΑΚΩΒ — Ήταν ένας δολοπλόκος που προσπαθούσε να πετύχει με τον δικό του τρόπο, αντί να εμπιστευθεί τον Θεό. Με τη βοήθεια της μητέρας του, της Ρεβέκκας, έκλεψε τα πρωτοτόκια του δίδυμου αδελφού του, του Ησαύ. Ο Ιακώβ απέκτησε 12 γιους που δημιούργησαν τις 12 φυλές του Ισραήλ. Ως πατέρας, όμως, έδειχνε αδυναμία στον γιο του, τον Ιωσήφ, προκαλώντας τη ζήλια των υπόλοιπων γιων του. Τι μας δείχνει η ζωή του Ιακώβ για την απόκτηση μιας νέας ταυτότητας μέσα από την πάλη του με τον Θεό; Βλέπουμε τον Ιακώβ να επιστρέφει στην παλιά του ταυτότητα; Με ποιο τρόπο γινόμαστε «δυνατοί με τον Θεό» ως αληθινοί γιοι;

ΜΩΥΣΗΣ, ο νομοθέτης — Ο Μωυσής είχε δυο γιους, τον Γηρσώμ και τον Ελιέζερ, αλλά έμεινε γνωστός ως πατέρας όλου του εβραϊκού λαού όταν τους έβγαλε από τη δουλεία της Αιγύπτου. Αγάπησε τον λαό του με υπομονή και φρόντισε να τους νουθετεί και να τους παρέχει τα απαραίτητα στο 40ετές ταξίδι τους προς τη Γη της Επαγγελίας, χωρίς αυτό να σημαίνει ότι δεν έχασε ποτέ την υπομονή του. Πώς γίνεται ο «πιο πράος άνθρωπος στη γη» να σκότωσε επιπόλαια έναν Αιγύπτιο επιστάτη, να έριξε τις πέτρινες πλάκες από το βουνό (που ήταν αυτόγραφα του Θεού, χωρίς υπερβολή) και να χτύπησε τον βράχο δύο φορές; Αν και ήταν φιγούρα της Παλαιάς Διαθήκης που δεν ήταν γεμάτος με το Άγιο Πνεύμα, όπως το καταλαβαίνουμε εμείς στην Καινή Διαθήκη, ωστόσο τι μας διδάσκει ο Μωυσής σχετικά με την αδυναμία της ανθρώπινης φύσης μας, παρότι ήταν ένας από τους πιο πράους ανθρώπους; Τι κάνουμε με μια τέτοια προειδοποίηση; Είναι δυνατόν να είσαι άνθρωπος του Θεού και παρόλα αυτά, να παλεύεις με τα προβλήματα μιας ορφανής καρδιάς;

ΒΑΣΙΛΙΑΣ ΔΑΥΙΔ — Γνωστός ως άνθρωπος σύμφωνα με την καρδιά του Θεού, ο Δαυίδ αποτελεί ένα από τα μεγαλύτερα παράδοξα στην Αγία Γραφή. Ο Δαυίδ εμπιστεύθηκε τον Θεό για να τον βοηθήσει να νικήσει ένα λιοντάρι, μια αρκούδα και έναν Γολιάθ. Κράτησε την πίστη του στερεωμένη στον Θεό, ακόμα κι όταν ζούσε ως φυγάς από τον βασιλιά Σαούλ για σχεδόν είκοσι χρόνια. Ο Δαυίδ ήταν ένα απαράδεκτο πρότυπο πατέρα στα πρώτα του χρόνια. Διέπραξε βαριές αμαρτίες, αλλά έκλαψε πικρά, μετάνιωσε βαθιά και βρήκε συγχώρεση. Ο γιος του, ο Σολομώντας, κληρονόμησε τα οφέλη της προσωπικής αναζωπύρωσης του Δαυίδ και ονομάστηκε ο σπουδαιότερος βασιλιάς του Ισραήλ.

ΒΑΣΙΛΙΑΣ ΣΟΛΟΜΩΝΤΑΣ — Ο πιο σοφός άνθρωπος στη γη, αποτελεί μια ενδιαφέρουσα περίπτωση ανθρώπου που ξεκίνησε καλά και κατέληξε άσχημα. Ο Θεός του χάρισε όχι μόνο τη σοφία που ζήτησε, αλλά και μακροζωία και ευημερία. Το πρόβλημα, όμως, ήταν ότι πήρε 3.000 γυναίκες, πολλές από ξένες χώρες, και στο τέλος έγραψε τον *Εκκλησιαστή* σε αντιπαραβολή με τις *Παροιμίες*. Οι *Παροιμίες* μιλούν για τη σιγουριά που βρίσκει κάποιος στον δρόμο του Θεού. Ο *Εκκλησιαστής* δεν μαρτυρά καμία απολύτως σιγουριά. Είναι λες και ο Σολομώντας έζησε για να ολοκληρώσει τις δουλειές που άφησε ημιτελείς ο πατέρας του (το χτίσιμο του Ναού), κι έπειτα έχασε τον δρόμο του μέσα σε επιτεύγματα που δεν του προσέφεραν καμία ικανοποίηση. Τι μαθαίνουμε από τον Σολομώντα για την αποστολή του Πατέρα και την υπακοή ενός αληθινού γιου;

Αν σκεφτούμε τους σπουδαίους ανθρώπους του Θεού της δικής μας εποχής, υπάρχει κάποιος που εξαιρείται από αυτή τη μάχη ανάμεσα στο πνεύμα του ορφανού και το πνεύμα του γιου; Τι σημαίνει αυτό; Άρα κανείς δεν μπορεί να αλλάξει πραγματικά; Άρα η μεταμόρφωση είναι απλά ένας όρος της θρησκείας; Ή μήπως, όλα αυτά δείχνουν ότι είναι μια διαδικασία που διαρκεί για όλη μας τη ζωή;

Ούτε το Ορφανό Πνεύμα είναι Προσωπολήπτης

Ο Νταγκ Γουίντ μελέτησε τις ζωές και τις οικογένειες όλων των Αμερικανών προέδρων και άλλων αρχηγών κρατών ψάχνοντας αν υπάρχει κάτι που να συνδέει τα παιδιά που έγιναν τελικά πρόεδροι των Ηνωμένων Πολιτειών και τους πατέρες τους. Στη διάρκεια της προεκλογικής εκστρατείας του 2008, οι δυο τελικοί αντίπαλοι που απέμειναν, ήταν δυο άνδρες που γνώρισαν ελάχιστα τους μπαμπάδες τους: ο Μπαράκ Ομπάμα και ο Τζον Μακέιν. Οι πρόεδροι Άντριου

Ο ΡΟΛΟΣ του Abba

Τζάκσον και Μπιλ Κλίντον δεν γνώρισαν ποτέ τους μπαμπάδες τους, διότι είχαν πεθάνει προτού γεννηθούν οι γιοί τους.

Ο πατέρας του Μπαράκ Ομπάμα έφυγε από το σπίτι τους το 1963 όταν ο γιος του ήταν μόνο δύο ετών. Από τότε, τους χώριζαν ολόκληροι ήπειροι. Στην ηλικία των είκοσι ενός, ο Ομπάμα πληροφορήθηκε με μήνυμα ότι ο πατέρας που ποτέ δεν κατάφερε να γνωρίσει, σκοτώθηκε σε τροχαίο. Είναι γνωστό ότι ο Ομπάμα διετέλεσε πρόεδρος των Ηνωμένων Πολιτειών για δύο συνεχόμενες θητείες. Ο Τζον Μακέιν ήταν ο μοναδικός γιος και εγγονός Ναυάρχων (βαθμού τεσσάρων αστέρων) του Πολεμικού Ναυτικού στην Ιστορία. Ο πατέρας του ήταν πολύ στοργικός, αλλά ταυτόχρονα, πολύ απασχολημένος και πολύ συχνά απών. Η Ιστορία επιβεβαιώνει ότι οι πατέρες πολλών Αμερικανών προέδρων πέθαναν νέοι. Όμως, ακόμα και εκείνοι που έζησαν περισσότερο, ήταν πολυάσχολοι· δηλαδή, πετυχημένοι αλλά απόντες. Ο Τζορτζ Χέρμπερτ Γουόκερ Μπους είπε για τον γιο του, τον Τζορτζ Γ. Μπους, «Εγώ δεν ήμουν ποτέ εκεί. Η Μπάρμπαρα τον μεγάλωσε». Ήταν, ωστόσο, ο ένας από τους μοναδικούς δύο πατεράδες προέδρων που παρευρέθηκαν στις ορκωμοσίες των γιων τους.

Άραγε τι αντίκτυπο έχει όλο αυτό σε έναν νεαρό άντρα που προσπαθεί να αποδείξει ποιος είναι ή να γίνει αντάξιος των προσδοκιών των άλλων; Η αλήθεια είναι ότι και ο Χίτλερ και ο Στάλιν και ο πρόεδρος Μάο παρουσιάζουν το ίδιο μοτίβο: ισχυρή προσκόλληση στη μητέρα και απουσία του πατέρα. Το θέμα γίνεται ακόμα πιο περίπλοκο (για κάποιον που δεν κατανοεί την έννοια του ορφανού πνεύματος)· διότι φαίνεται ότι ακριβώς το ίδιο μοτίβο που συναντάται στους ανθρώπους με εξαιρετικά υψηλές επιδόσεις, συναντάται και στους ανθρώπους με επιθετική και εγκληματική συμπεριφορά.

Οι φυλακές της Αμερικής είναι γεμάτες με νεαρούς που λατρεύουν τις μαμάδες τους, ενώ δεν ξέρουν καν ποιοι είναι οι μπαμπάδες τους. Ο Γουίντ καταλήγει στο εξής: «Φαίνεται ότι και οι πρόεδροι και οι εγκληματίες πίνουν από το ίδιο δηλητήριο, το οποίο τους οδηγεί σε τελείως διαφορετικά αποτελέσματα. Λειτουργεί τονωτικά κατά έναν παράξενο τρόπο για τους πετυχημένους προέδρους, ενώ είναι συνταγή για τεράστια συναισθηματική καταστροφή για τους εγκληματίες».[14]

Το συμπέρασμα είναι το εξής: καμία μορφή εξουσίας δεν είναι τέλεια —είτε είναι γονείς, ποιμένες, δάσκαλοι ή πολιτικοί— και ο Σατανάς χρησιμοποιεί με κάθε τρόπο τις ατελείες τους ως πόρτες, μέσα από τις οποίες μπορεί να περάσει το πνεύμα του ορφανού στους γιους και τις κόρες του Θεού.

Πώς μου Συνέβη Αυτό;

Ο Αδάμ και η Εύα πίστεψαν ότι ο Θεός κάτι τους έκρυβε και ότι, ταυτόχρονα, τους άφηνε να πιστεύουν ότι χρειάζονταν μόνο Αυτόν. Θεώρησαν ότι ανακάλυψαν μια ατέλεια του Θεού. Και δεν είναι οι μόνοι άνθρωποι που πιστεύουν ότι βρήκαν ελάττωμα στον Θεό. Δεν είναι οι μόνοι που έχουν θυμώσει με τον Θεό. Για τους περισσότερους, όμως, ξεκινάει ανεπαίσθητα, και πολύ αργότερα φτάνουμε στο σημείο να αναρωτιόμαστε «Πώς μου συνέβη κάτι τέτοιο;».

Ο Αβεσσαλώμ έβλεπε ότι ο πολυάσχολος πατέρας του (και βασιλιάς), αδυνατούσε να αντιμετωπίσει τα επείγοντα οικογενειακά θέματα. Ο Δαυίδ ήταν απορροφημένος στη φιλοδοξία του να κάνει το Ισραήλ το ισχυρότερο έθνος στη γη. Και μέσα στο παλάτι του, έδωσε απερίσκεπτα τη συγκατάθεσή του στον Αμνών να μείνει μόνος με την ετεροθαλή αδελφή του· αυτός εκμεταλλεύτηκε την ευκαιρία και τη βίασε, και ο Δαυίδ δεν έκανε απολύτως τίποτα γι' αυτό. Κουκούλωσε τη ντροπή της οικογένειας απομονώνοντας τη Θάμαρ για πάντα μέσα στο παλάτι. Οι υπόλοιποι γιοι του εξαγριώθηκαν, πήραν προσωπικά την προσβολή που έγινε στη Θάμαρ και συντάχθηκαν με τον Αβεσσαλώμ για να σκοτώσουν τον Αμνών. Αυτός ήταν ένας σπόρος ορφανού πνεύματος που σπάρθηκε στην καρδιά του Αβεσσαλώμ και τον οδήγησε τελικά σε ένα πραξικόπημα ενάντια στον ίδιο του τον πατέρα. Συνήθιζε να κάθεται στην πύλη της πόλης, να ακούει τα παράπονα των ανθρώπων για τον πατέρα του και να συμφωνεί μαζί τους. «Εγώ μπορώ να κυβερνήσω καλύτερα... ορίστε, εγώ είμαι εδώ και ακούω τα προβλήματά σας... Ο βασιλιάς Δαυίδ είναι πολύ απασχολημένος με τα του παλατιού του». Η άνοδος του Αβεσσαλώμ στον θρόνο είναι η πιο χαρακτηριστική εικόνα ενός ορφανού που αρπάζει αυτό που ένας γιος θα δεχόταν ως δώρο. Υπάρχουν

Η άνοδος του Αβεσσαλώμ στον θρόνο είναι η πιο χαρακτηριστική εικόνα ενός ορφανού που αρπάζει αυτό που ένας γιος θα δεχόταν ως δώρο και υπάρχουν πολλοί ορφανοί που κάθονται σε υψηλές θέσεις.

πολλοί ορφανοί που κάθονται σε υψηλές θέσεις, αλλά λειτουργούν αρπάζοντας και κυνηγώντας, αναγκασμένοι να εξαπατούν για να μείνουν στην εξουσία.

Κάποτε, σε ένα κήρυγμα που έκανα στην εκκλησία που υπηρετούσα, ενώ μιλούσα για την αγάπη του Πατέρα, είπα κάτι από τον άμβωνα που πλήγωσε ένα από τα παιδιά μου. Ανέφερα μια οικογενειακή ιστορία που έφερε την κόρη μου σε δύσκολη θέση —ένιωσε ότι εξέθεσα μια αδυναμία της— και δεν είχα ζητήσει την άδεια να την πω. Το λάθος ήταν δικό μου, αλλά αυτή το εξέλαβε ως απόρριψη εκ μέρους μου. Σίγουρα δεν είχα καμία τέτοια πρόθεση, αλλά μέσα στην απερισκεψία μου, ακόμα και στην προσπάθειά μου να κηρύξω για την αγάπη του Πατέρα, πλήγωσα την κόρη μου και έπρεπε να της ζητήσω συγγνώμη.

Και τι δεν θα δίναμε για να μπορούσαμε να γυρίσουμε τον χρόνο πίσω και να σβήσουμε όλα αυτά τα λάθη! Ο μόνος τρόπος, όμως, είναι να ζητάμε συγχώρεση, να συνεχίζουμε να πλησιάζουμε τον Πατέρα για να μας γεμίζει εκ νέου ώστε η αγάπη Του να υπερχειλίζει μέσα μας, και έπειτα μέσα από εμάς σε άλλους. Αυτό που ισχύει είναι ότι όλοι έχουμε την ίδια επιλογή: να εστιάζουμε στις αποτυχίες των ανθρώπων που έβαλε στη ζωή μας ο Θεός, ή να τους συγχωρούμε. Το αποτέλεσμα θα είναι να εκλαμβάνουν τα λάθη τους είτε με απογοήτευση και αυτοαπόρριψη, είτε ως μια ευκαιρία να αυξηθούν με τον Θεό αντίστοιχα. Η απογοήτευση είναι η συναισθηματική μας αντίδραση όταν διαλύονται οι προσδοκίες μας.

Είναι αδύνατο να μην έχουμε προσδοκίες. Οι προσδοκίες είναι προϊόν της μάθησης, και η μάθηση είναι ουσιαστικά η ικανότητα του εγκεφάλου μας να καταγράφει και να κατηγοριοποιεί προηγούμενα γεγονότα. Ο εγκέφαλος αποθηκεύει προσεκτικά τις αναμνήσεις μας, όσο γίνεται σύμφωνα με κάποια μοτίβα, ώστε να ελαχιστοποιεί την ανάγκη να επεξεργάζεται κάθε εισερχόμενη πληροφορία εκ νέου ξανά και ξανά, λες και τα ζούμε όλα για πρώτη φορά. Αυτός είναι ο λόγος που κάθε πρωί μπορείς να μπαίνεις στο αμάξι σου, να οδηγείς προς τη δουλειά σου, να κάνεις την ίδια διαδρομή που κάνεις πάντα χωρίς να χρειάζεται να κοιτάξεις τον χάρτη, και στο τέλος να μη θυμάσαι καν πώς έφτασες! Αυτό σημαίνει ότι εγκεφάλος σου δεν επεξεργάστηκε τα δεδομένα της διαδρομής ως μοναδικά, γι' αυτό και έχεις ελάχιστες αναμνήσεις.

Η απογοήτευση είναι η συναισθηματική μας αντίδραση όταν διαλύονται οι προσδοκίες μας.

Για ένα μικρό παιδί, όμως, τα περισσότερα γεγονότα της ζωής είναι πρωτόγνωρα. Ως παιδιά, παρακολουθούμε με προσοχή πώς ενεργούν, σκέφτονται και μιλούν οι γονείς μας, επειδή αυτοί είναι η βασική πηγή μας, αυτοί που μας εξασφαλίζουν τα απαραίτητα, την ασφάλεια και την ευημερία μας. Μαθαίνουμε διαρκώς μέσα από κάθε καινούργιο γεγονός που συμβαίνει γύρω μας, και έτσι δημιουργούμε προσδοκίες. Καταλαβαίνεις τώρα για ποιο λόγο έχουμε τόσες προσδοκίες από τους γονείς μας, και γιατί είναι τόσο σημαντικές για μας; Θέλουμε να τους πιστέψουμε, γι' αυτό μαθαίνουμε να πιέζουμε τους γονείς μας να μας δώσουν τον λόγο τους για κάτι, σκεπτόμενοι πως αν μας το υποσχεθούν, λόγω της τεράστιας καλοσύνης τους, θα αναγκαστούν να το τηρήσουν. Κάποιες φορές, βέβαια, ακόμα και οι πιο καλοί γονείς ξεχνάνε ή προκύπτουν πράγματα που χαλάνε τα σχέδιά τους. Και δυστυχώς, μόλις αθετηθεί μια υπόσχεση, ανοίγει την πόρτα σε πολλά άλλα. Κανείς μας δεν είχε τέλειους γονείς και ήταν αναμενόμενο ότι οι παιδικές καρδιές μας θα πληγωθούν και θα απογοητευθούν. Εντωμεταξύ ο εχθρός μάς παρουσιάζει τη δική του ερμηνεία για όσα μας συμβαίνουν, κι έτσι τρυπώνει στην καρδιά μας, και ιδού η αρχή του χάους.

Υπάρχει, όμως, μια προσωπική πρόσκληση για όλους μας, ένας ανοιχτός δρόμος προς τον Πατέρα, μια αποκάλυψη για το ποιος είναι ο Πατέρας, η οποία ταυτόχρονα μας αποκαλύπτει τι σημαίνει να είμαστε γιοι Του. Στο επόμενο κεφάλαιο, θα δούμε ότι ο Ιησούς ήρθε για να μας προσκαλέσει να ζήσουμε ως γιοι και να μας δείξει τον δρόμο προς τον Πατέρα. Προς το παρόν, όμως, μήπως υπάρχει κάποια πληγή μέσα σου, που ξεκίνησε από τον πατέρα ή τη μητέρα σου και έδωσε πάτημα στον εχθρό για να χτίζει ψέματα, κακίες ή οχυρώματα; Μήπως πρέπει να κάνεις μια κουβέντα γι' αυτό με τον ουράνιο Πατέρα σου προτού προχωρήσουμε;

Τι Είπαμε Μέχρι Τώρα;

Το ορφανό πνεύμα εκδηλώνεται και σε παγκόσμιο επίπεδο· όλες οι συγκρούσεις στη Μέση Ανατολή μπορούν να θεωρηθούν ως μια ασταμάτητη διαμάχη μεταξύ γιων και ορφανών — αυτών που έχουν πατρίδα και εκείνων που δεν έχουν.

Βλέπουμε ότι το ορφανό πνεύμα δεν αφορά μόνο τα όσα κάνουν οι κακοί άνθρωποι, αλλά είναι κάτι που λειτουργεί μέσα σε όλους μας, ακόμη και στους μεγάλους πατριάρχες της Αγίας Γραφής.

Άνθρωποι σε υψηλές και χαμηλές θέσεις μπορεί να λειτουργούν με τη νοοτροπία του ορφανού.

Ο Σατανάς χρησιμοποιεί τις ατέλειες αυτών που έθεσε ο Θεός σε εξουσία στη ζωή μας ως σημεία εισόδου για το ορφανό πνεύμα. Και κανείς μας δεν έχει τους τέλειους γονείς.

ΠΡΟΣΕΥΧΗ

Abba, βλέπω ότι όλοι οι άνθρωποι μπορεί να παλεύουν με το ορφανό πνεύμα, από τους προέδρους κρατών μέχρι τους πιο φτωχούς· κάποιοι με καλούς γονείς και κάποιοι όχι. Όλοι μπορεί να ζούμε μέσα στα δεσμά του φόβου, προσπαθώντας να αποδείξουμε την αξία μας, να κρυφτούμε, να κερδίσουμε με το σπαθί μας, να βασιστούμε σε κάτι άλλο πέρα από Εσένα. Μπορείς να ανοίξεις τα μάτια της καρδιάς μου και να μου δείξεις σε ποια σημεία δεν βλέπω τον εαυτό μου όπως με βλέπεις Εσύ; Διέλυσε τον φόβο μου ότι δεν κάνω αρκετά ή ότι δεν είμαι αρκετά καλός. Σου ανοίγω την καρδιά μου και Σου την εμπιστεύομαι.
Στο όνομά Σου, Αμήν.

Δρ. Κέρι Γουντ με την Δρ. Τσίκι Γουντ
ΓΙΑ ΟΜΑΔΙΚΗ ΣΥΖΗΤΗΣΗ

1) Μπορείτε να δώσετε κάποια παραδείγματα «σπουδαίων ανθρώπων» στην Αγία Γραφή που είχαν συμπτώματα ορφανού πνεύματος;

2) Ποιοι πρόεδροι των Ηνωμένων Πολιτειών διέπρεψαν στην καριέρα τους, προσπαθώντας να αποδείξουν κάτι;

3) Με ποιους τρόπους βλέπουμε τις ατέλειες μιας γενιάς να περνούν στην επόμενη;

ΤΡΙΑ

Η Πρόσκληση του Πατέρα να Ζήσουμε ως Γιοι

Η αναστημένη ζωή που σας έδωσε ο Θεός δεν είναι μια συνεσταλμένη ζωή που περιστρέφεται γύρω από έναν τάφο. Είναι γεμάτη προσδοκία και περιπέτεια· μια ζωή όπου μπορείς να λες στον Θεό με παιδικότητα, «Τώρα τι θα κάνουμε, Μπαμπά;». Το Πνεύμα του Θεού αγγίζει το πνεύμα μας και επιβεβαιώνει ποιοι πραγματικά είμαστε. Ξέρουμε Ποιος είναι και ποιοι είμαστε: Είναι Πατέρας και είμαστε παιδιά Του.

Ρωμαίους 8:15 (The Message)

Υπάρχει μια ανοιχτή πρόσκληση για όλους: να έρθουν και να απολαύσουν τη δόξα της ζωής ενός αληθινού γιου. Η ευκαιρία δίνεται σε κάθε άνθρωπο, να έρθει κοντά και να καταλάβει τι σημαίνει να ανήκεις και τι σημαίνει να έχεις ένα σπίτι. Όλη η κτίση διακηρύττει την αλήθεια ότι κανείς δεν μπορεί να κάνει κάτι για να αξίζει αυτή τη δόξα· το μόνο που χρειάζεται, είναι να μάθουμε ότι έχουμε έναν Πατέρα που μας αγαπάει και μας αποδέχεται όπως είμαστε. Η θέση ενός γιου είναι ουσιαστικά μια θέση μέσα στην αγκαλιά του Πατέρα.

Η δόξα (η φανερή παρουσία) του Θεού δεν είναι κάτι που κερδίζουμε (όταν μετανοούμε αρκετά, όταν ταπεινωνόμαστε αρκετά ή όταν νηστεύουμε αρκετά και θεωρούμε ότι κατά κάποιο τρόπο την κερδίσαμε) — παρότι τις χρειαζόμαστε όλες αυτές τις εκφράσεις της πνευματικής πείνας. Η δόξα του Θεού είναι το σπίτι της Παρουσίας Του, το μέρος όπου ζούνε οι γιοι και οι κόρες του Θεού. Και το κύριο εμπόδιο που μας αποτρέπει να ζήσουμε σ' αυτή τη δόξα, είναι το πνεύμα του ορφανού. Μπορούμε είτε να πιστέψουμε τη φωνή του Ουράνιου Πατέρα που λέει *Είσαι ο γιος Μου, είσαι η κόρη Μου*· είτε να πιστέψουμε τον πατέρα του ψεύδους που λέει *Στ' αλήθεια είπε ο Θεός...; Είναι δυνατόν να ισχύει κάτι τέτοιο; Νομίζεις ότι Του ανήκεις πραγματικά; Είσαι πραγματικά δικός Του; Αν όντως ήσουν γιος του Θεού, δεν θα έκανες αυτά που κάνεις και ο Θεός δεν θα επέτρεπε να σου συμβούν αυτά που σου συνέβησαν.*

Δρ. Κέρι Γουντ με την Δρ. Τσίκι Γουντ

Τα Δύο Πνεύματα στον Κόσμο μας: Του Ορφανού εναντίον Του Γιου

Είναι η ώρα να πέσουν οι μάσκες σε όλο αυτό που συμβαίνει. Θα τολμήσουμε να το φέρουμε στο φως.

Υπάρχουν δυο πνεύματα στον κόσμο μας σήμερα, που το ένα αντιμάχεται το άλλο· από τη μία είναι το πνεύμα του γιου, και από την άλλη είναι το πνεύμα του ορφανού. Η τάση του ανθρώπου να κρατάει σφιχτά για να μη χάσει, να αρπάζει, να γραπώνεται, να προσπαθεί να πετύχει και να αναρριχηθεί... όλα αυτά υποκινούνται από το ορφανό πνεύμα.

Να θυμάσαι ότι το ορφανό πνεύμα σε κάνει να πιστεύεις ότι δεν σου αξίζει τίποτα. Και μετά, το ίδιο πνεύμα σε κάνει να λες, «Όλοι μου χρωστάνε». Το πνεύμα του ορφανού θα σε κάνει να νιώθεις πάντα εκτός τόπου και να πιστεύεις τα ψέματα που λέει *ο πατέρας του ψεύδους*. Θα πιστεύεις ότι για κάποιο λόγο δεν αξίζεις, δεν είσαι αντάξιος ή δεν ταιριάζεις, άρα καλύτερα να αρπάζεις όσο περισσότερα μπορείς. Έτσι η ζωή σου μετατρέπεται σ' ένα ανταγωνιστικό κυνήγι για την απόκτηση θέσης, δύναμης και πλούτου.

Θα αναφερθώ σε μια ταινία, χωρίς αυτό να σημαίνει απαραίτητα ότι την προτείνω. Στη χριστουγεννιάτικη ταινία «Το Ξωτικό των Χριστουγέννων» με τον Γουίλ Φέρελ, ο πρωταγωνιστής είναι ένα ορφανό παιδί που καταλήγει να ζει στον Βόρειο Πόλο μαζί με τον Άγιο Βασίλη. Το πρόβλημα είναι ότι το ύψος του φτάνει περίπου το 1,95, αλλά ζει ανάμεσα σε μικρόσωμα ξωτικά. Τίποτα δεν του ταιριάζει. Ούτε οι τουαλέτες, ούτε οι ντουζιέρες. Τίποτα δεν είναι φτιαγμένο στα μέτρα του. Νιώθει διαρκώς εκτός τόπου και χρόνου. Κάποια στιγμή λέει, «Νομίζω ότι όλοι εδώ έχουν τα ίδια ταλέντα, εκτός από μένα». Είναι μια εικόνα που δείχνει αυτό που κατά βάθος όλοι πιστεύουμε για τον εαυτό μας. Ότι όλοι καταλαβαίνουν τι γίνεται, εκτός από μένα. Κάτι δεν πάει καλά και δεν μπορώ να καταλάβω τι φταίει. Ώσπου μια μέρα τελικά ανακαλύπτει ότι ο πραγματικός του μπαμπάς είναι κάπου αλλού.[15]

> Υπάρχουν δυο πνεύματα στον κόσμο μας σήμερα, που το ένα αντιμάχεται το άλλο· από τη μία είναι το πνεύμα του γιου και από την άλλη είναι το πνεύμα του ορφανού.

Από την άλλη, το πνεύμα του γιου, εστιάζει στο γεγονός ότι ανήκεις, ότι είσαι στο σπίτι σου, ότι είσαι κληρονόμος και έχεις μια κληρονομιά. *Όταν ζεις με το πνεύμα του γιου, σταματάς να ζεις σ' ένα ατέρμονο κυνηγητό.* Ο αληθινός γιος λέει, «Δεν υπάρχει λόγος να αρπάξω κάτι που είναι ήδη δικό μου». Όταν έχεις αυτό

Οι γιοι ξέρουν ποιος είναι ο πατέρας τους, γι' αυτό ξέρουν ότι έχουν ένα σπίτι, ξέρουν πού ανήκουν και ξέρουν ότι έχουν μια κληρονομιά.

το πνεύμα, ξέρεις ότι στο τραπέζι υπάρχει μια θέση με το όνομά σου, ξέρεις ότι το πιάτο σου είναι γεμάτο και ξέρεις ότι υπάρχει ακόμα περισσότερο όποτε πεινάσεις. Όταν έχεις το πνεύμα του γιου, ξέρεις ότι δεν έχει σημασία τι κάνεις, αλλά ποιος είσαι. Και από αυτήν την άποψη, ισχύει ότι δεν έχει σημασία τι ξέρεις, αλλά Ποιον ξέρεις. Βλέπουμε ότι ο Ιησούς, ακριβώς επειδή ήξερε ότι ήταν ένας Γιος που ζούσε στην αγκαλιά του Πατέρα, ήταν πραγματικά ελεύθερος. Ο Παύλος λέει στην επιστολή προς Φιλιππησίους 2:6 ότι ο Ιησούς «δεν θεώρησε αρπαγή το να είναι ίσος με τον Θεό». Δεν υπήρχε λόγος να αρπάξει την ίση θέση Του με τον Θεό, επειδή ήξερε ότι την κατείχε ήδη — ζούσε μέσα στον Πατέρα και ο Πατέρας μέσα σ' Αυτόν (κατά Ιωάννη 14:11, 17:21). Αυτή είναι η ελευθερία των γιων. Αυτή είναι η συνειδητή τους πεποίθηση, η ζωντανή πραγματικότητά τους: η επίγνωση ότι είναι πραγματικά γιοι.

Τα χαρακτηριστικά ενός γιου στην πιο απλή εκδοχή τους είναι τα εξής: Οι γιοι ξέρουν ποιος είναι ο πατέρας τους, γι' αυτό ξέρουν ότι έχουν ένα σπίτι, ξέρουν πού ανήκουν και ξέρουν ότι έχουν μια κληρονομιά. Επομένως, δεν έχουν κανένα λόγο να αρπάξουν κάτι που δεν είναι δικό τους. Όταν ο πατέρας σου είναι ο Θεός, όλα είναι δικά σου (Α' Κορινθίους 3:21, Ρωμαίους 8:32). Θα το αναλύσουμε λεπτομερώς στα κεφάλαια 9 έως 11.

Από την άλλη, τα χαρακτηριστικά ενός ορφανού στην πιο απλή μορφή τους είναι τα εξής: Ο ορφανός δεν ξέρει ποιος είναι ο πατέρας του (ή πιστεύει ότι ο πατέρας του τον έχει εγκαταλείψει), γι' αυτό νιώθει πως δεν έχει σπίτι, δεν ξέρει πού ανήκει και δεν ξέρει αν έχει κληρονομιά. Το αποτέλεσμα είναι ότι ξοδεύει απίστευτη ενέργεια προσπαθώντας να αποκτήσει μια θέση, μια περιουσία ή οτιδήποτε πιστεύει ότι θα επιβεβαιώσει την αξία του. Και μάλιστα, το βρίσκει ιδιαίτερα ελκυστικό να παίρνει αυτά που ανήκουν στους γιους.

Το αποτέλεσμα είναι ότι ο ορφανός ξοδεύει απίστευτη ενέργεια προσπαθώντας να αποκτήσει μια θέση, μια περιουσία ή οτιδήποτε πιστεύει ότι θα επιβεβαιώσει την αξία του.

Δρ. Κέρι Γουντ με την Δρ. Τσίκι Γουντ

Η Σπουδαιότερη Ελευθερία

Ο Πιτ Κάντρελ λέει, «Η σπουδαιότερη ελευθερία είναι να μη χρειάζεται να αποδείξεις τίποτα».[16] Όταν ξέρεις ποιος είσαι, δεν αναλώνεσαι προσπαθώντας να αποδείξεις ποιος είσαι. Απλά αναπαύεσαι. Ο Ιησούς μας προσκάλεσε να μπούμε στη δική Του ανάπαυση (Κατά Ματθαίο 11:28-29). Πιστεύεις ότι εννοούσε τη μέρα που θα φτάσουμε στον ουρανό και θα δροσίσουμε τα πόδια μας στο ποτάμι που ρέει από τον θρόνο Του; Ή μήπως μας έλεγε «Εάν μάθετε ποιοι είστε μέσα σε Εμένα (ως γιοι μέσα στον Γιο), δεν θα νιώθετε την ανάγκη να αποδείξετε κάτι»; Ο Ιησούς δεν θεώρησε ότι το να είναι ίσος με τον Θεό ήταν κάτι που έπρεπε να αρπάξει (γιατί ούτως ή άλλως ήταν ίσος), γι' αυτό ήταν χαλαρός και έτοιμος να δώσει τον εαυτό Του σε άλλους.

Ο Μωυσής είχε πολλά χαρακτηριστικά αληθινού γιου, επειδή βρισκόταν συνέχεια στην παρουσία του Θεού. Ακόμα κι όταν οι γιοι του Κορέ και διάφοροι άλλοι επιχείρησαν να του πάρουν τη θέση, αντί να προσπαθήσει να υπερασπιστεί τον εαυτό του, έπεσε με το πρόσωπό του στη γη και ζήτησε από τον Θεό να τους δείξει Ποιος τον είχε καλέσει.

Υπάρχουν δύο «πνεύματα» (νοοτροπίες) που διεκδικούν την ανθρωπότητα. Το πνεύμα του γιου αντιμάχεται το πνεύμα του ορφανού. Για να προετοιμάσουμε το έδαφος, ας ξεκαθαρίσουμε αρχικά ότι όλοι είμαστε παιδιά κάποιου. Προφανώς όλοι ήμασταν κάποτε παιδιά, αλλά το εννοώ και πνευματικά· ο ουράνιος Πατέρας θέλει να μας φέρει ξανά στην παιδικότητα με λυτρωτικό τρόπο. *Η κραυγή προς τον Abba είναι το επίμονο έργο του Πατέρα διαμέσου του Πνεύματος και του Γιου, να επαναφέρει την εμπιστοσύνη μας στην αγάπη του Πατέρα και να επαναφέρει μέσα μας την αρχική εικόνα του Θεού· ώστε να γίνουμε οι φορείς της εικόνας Του, όπως ακριβώς δημιουργηθήκαμε.*

Παράλληλα, όμως, όλοι γεννηθήκαμε με το πνεύμα του ορφανού. Είναι πολύ παράξενο ότι μπορεί να γεννηθήκαμε σε μια οικογένεια, σε ένα σπίτι, με γονείς που μας αγαπούσαν —εύχομαι

Ο ΡΟΛΟΣ του Abba

να ισχύει για σένα— αλλά ταυτόχρονα, όλοι γεννηθήκαμε με ένα ορφανό πνεύμα. Από τη μέρα που ο Αδάμ και η Εύα εξορίστηκαν από τον κήπο, το πνεύμα του ορφανού κυριαρχεί σε όλο το ανθρώπινο γένος. Διωγμένα από το σπίτι του Πατέρα, τα παιδιά της ανθρωπότητας βρέθηκαν ξαφνικά κάτω από την κατάρα της ορφάνιας.

Η ορφανή φύση μας μάς ωθεί να εστιάζουμε στα ελαττώματα, στα λάθη και στις αποτυχίες των ατελών γονιών μας.

Έχουμε, βέβαια, την ευκαιρία να μάθουμε τι σημαίνει πατρική και μητρική αγάπη, μέσα από τους φυσικούς μας γονείς. Εξαρχής, το σχέδιο του Θεού ήταν να μας τοποθετήσει σε μια αγαπημένη οικογένεια, για να διαμορφώσει μέσα μας την εικόνα του Θεού ως Αυτού που προμηθεύει για μας, που μας φροντίζει, που μας πλημμυρίζει με έλεος και καλλιεργεί τα χαρίσματά μας. Αλλά η ορφανή φύση μας μάς ωθεί να εστιάζουμε στα ελαττώματα, στα λάθη και στις αποτυχίες των ατελών γονιών μας. Όσο περισσότερο εστιάζουμε στις αποτυχίες των ανθρώπων που έθεσε ο Θεός στη ζωή μας για να υποτασσόμαστε σ' αυτούς, τόσο πιο δύσκολο θα είναι να ξεφύγουμε από τη νοοτροπία του ορφανού και να ακούσουμε τη φωνή του Πατέρα.

Στη νεαρή μας ηλικία δεχόμαστε καθημερινά οδηγίες από τους γονείς μας. Για κάποιους γονείς, το κίνητρο είναι η αγάπη τους για μας, ενώ για άλλους, είναι δυστυχώς η ανάγκη τους να νιώθουν ότι τους υπακούμε και συμμορφωνόμαστε. Όποιο κι αν είναι το κίνητρο των δικών σου γονιών, έχεις την ευκαιρία να μάθεις από αυτά που κάνουν σωστά, αλλά και από αυτά που κάνουν λάθος.

Ο πατέρας μου συχνά μου έλεγε, «Κέρι, όταν μεγαλώσεις θα κάνεις και εσύ παιδιά, και είτε θα γίνεις ο ίδιος πατέρας που ήμουν εγώ για σένα ή θα γίνεις το ακριβώς αντίθετο από μένα». Τώρα καταλαβαίνω πόσο μεγάλη αλήθεια είναι και καταλαβαίνω επίσης, ότι αυτό εξαρτάται από το πώς εισπράττω την αγάπη των γονιών μου: εστιάζω στην αγάπη που εκφράζουν σε μένα ή εστιάζω στα λάθη και τις αποτυχίες τους;

Ο Ιησούς ήρθε στη γη με μια δήλωση, ότι το πνεύμα του αληθινού γιου είναι διαθέσιμο σε όλους. Ήρθε και έσπασε κάθε καλούπι. Από όλους τους προφήτες και όλους όσους κήρυξαν τον Λόγο του Θεού, ο Ιησούς ήταν ο πρώτος που φανέρωσε τον Θεό μέσα από την καρδιά ενός γιου. Μέχρι τότε ο Θεός ήταν ο Παντοδύναμος, ο Δημιουργός, ο Νομοδότης και η Ανώτατη Αρχή. Τώρα, όμως, ο Ιησούς χρησιμοποιεί τελείως διαφορετική γλώσσα όταν μιλάει για τον Θεό. Τον αποκαλεί

Πατέρα. Αν διαβάσεις τα λόγια Του στα τέσσερα Ευαγγέλια, θα δεις ότι ο Ιησούς πάντα μιλάει με τους όρους «Πατέρας και Γιος». Λέει για τον εαυτό Του ότι ήρθε από την αγκαλιά του Πατέρα, ότι κάνει μόνο αυτό που ευαρεστεί τον Πατέρα, ότι λέει μόνο αυτό που ακούει τον Πατέρα να λέει, ότι κάνει αυτό που βλέπει τον Πατέρα να κάνει, ότι ο Πατέρας Του ευαρεστείται με Αυτόν και ότι Αυτός ευαρεστείται στον Πατέρα. Λέει ότι Αυτός και ο Πατέρας Του είναι ένα, και ότι μια μέρα θα επιστρέψει για να είναι με τον Πατέρα. Όλα τα λόγια του Ιησού πηγάζουν από το πνεύμα του αληθινού γιου. Ήρθε να δείξει στον ορφανό κόσμο μας τι σημαίνει να ζεις μέσα στην αγάπη του Πατέρα.

Το Ψέμα του Ορφανού

Εάν οι Χριστιανοί είναι πιο συντονισμένοι με τον κόσμο απ' ότι με τη φωνή του ουράνιου Πατέρα, μήπως αναπόφευκτα η «χριστιανική» νοοτροπία τους ευθυγραμμίζεται περισσότερο με τον πατέρα του ψεύδους; Η ερώτησή μου είναι ρητορική, αλλά η ουσία είναι ότι αν δεν είμαστε απόλυτα ταυτισμένοι με τη φωνή του Πατέρα, τότε σκεφτόμαστε σαν ορφανοί. Καμία θρησκεία δεν εξαιρείται. Αν δεν καταλάβουμε ποια είναι η θέση μας ως γιοι, η θρησκεία θα μας παγιδεύσει με το πιστεύω ότι πρέπει να κάνουμε κάτι για να αποκτήσουμε αυτά που έχει για μας ο Θεός. Όμως, ο Πατέρας έστειλε το Πνεύμα Του μέσα στις καρδιές μας. Ακούμε τι λέει;

Οι Ορφανοί Αρπάζουν την Κληρονομιά των Γιων

Είναι σημαντικό να καταλάβουμε ότι ο πατέρας του ορφανού πνεύματος είναι ο ίδιος ο Σατανάς. Όταν εκδιώχθηκε από τον ουρανό, έγινε ο πρώτος ορφανός. Ο πρώτος που έμεινε χωρίς πατέρα, **χωρίς κληρονομιά, χωρίς σπίτι**. Το ψέμα και η χειραγώγηση είναι η γλώσσα που μιλάει το ορφανό πνεύμα, και έτσι ο Εωσφόρος έπεισε το ένα τρίτο των αγγέλων να τον ακολουθήσουν. Όταν ο πατέρας των ορφανών ρίχτηκε στη γη, άρχισε αμέσως να λέει ψέματα στον γιο και στην κόρη του Θεού, που ήταν οι αντιβασιλείς του πλανήτη. Είχαν μάθει να περπατούν τα απογεύματα μαζί με τον Πατέρα και να απολαμβάνουν τη συντροφιά και τη φροντίδα Του. Δεν χρειάζονταν τίποτα. Αλλά μια

Ο ΡΟΛΟΣ του Abba

μέρα, ο αρχηγός των ορφανών πήγε και είπε ψέματα στον γιο: *Δεν έχεις όλα όσα χρειάζεσαι πραγματικά. Ο Θεός κάτι σου κρύβει. Στ' αλήθεια είπε ο Θεός...; Δεν ξέρεις ότι αν φας από αυτό το δέντρο, θα γίνεις ακριβώς όπως Αυτός;* Το ίδιο είχε πιστέψει και ο Εωσφόρος όταν ζούσε στο όρος του Θεού. Είναι η χαρακτηριστική κίνηση ενός ορφανού που θέλει να αρπάξει την κληρονομιά του γιου. Δυστυχώς,

Ο Θεός ελευθέρωσε τον λαό Του από τη δουλεία. Ο λαός του Θεού ζούσε σαν ορφανός για 430 χρόνια. Όταν έχεις δέκα γενιές ανθρώπων που ζουν και πεθαίνουν ως δούλοι, η συνέπεια θα είναι η δημιουργία μιας δουλικής νοοτροπίας.

ο Αδάμ και η Εύα πίστεψαν το ψέμα του και εξορίστηκαν από το σπίτι του Πατέρα· όχι επειδή ο Πατέρας έπαψε να τους αγαπά, αλλά επειδή το πνεύμα τους ξαναγεννήθηκε αντίστροφα: από τη ζωή στον θάνατο.

Από τότε, κρυμμένο μέσα στη φύση της αμαρτίας και του θανάτου, το ορφανό πνεύμα άρχισε να περνάει από γενιά σε γενιά. Αυτό το πνεύμα ήρθε πάνω στον Κάιν, ο οποίος σκότωσε τον αδελφό του επειδή είχε την αποδοχή του Θεού. Το πνεύμα του ορφανού ήρθε στον Ησαύ, και στον Ισμαήλ, ο οποίος διώχθηκε από το σπίτι του. Και κάθε φορά που παρακολουθείς τις βραδινές ειδήσεις, βλέπεις ουσιαστικά το πνεύμα του ορφανού να προσπαθεί να αρπάξει την κληρονομιά του γιου. Ο ορφανός κάνει τα πάντα για να πάρει τη γη που ο Πατέρας δήλωσε ότι ανήκει στον γιο. Το πνεύμα του ορφανού προσπαθεί με κάθε τρόπο να διαλύσει τον γιο, να ρίξει κάτω τον γιο, να σφετεριστεί τη θέση του γιου. Σου ζητώ να μην το εκλάβεις ως πολιτική τοποθέτηση. Διότι τα καλά νέα είναι ότι κάθε ορφανός μπορεί να γίνει γιος. Το Πνεύμα της υιοθεσίας έχει έρθει στον κόσμο μας. Ο Θεός αγαπάει όλους τους λαούς σαν γιους. Όμως, όποια κουλτούρα θεωρεί δικαιωμά της να παίρνει αυτά που ανήκουν σε κάποιον άλλο, είναι κυριολεκτικά τυφλωμένη από το πνεύμα του ορφανού.

Ο Θεός ελευθέρωσε τον λαό Του από τη δουλεία. Ο λαός του Θεού ζούσε σαν ορφανός για 430 χρόνια. Όταν έχεις δέκα γενιές ανθρώπων που ζουν και πεθαίνουν ως δούλοι, η συνέπεια θα είναι η δημιουργία μιας δουλικής νοοτροπίας. Γι' αυτό, όταν ο Θεός τους ελευθέρωσε με το κράτος της δύναμής Του, πέρασαν άλλα σαράντα χρόνια περιπλάνησης στην έρημο μέχρι να μπορέσουν να αποβάλουν τη νοοτροπία του ορφανού. Αυτό λέγεται δουλεία εξαιτίας της απιστίας. Όσοι, όμως, επιβίωσαν και έμαθαν να σκέφτονται διαφορετικά, μπήκαν τελικά στη Γη της Επαγγελίας.

Δρ. Κέρι Γουντ με την Δρ. Τσίκι Γουντ

Εγχειρίδιο Εκπαίδευσης Γιων

Στη διάρκεια εκείνων των σαράντα ετών, ο Θεός έδωσε στον Μωυσή τα πέντε πρώτα βιβλία της Βίβλου —την Πεντάτευχο— προκειμένου να εκπαιδεύσει εκ νέου τον λαό του Θεού, και να τους μεταφέρει από τη νοοτροπία του ορφανού στη νοοτροπία του γιου. Από τη νοοτροπία του δούλου στη νοοτροπία του πολεμιστή-κατακτητή. Τους είπε: «Όταν φτάσετε στη Γη της Επαγγελίας, θα σας δώσω σπίτια που δεν χτίσατε, πηγάδια που δεν ανοίξατε, αμπελώνες που δεν φυτέψατε. Θα υπάρχει σίδηρος, χαλκός και μεταλλεύματα στα βουνά της, και όλα όσα χρειάζεστε θα είναι εκεί» (Δευτερονόμιο 8). Αυτό είναι το μήνυμα ενός Πατέρα προς τον γιο Του:

«Ποτέ δεν θα σου λείψει κάτι. Θα έχεις γάλα και μέλι. Τα σταφύλια θα είναι τεράστια. Ό,τι χρειαστείς θα είναι εκεί. Μόνο να θυμάσαι ότι θα συναντήσεις το πνεύμα του ορφανού σε εκείνη τη γη και θα πρέπει να το νικήσεις. Θα αντιμετωπίσεις γίγαντες που θα σου πουν ότι η γη δεν είναι δική σου και ότι δεν ανήκεις εδώ, και θα πρέπει να τους καταρρίψεις έναν-έναν. Μην ξεχάσεις ποιος είναι ο Πατέρας σου. Θα έχεις ό,τι χρειαστείς, όταν το χρειαστείς, γιατί το έχω ήδη βάλει εκεί για σένα».

Υπάρχουν γίγαντες στη γη οι οποίοι κουβαλούν τη νοοτροπία του ορφανού. Εάν πιστεύεις ότι δεν μπορείς να τους νικήσεις, αυτό σου δείχνει ποια νοοτροπία επικρατεί μέσα σου.

Ο Θεός, λοιπόν, χρησιμοποίησε τον Μωυσή για να εκπαιδεύσει τον λαό Ισραήλ πώς να φύγει από το πνεύμα του ορφανού και να εισέλθει στο πνεύμα του κατακτητή, που είναι το πνεύμα ενός αληθινού γιου, πνεύμα κυριαρχίας και εξουσίας. Ο πιστός της Καινής Διαθήκης που ζει με την επίγνωση ότι είναι γιος, δεν είναι ένα αλαζονικό άτομο που καυχιέται και λέει «Εγώ είμαι σπουδαίος, εσύ δεν είσαι, κάνε στην άκρη!». Ίσα ίσα, ο γιος της Καινής Διαθήκης αποπνέει μια αίσθηση ειρήνης και αξιοπρέπειας, γιατί ξέρει από πού προέρχεται και ξέρει ότι δεν κέρδισε με την αξία του τίποτα από όσα έχει. Όταν ζεις μέσα στον Ιησού, ξέρεις ποιος είσαι και πού πηγαίνεις, και γι' αυτό είσαι ήρεμος. Σκέφτεσαι, «Δεν χρειάζεται να αποδείξω σε κάποιον ποιος είμαι. Δεν χρειάζεται να είμαι υπερ-πνευματικός, να επιδεικνύω τα χαρίσματά μου ή να αποδεικνύω κάτι με βάση το πόσα έχω. Η αλήθεια είναι ότι όλα αυτά δεν είναι για μένα ούτως ή άλλως — τα πήρα δωρεάν για να τα δίνω δωρεάν».

Ο Αληθινός Γιος Έχει Ταπεινότητα

Το γεγονός ότι πιστεύεις στον Χριστό δεν σημαίνει απαραίτητα ότι είσαι ελεύθερος από τη νοοτροπία του ορφανού. Αν διαβάσεις την επιστολή που γράφτηκε προς τους Εβραίους Χριστιανούς, την «Επιστολή προς Εβραίους», θα δεις ότι αυτοί οι πιστοί παρασύρθηκαν από το ορφανό πνεύμα και θεώρησαν ότι πρέπει να επιστρέψουν στην τήρηση της Τορά — δηλαδή να τηρούν τον Νόμο του Μωυσή για να γίνουν αποδεκτοί από τον Θεό. Γι' αυτό, ο συγγραφέας της επιστολής ξοδεύει τα τρία πρώτα κεφάλαια για να θέσει το θεμέλιο ότι ο Θεός δεν μας έδωσε τον Μωυσή ή κάποιους αγγέλους ή τον Νόμο, αλλά μας έδωσε τον Γιο Του. Θέλει να φέρει πολλούς γιους στη δόξα (Εβραίους 2:12), γι' αυτό έστειλε τον Γιο Του για να μας φέρει εκεί. Ο Γιος Του είναι καλύτερος από τον Μωυσή, καλύτερος από τους αγγέλους, καλύτερος από τον Νόμο. Ο Γιος Του μας ανοίγει τον δρόμο για να γίνουμε και εμείς γιοι Του, μέσα από μια καλύτερη διαθήκη που βασίζεται σε καλύτερες υποσχέσεις (Εβραίους 8:6).

Απ' ότι φαίνεται, οι συγκεκριμένοι Χριστιανοί, οι Μεσσιανικοί Εβραίοι και οι προσήλυτοι που ζούσαν εκείνη την εποχή στην Ιερουσαλήμ και την Ιουδαία, ήρθαν αντιμέτωποι με ένα ορφανό πνεύμα που έλεγε, «Εντάξει, μπορεί να πιστεύετε στον Ιησού, αλλά πρέπει να συνεχίσετε να τηρείτε και τον τελετουργικό νόμο. Κάποια πράγματα πρέπει να τα κατακτήσετε μόνοι σας. Να έχετε τον Ιησού, συν τον Νόμο. Αν δεν τηρείτε τον Νόμο, ίσως θα πρέπει να φοβάστε». Είναι αυτό που λέει, «πνεύμα δουλείας, ώστε πάλι να φοβάστε». Στη συνέχεια, ο συγγραφέας της επιστολής διακηρύττει την αρχή της πίστης (όπως καθιερώθηκε με τον Αβραάμ, όχι με τον Μωυσή) και ουσιαστικά τους λέει, «Εάν νομίζετε ότι πρέπει να προσθέσετε κάτι πέρα από τον Ιησού για να γίνετε δίκαιοι, αυτό προέρχεται από το θρησκευτικό ψέμα του ορφανού».

Θέλω να θυμάσαι πως όταν ο Θεός μας έδωσε τον Ιησού, μας έδωσε απλόχερα τα πάντα (Ρωμαίους 8:32), πράγμα που σημαίνει ότι δεν χρειάζεται να προσθέσεις σ' Αυτόν κάτι άλλο για να σωθείς.

Το γεγονός ότι πιστεύεις στον Χριστό, δεν σημαίνει απαραίτητα ότι είσαι ελεύθερος από τη νοοτροπία του ορφανού.

Δρ. Κέρι Γουντ με την Δρ. Τσίκι Γουντ

Ποιος από τους δυο γιους έχει το πνεύμα του ορφανού;

Άσωτοι, Ορφανοί ή Πατέρες;

Στο 15º κεφάλαιο του Κατά Λουκά Ευαγγελίου βρίσκουμε τη γνωστή ιστορία του ασώτου γιου (που στην πραγματικότητα είναι μια ιστορία για τον χαρακτήρα και την καρδιά του *Abba* του Ιησού). Η ιστορία αφορά δυο γιους και τον πατέρα τους. Είναι μια ιστορία που οι περισσότεροι την ξέρουμε καλά. Θέλω, όμως, να θέσω ένα σημαντικό ερώτημα: ποιος από τους δυο γιους έχει το πνεύμα του ορφανού;

Ξέρω ότι μπορεί να είσαι εξοικειωμένος με την ιστορία, αλλά θα ήθελα να δούμε μαζί τι προσπαθούσε να μας πει ο Ιησούς για τον Πατέρα.

Είπε δε: Κάποιος άνθρωπος είχε δύο γιους. Και ο πιο νέος απ' αυτούς είπε στον πατέρα: Πατέρα δώσ' μου το μέρος της περιουσίας που μου ανήκει. Και τους μοίρασε τα υπάρχοντά του. Και ύστερα από λίγες ημέρες, ο νεότερος γιος, αφού τα μάζεψε όλα, αποδήμησε σε μία μακρινή χώρα και εκεί διασκόρπισε την περιουσία του ζώντας άσωτα. Και όταν τα ξόδεψε όλα, έγινε μεγάλη πείνα σ' εκείνη τη χώρα, και αυτός άρχισε να στερείται. Τότε πήγε και προσκολλήθηκε σε έναν από τους πολίτες εκείνης της χώρας, ο οποίος τον έστειλε στα χωράφια να βόσκει γουρούνια. Και επιθυμούσε να γεμίσει την κοιλιά του από τα ξυλοκέρατα που έτρωγαν τα γουρούνια, και κανένας δεν έδινε σ' αυτόν τίποτε.

Κατά Λουκά 15:11-16

Μέχρι στιγμής, ποιος είναι ο μόνος που δίνει κάτι στον γιο; Ο πατέρας. Ο πατέρας μοίρασε πρόθυμα την κληρονομιά του στους γιους του. Αλλά ο ένας γιος είναι πλέον μακριά από το σπίτι του πατέρα και το μόνο που του δίνουν οι άλλοι, είναι το απόλυτο τίποτε.

Όταν δε ήρθε στον εαυτό του, είπε: Πόσοι μισθωτοί του πατέρα μου έχουν περίσσιο ψωμί, και εγώ χάνομαι από την πείνα! Αφού σηκωθώ, θα πάω στον πατέρα μου, και θα του πω: Πατέρα, αμάρτησα στον ουρανό και μπροστά σου και δεν είμαι πια άξιος να ονομαστώ γιος σου, κάνε με σαν έναν από τους μισθωτούς σου.

Κατά Λουκά 15:17-19

Ο ΡΟΛΟΣ του Abba

Έτσι σκέφτεται ένας ορφανός.

Και αφού σηκώθηκε, ήρθε στον πατέρα του. Και ενώ ακόμα απείχε μακριά, ο πατέρας του τον είδε, και τον σπλαχνίστηκε και τρέχοντας έπεσε στον τράχηλό του και τον καταφίλησε. Και ο γιος είπε σ' αυτόν: Πατέρα, αμάρτησα στον ουρανό και μπροστά σου, και δεν είμαι πια άξιος να ονομαστώ γιος σου.

Κατά Λουκά 15:20-21

Πριν προλάβει καν να ολοκληρώσει την «ορφανή» ομιλία που είχε ετοιμάσει (τύπου «μου αρκεί να κοιμάμαι στον στάβλο με τους εργάτες...»), ο πατέρας τον διακόπτει.

Και ο πατέρας είπε στους δούλους του: Φέρτε έξω τη στολή την πρώτη, και ντύστε τον, και δώστε του δαχτυλίδι στο χέρι του και υποδήματα στα πόδια. Και φέρνοντας το σιτευτό μοσχάρι, σφάξτε το, και καθώς θα φάμε, ας ευφρανθούμε.

Κατά Λουκά 15:22-23

Θέλω να σε ρωτήσω κάτι για αυτόν τον πατέρα που μας περιγράφει ο Ιησούς. Τον βλέπεις να ενδιαφέρεται περισσότερο για συμμόρφωση και υπακοή, ή για μια σχέση; Ο γιος σκέφτεται σαν ορφανός, γιατί δεν γνωρίζει τον πατέρα του πραγματικά. Ξέρει ότι σπατάλησε τη μισή περιουσία του πατέρα του, άρα υποθέτει ότι αν τον προσεγγίσει ως υπηρέτης, ο πατέρας θα είναι ευχαριστημένος, μιας και οι υπηρέτες υπακούν και συμμορφώνονται. Η νοοτροπία του ορφανού, λοιπόν, λέει «Εάν απλά συμμορφώνομαι και υπακούω, ο Πατέρας θα είναι χαρούμενος». Αυτό που θα πάρει από τον πατέρα του ως απάντηση, είναι μια νέα αποκάλυψη της καρδιάς του. Ο πατέρας δεν ενδιαφέρεται μόνο για τη συμμόρφωση και την υπακοή του γιου του. Ο πατέρας λέει, «Ώρα για πάρτι».

Αμέσως μετά, ο φακός της ιστορίας στρέφεται στον άλλο γιο:

Ο πιο μεγάλος του γιος, όμως, ήταν στο χωράφι.

Κατά Λουκά 15:25

Αυτός ο γιος ήταν και υπάκουος και πιστός.

Δρ. Κέρι Γουντ με την Δρ. Τσίκι Γουντ

Και καθώς ερχόταν, και πλησίασε στο σπίτι, άκουσε όργανα και χορούς. Και προσκαλώντας έναν από τους δούλους, ρωτούσε τι είναι αυτά. Και εκείνος είπε σ' αυτόν ότι: Ήρθε ο αδελφός σου και ο πατέρας σου έσφαξε το μοσχάρι το σιτευτό, επειδή τον απόλαυσε ξανά υγιή. Και οργίστηκε, και δεν ήθελε να μπει μέσα. Βγήκε, λοιπόν, έξω ο πατέρας του, και τον παρακαλούσε. Και εκείνος απαντώντας είπε στον πατέρα: Δες, τόσα χρόνια σε δουλεύω, και εντολή ποτέ σου δεν παρέβηκα και σ' εμένα ποτέ ούτε ένα κατσικάκι δεν μου έδωσες, για να ευφρανθώ μαζί με τους φίλους μου. Και όταν ήρθε αυτός ο γιος σου, αυτός που κατέφαγε την περιουσία σου με πόρνες, έσφαξες γι' αυτόν το μοσχάρι το σιτευτό.
Κατά Λουκά 15:25-30

Και εγώ ξαναρωτάω: Ποιος από τους δυο γιους έχει το πνεύμα του ορφανού; Οι περισσότεροι θεωρούν ότι είναι ο άσωτος γιος, ο οποίος σπατάλησε την κληρονομιά του.

Η αλήθεια, όμως, είναι ότι και οι δύο γιοι είναι δεμένοι με τη νοοτροπία του ορφανού. Ο ένας είναι μακριά από το σπίτι και ζει σαν ορφανός. Ο άλλος ζει μέσα στο σπίτι του πατέρα και εργάζεται επιμελώς στα χωράφια του, αλλά σκέφτεται σαν ορφανός. Στηρίζεται στο γεγονός ότι υπηρετεί τον πατέρα, ότι είναι πιστός και εκτελεί το καθήκον του. Είναι υπάκουος, συμμορφωμένος και πολύ θυμωμένος! Αυτή είναι η εικόνα πολλών ανθρώπων μέσα στην Εκκλησία: δεσμευμένοι στο καθήκον, πιστοί, πρώτοι στην υπηρεσία, πάντα στην ώρα τους, έτοιμοι να διδάξουν, αλλά πολύ θυμωμένοι γιατί κάποιοι άλλοι, που μέχρι πριν λίγο ήταν στον δρόμο, τώρα είναι χαρούμενοι· ήταν ναρκομανείς, συντριμμένοι άνθρωποι, αλλά τώρα είναι σωσμένοι! Κάθε προσευχή τους απαντάται! Γυρνάμε στον Θεό με παράπονο, «Κύριε, εδώ και είκοσι χρόνια διδάσκω τον Λόγο Σου στα πιτσιρίκια, και οι δικές μου προσευχές ακόμα δεν έχουν απαντηθεί! Αυτό είναι άδικο».

Και ο Πατέρας απαντάει:

*Παιδί μου, εσύ είσαι πάντοτε μαζί μου, **και όλα τα δικά μου είναι δικά σου**. Έπρεπε, όμως, να ευφρανθούμε και να χαρούμε επειδή αυτός ο αδελφός σου ήταν νεκρός και ξανάζησε, και ήταν χαμένος και βρέθηκε.*
Κατά Λουκά 15:31-32

Εάν ο διάβολος δεν μπορεί να σε κρατήσει μακριά από το σπίτι του Πατέρα, θα σε κρατήσει δεμένο, με τα μυαλά ενός ορφανού, κι ας είσαι μέσα στο σπίτι του Πατέρα. Θα σε αφήσει να νομίζεις ότι εάν υπακούς και συμμορφώνεσαι, αν δουλεύεις σκληρά, αν κάνεις όλα αυτά που πρέπει και δίνεις προσφορές, θα μπορέσεις με κάποιο τρόπο να εξαγοράσεις την ευχαρίστηση του Πατέρα. Θα έχεις τον Ιησού, συν κάτι ακόμα. Θέλω να ξέρεις, όμως, ότι **ο Πατέρας σου δεν ενδιαφέρεται τόσο για την υπακοή και τη συμμόρφωσή σου, όσο για μια στενή σχέση μαζί σου.** Αυτό που θέλει για σένα είναι να είσαι ελεύθερος να χορεύεις στο πάρτι του Πατέρα και να απολαμβάνεις τη θεϊκή ζωή που σου δίνει. Θέλει να ξέρεις ότι μπορείς, οποιαδήποτε στιγμή, να έρχεσαι με παρρησία κοντά Του και να λες «Μπαμπά, ήρθα».

Θυμάσαι την κόκκινη κάμπριο Μερσεντές (από το Κεφάλαιο Ένα); Σε ποια θέση θα έλεγες ότι κάθεται ο άσωτος γιος; Σε ποια θέση θα καθόταν ο μεγάλος αδελφός του; Εσύ, σε ποια θέση κάθεσαι;

Τι Είπαμε Μέχρι Τώρα;

Ο Θεός έδωσε μια προσωπική πρόσκληση στην ορφανή ανθρωπότητα όταν έστειλε τον ίδιο Του τον Γιο. Ήρθε για να μας δείξει ποιος είναι στ' αλήθεια ο Πατέρας και να μας πει ότι ο δρόμος προς το σπίτι του Πατέρα είναι πλέον ανοιχτός.

Οι γιοι ξέρουν ποιος είναι ο πατέρας τους, ξέρουν ότι έχουν ένα σπίτι και ξέρουν ότι έχουν μια κληρονομιά.

Η ορφανή φύση μας μάς ωθεί να εστιάζουμε στα ελαττώματα, στα λάθη και στις αποτυχίες των ατελών γονιών και ηγετών μας.

Ακόμα και οι Εβραίοι του 1ου αιώνα μ.Χ. που πίστευαν στον Μεσσία, χρειάστηκε να παλέψουν με το πνεύμα του ορφανού όταν μπήκαν στον πειρασμό να γυρίσουν πίσω στον Νόμο του Μωυσή: Να έχουν τον Ιησού, συν κάτι ακόμα.

Από την ιστορία που είπε ο Ιησούς με θέμα την καρδιά του Πατέρα (γνωστή ως «Η Παραβολή του Ασώτου»), ανακαλύπτουμε ότι ο ένας γιος ήταν ανυπότακτος και ο άλλος υπάκουος, αλλά

Εάν ο διάβολος δεν μπορεί να σε κρατήσει μακριά από το σπίτι του Πατέρα, θα σε κρατήσει δεμένο, με τα μυαλά ενός ορφανού, κι ας είσαι μέσα στο σπίτι του Πατέρα.

και οι δυο ζούσαν σαν ορφανοί, αντί να απολαμβάνουν μια στενή σχέση με τον πατέρα.

ΠΡΟΣΕΥΧΗ

Πατέρα, ξέρω ότι είσαι καλός Θεός και ξέρω ότι κάθε καλή και αγαθή δόση έρχεται από Εσένα. Αλλά, αν Σε έχω κατηγορήσει για πράγματα που δεν έκανες, θα με συγχωρέσεις; Βλέπω μέσα από τον Ιησού ότι είσαι ο Πατέρας μου και μου χαρίζεις ένα «σπίτι» και μια κληρονομιά (Ρωμαίους 8:16-17). Με έκανες συγκληρονόμο με τον Ιησού Χριστό. Ό,τι χρειάζομαι και ό,τι μπορεί να χρειαστώ, μου τα έχεις ήδη δώσει διαμέσου του Χριστού. Μπορείς να συνεχίσεις να μου μιλάς για το τι σημαίνει αυτό, και για το πώς να περπατήσω σ' αυτή την κληρονομιά; Αμήν.

ΓΙΑ ΟΜΑΔΙΚΗ ΣΥΖΗΤΗΣΗ

1) Ποια είναι τα δύο αντίπαλα «πνεύματα» (νοοτροπίες) που βρίσκονται σε διαμάχη στον κόσμο σήμερα;

2) Ποια είναι τα τρία βασικά πράγματα που ξέρει ένας γιος για τον εαυτό του σύμφωνα με την επιστολή προς Ρωμαίους 8:14-17;

3) Στην «Παραβολή του Ασώτου», ποιος από τους δυο γιους παρακινήθηκε από το πνεύμα του ορφανού;

ΤΕΣΣΕΡΑ

Το Πατρικό Πνεύμα Είναι Εδώ

Ζεις τη ζωή σου είτε σαν να έχεις σπίτι είτε σαν να μην έχεις.
—Χένρι Νάουβεν

Μια παλιά γερμανική παροιμία λέει «Το σημαντικό είναι να παραμένουν σημαντικά αυτά που είναι σημαντικά». Η τραγική συνέπεια από το πνεύμα του ορφανού είναι ότι τοποθετεί ένα φίλτρο πάνω στην ψυχή του ανθρώπου· αυτό κάνει τον άνθρωπο να παρερμηνεύει κάθε κατάσταση και διαρκώς να αντικαθιστά το πιο σημαντικό (που είναι η σχέση μας με τον Πατέρα, μέσα από τον Γιο, διαμέσου του Αγίου Πνεύματος) με δευτερεύοντα πράγματα που ποτέ δεν ικανοποιούν.

Έχεις επισκεφθεί το Ισραήλ; Την πρώτη φορά που πήγα ήμουν γύρω στα είκοσι και είχα, μάλιστα, πολύ εξιδανικευμένη εικόνα για τους Αγίους Τόπους που θα έβλεπα. Είχα μεγαλώσει διαβάζοντας την Αγία Γραφή και είχα φανταστεί πολλές από τις σκηνές της μέσα στο μυαλό μου. Προς μεγάλη μου απογοήτευση, όμως, ανακάλυψα ότι πάνω σε κάθε σημαντική τοποθεσία έχει χτιστεί κι ένας καθεδρικός ναός: στο Όρος της Μεταμόρφωσης, στον Τάφο του Κήπου, στη γενέτειρα του Ιησού κ.λπ. Ένας πελώριος καθεδρικός ναός χτισμένος σε κάθε σημείο των Αγίων Τόπων. Το σημαντικό θάφτηκε κάτω από τα δευτερεύοντα. Παρομοίως, έχουμε κάνει τη σχέση μας με τον Πατέρα δεύτερη σε σημασία σε σύγκριση με όλα τα υπόλοιπα που προωθεί ο Χριστιανισμός. Επηρεασμένοι από το ορφανό πνεύμα, και συνήθως με τις καλύτερες προθέσεις, παίρνουμε την υπόσχεση του Πατέρα για μια σχέση και συνεργασία μαζί Του, και την εφαρμόζουμε στην ορφανή ζωή μας, ως κάτι που θα πρέπει να καταφέρουμε ή να αρπάξουμε. Την ίδια πρόκληση αντιμετώπισε και η εκκλησία της Κορίνθου· νόμιζαν ότι τα χαρίσματα του Πνεύματος ήταν αποδείξεις της πνευματικότητάς τους. Στο βιβλίο μου με τίτλο, «Gifts of the Spirit for a New Generation» (Τα Χαρίσματα του Πνεύματος για μια Νέα Γενιά, Εκδόσεις Zadok 2015), παραθέτω μια τελείως διαφορετική οπτική ως προς τον σκοπό και τη λειτουργία των χαρισμάτων.

Δρ. Κέρι Γουντ με την Δρ. Τσίκι Γουντ

Όταν το Σημαντικό μας Διαφεύγει

Εάν πιστεύουμε ότι δεν μπορούμε να πετύχουμε αυτό που είναι σημαντικό, θα το αντικαταστήσουμε με άλλα, δευτερεύοντα. Αυτή είναι, τελικά, η ιστορία όλης της Παλαιάς Διαθήκης. Ο λαός Ισραήλ απομακρύνθηκε από τον Θεό άπειρες φορές (και κάθε φορά μετανοούσαν για λίγο), ώσπου τελικά αντικατέστησαν τη σχέση τους με τον Αληθινό Θεό με άλλα, δευτερεύοντα πράγματα. Ήθελαν να έχουν βασιλιά όπως είχαν οι άλλοι λαοί, αντί να ακούν τη φωνή του Θεού. Συμβιβάστηκαν και έκαναν συμμαχίες με άλλα έθνη και παντρεύτηκαν ξένες γυναίκες, αντί να μείνουν ένας ξεχωρισμένος λαός. Μη με παρεξηγήσεις, αυτό δεν το έκαναν μόνο οι Εβραίοι· όλοι οι άνθρωποι λειτουργούμε έτσι. Και όταν τελικά ήρθε στο προσκήνιο ο Ιησούς, δεν πήραν καν είδηση ότι ήρθε ο Μεσσίας. Η κατηγορία του Ιησού εναντίον των θρησκευτικών ηγετών του Ισραήλ ήταν ότι έψαχναν τις Γραφές, αλλά δεν μπορούσαν να δουν Αυτόν για τον οποίο μιλούσαν οι Γραφές. Τους είπε, «Ερευνάτε τις γραφές, επειδή εσείς νομίζετε ότι μέσα σ' αυτές έχετε αιώνια ζωή και εκείνες είναι που δίνουν μαρτυρία για μένα. Όμως δεν θέλετε να έρθετε σε μένα, για να έχετε ζωή» (Κατά Ιωάννη 5:39-40).

Πολλές φορές η ζωή κρύβει απογοητεύσεις και κάποια πράγματα δεν γίνονται όπως νομίζαμε ότι θα γίνουν· αυτό μπορεί να μας κάνει να συμβιβαστούμε με πράγματα επουσιώδη. Ή ίσως δεν μπορούμε να πιστέψουμε ότι μπορεί να ισχύει κάτι τόσο καλό. Οι θρησκευτικοί ηγέτες του Ισραήλ είχαν προσπαθήσει πολλές φορές να αναδείξουν κάποιον από τους αρχηγούς τους ως Μεσσία· κάθε εκατό χρόνια περίπου, εμφανιζόταν κι ένας πιθανός υποψήφιος. Άμα πέσεις έξω μερικές φορές, όμως, μετά είναι λογικό να παίζεις εκ του ασφαλούς και να προτιμάς κάποιον ελεγχόμενο και προβλέψιμο. Πράγμα που δεν απέχει και πολύ από μας. Έχουμε και εμείς στην εποχή μας διάφορους εσχατολογικούς προφήτες που κάθε λίγο και λιγάκι μας δίνουν την ημερομηνία πού θα έρθει ο Ιησούς και μας λένε ότι ο κόσμος φτάνει στο τέλος του· ώσπου τελικά αυτή η ημερομηνία περνάει, και αυτοί αναγκάζονται να ξανακάνουν τους υπολογισμούς τους.

Στην εποχή του Ιησού θεωρούσαν ότι η μελέτη των Γραφών ήταν η ύψιστη

Εάν θεωρείς ότι η γνώση των Γραφών είναι η ανώτατη έκφραση λατρείας, τότε θα νομίζεις ότι ένας δάσκαλος ή παιδαγωγός είναι το ίδιο με έναν πατέρα.

μορφή λατρείας. Εάν θεωρείς ότι η γνώση των Γραφών είναι η ανώτατη έκφραση λατρείας, τότε θα νομίζεις ότι ένας δάσκαλος ή παιδαγωγός είναι το ίδιο με έναν πατέρα. Ο Ιησούς προσπαθεί να διορθώσει αυτή τη θρησκευτική αντίληψη, λέγοντας: «Μην αποκαλείτε κανέναν 'πατέρα'» (Κατά Ματθαίο 23:9). Αντί να ξεκινήσουν μια σχέση με τον Δημιουργό Θεό, αποφάσισαν να αναλύουν όσα είχε πει ο Θεός πριν από καιρό. Το αποτέλεσμα: συνέχισαν να προσθέτουν καινούργιους νόμους, πιο λεπτομερείς, πιο σχολαστικούς, πιο εκλεπτυσμένους κώδικες ηθικής και συμπεριφοράς. Σειρά είχε ο σχολιασμός των νόμων, κι έπειτα ο σχολιασμός επί των σχολίων των νόμων. Καθόλου παράξενο που οι άνθρωποι έβλεπαν στη διδασκαλία του Ιησού τόση φρεσκάδα και εξουσία (Κατά Ματθαίο 7:29). Διότι δεν έλεγε στους ακροατές Του τι είπαν κάποιοι ραβίνοι για όσα είχαν πει κάποιοι παλαιότεροι ραβίνοι. Τους έλεγε, κυριολεκτικά, αυτά που έλεγε ο Πατέρας Του!

Όταν οι Κορίνθιοι Ξέχασαν το πιο Σημαντικό

Ο Παύλος είχε να πει πολλά καλά και ενθαρρυντικά στους πιστούς στην Κόρινθο. Ήταν πλούσιοι σε όλα, σε κάθε έκφραση λόγου (προφητεία και αποκάλυψη) και σε γνώση, και δεν τους έλειπε κανένα από τα χαρίσματα του Πνεύματος (Α' Κορινθίους 1:4-6). Ήταν, όμως, προφανές ότι το πιο σοβαρό ζήτημα που έπρεπε να διευθετήσει ήταν ότι είχαν αντικαταστήσει τα πιο σημαντικά: την επικοινωνία και τη μεταξύ τους ενθάρρυνση μέσα από το υπερχείλισμα της αγάπης του Χριστού, τα αντικατέστησαν με τη σύγκριση, την αυτοπροβολή και τον διχασμό.

Πρόσεξε την επίπληξη του Παύλου προς τους Κορινθίους διότι ερμήνευαν τα χαρίσματα ηγεσίας με τρόπο που δημιουργούσε έριδες:

Και το λέω αυτό, επειδή κάθε ένας από σας λέει: εγώ μεν είμαι του Παύλου, εγώ δεν του Απολλώ, εγώ δε του Κηφά, εγώ δε του Χριστού...είτε ο Παύλος είτε ο Απολλώς είτε ο Κηφάς είτε ο κόσμος είτε η ζωή είτε ο θάνατος είτε τα παρόντα είτε τα μέλλοντα, **τα πάντα είναι δικά σας.** *Και εσείς είστε του Χριστού, ο δε Χριστός είναι του Θεού.*

Α' Κορινθίους 1:12, 3:22-23

Δρ. Κέρι Γουντ με την Δρ. Τσίκι Γουντ

Το πνεύμα του ορφανού παίρνει όλα αυτά που δόθηκαν από τον Θεό δωρεάν και τα κάνει μέτρα και σταθμά για την αυτοεκτίμησή σου.

Ο Παύλος απευθύνεται σ' αυτούς με βάση το ποιοι είναι και το τι έχουν ήδη: «Όλα είναι δικά σας»! Κι όμως αυτοί δεν το βλέπουν. Τραβάνε ο ένας τον άλλον στα δικαστήρια, θεωρούν ότι τα πνευματικά χαρίσματα αποδεικνύουν την πνευματική τους ωριμότητα, και δεν μοιράζονται καν το φαγητό τους με τους άλλους πιστούς μέσα στην εκκλησία που δεν έχουν να φάνε. Κάποιοι φορούν ό,τι πιο ακριβό έχουν στην εκκλησία και δημιουργούν κλίκες, πράγμα που προκαλεί διχόνοια ανάμεσά τους.

Είναι προφανές πως δεν έχουν την αποκάλυψη ότι είναι γιοι και κόρες του Θεού και ότι «όλα είναι δικά τους». Δεν συνειδητοποιούν ότι όλοι οι πιστοί είναι ζωτικά μέλη του ίδιου σώματος και άρα, κανείς δεν μπορεί να πει στον άλλο: «Δεν σε χρειάζομαι». Βλέπεις, το πνεύμα του ορφανού παίρνει όλα αυτά που δόθηκαν από τον Θεό δωρεάν και τα κάνει μέτρα και σταθμά για την αυτοεκτίμησή σου.

Ίσως Σκέφτεσαι Ακόμα σαν Ορφανός...

- Εάν νιώθεις ότι δεν ταιριάζεις σε κάποιους κύκλους (...άρα ξέχασες ότι έχεις άμεση σχέση με Αυτόν που είναι η Κεφαλή).

- Εάν νιώθεις ότι κάποια μέρα θα γίνεις σημαντικός, όταν θα έχεις φτάσει σε κάποιο επίπεδο (...ίσως ξεχνάς ότι «όλα είναι δικά σου» και ότι δεν χρειάζεται να αποδείξεις κάτι, διότι είσαι συνδεδεμένος με Αυτόν που είναι η Κεφαλή).

- Εάν αισθάνεσαι ανώτερος, επειδή οδηγάς Mercedes αντί για Volkswagen (...ίσως έχεις ξεχάσει ότι όλοι είμαστε άμεσα συνδεδεμένοι με Αυτόν που είναι η Κεφαλή).

- Εάν προτιμάς να «σύρεις στο δικαστήριο» τον αδελφό σου για να βγεις κερδισμένος, από το να κάνεις ό,τι μπορείς για κρατήσεις μια καλή σχέση μαζί του (...μήπως σου διαφεύγει το γεγονός ότι όλοι είμαστε άμεσα συνδεδεμένοι με Αυτόν που είναι η Κεφαλή;).

- Εάν θαυμάζεις σε υπερβολικό βαθμό κάποιον ηγέτη, ενώ ταυτόχρονα απαξιώνεις κάποιον άλλο, ή γενικά, αντιμετωπίζεις τους ηγέτες σαν σούπερ-σταρ (...μάλλον αρκείσαι να ζεις με πολύ λιγότερα από αυτά που σχεδίασε ο Θεός για κάθε πιστό — δηλαδή, να έχει άμεση σχέση με Αυτόν που είναι η Κεφαλή).

- Εάν νιώθεις την ανάγκη να έχεις μια θέση, έναν τίτλο ή ένα πλήθος που σε ακολουθεί για να αποδεικνύεις ότι είσαι σημαντικός (... μάλλον ξεχνάς ότι είσαι ήδη συνδεδεμένος με Αυτόν που είναι η Κεφαλή).

- Εάν νιώθεις πιο πνευματικός επειδή μπορείς να προφητεύεις, να κηρύττεις ή να τραγουδάς (...ίσως σου διαφεύγει η αλήθεια ότι όλα τα μέλη συνδέονται άμεσα με Αυτόν που είναι η Κεφαλή).

- Εάν, μόλις λάβεις έναν προφητικό λόγο, αναλώνεσαι προσπαθώντας «να τον φέρεις εις πέρας» (...άρα ξεχνάς πως είσαι άμεσα συνδεδεμένος με Αυτόν που είναι η Κεφαλή — και πως ό,τι σου υποσχέθηκε, Αυτός θα το εκτελέσει).

Μήπως απλώς δυσκολευόμαστε να πιστέψουμε ότι η αλήθεια είναι τόσο καλή; Μήπως συμβιβαζόμαστε με τα λίγα επειδή όλο αυτό μας φαίνεται πολύ καλό για να ισχύει; Μήπως αυτός είναι ο λόγος που ο Απόστολος Ιωάννης λέει, «Τώρα είμαστε παιδιά (ή γιοι) του Θεού, και ακόμα δεν φανερώθηκε τι πρόκειται να είμαστε» (Α' Ιωάννη 3:2); Δηλαδή, μήπως δεν έχουμε καταλάβει ακόμα τι πραγματικά εστί «γιος» στην πλήρη εκδοχή του, και φοβόμαστε ότι είναι απλώς μια ωραία ατάκα για κήρυγμα; Μήπως ακριβώς γι' αυτόν τον λόγο ο Ιησούς προσευχήθηκε φωναχτά για να Τον ακούσουν οι μαθητές Του να λέει:

Για να είναι όλοι ένα, καθώς εσύ Πατέρα είσαι ενωμένος με μένα και εγώ ενωμένος με σένα και αυτοί ενωμένοι με μας, να είναι ένα.
Κατά Ιωάννη 17:21, 23

Μήπως, τελικά, η Βασιλεία του Θεού δεν ασχολείται με το ποιος εφαρμόζει τις καλύτερες μεθόδους, ποιος έχει τις υψηλότερες επιδόσεις ή ποιος έχει άστρο και χαρίσματα; Μήπως ενδιαφέρεται πρωτίστως να

Δρ. Κέρι Γουντ με την Δρ. Τσίκι Γουντ

μας αποκαλύψει ότι είμαστε αληθινοί γιοι; Ότι μπορούμε να ζούμε και να σκεφτόμαστε ως γιοι Του, διότι ζούμε μέσα στον Γιο Του; Μήπως αυτό που χρειαζόμαστε είναι ένα πατρικό πνεύμα;

Αποκαθιστώντας το Πατρικό Πνεύμα

Το 17º κεφάλαιο του Ευαγγελίου του Ιωάννη θα έπρεπε να ονομαστεί «η προσευχή του Κυρίου», γιατί εδώ ο Κύριος προσεύχεται να είμαστε ενωμένοι ο ένας με τον άλλον καθώς είμαστε ενωμένοι μαζί Του. Στα αυτιά μας μάλλον ηχεί σαν μια αλλόκοτη, υπόκωφη έννοια, επειδή έχουμε στρέψει την προσοχή μας σε χίλια-δυο άλλα πράγματα. Στον Μαλαχία 4, ο Θεός υπόσχεται ότι θα στείλει το πνεύμα του Ηλία. Το πνεύμα του Ηλία συμβολίζει το πνεύμα ενός πατέρα. Ο Ηλίας ήταν ένας πνευματικός πατέρας για τον Ελισσαιέ και άλλους προφήτες. Οι διάφορες σχολές των προφητών γεννήθηκαν από αυτό το πατρικό πνεύμα. Θυμάσαι τι φώναξε ο Ελισσαιέ όταν είδε τον Ηλία να ανεβαίνει με την πύρινη άμαξα; «Πατέρα μου! Πατέρα μου!» (Β' Βασιλέων 2:12).

Τα τελευταία λόγια της Παλαιάς Διαθήκης μιλούν για την κατάρα της έλλειψης πατέρων και για την υπόσχεση του Θεού ότι θα στείλει ξανά το πνεύμα της πατρικής φροντίδας. Αυτό θα πρέπει ταυτόχρονα να μας θλίβει και να μας ανοίγει τα μάτια. Ο Μαλαχίας λέει εκ μέρους του Κυρίου:

Θα στείλω επάνω σας το πνεύμα του Ηλία (το πνεύμα ενός πατέρα), και θα επαναφέρω τις καρδιές των πατέρων προς τα παιδιά, και τις καρδιές των παιδιών προς τους πατέρες, μήποτε έρθω και πατάξω τη γη με ανάθεμα.

Μαλαχίας 4:5-6, σε παράφραση

Ήδη μιλήσαμε για το γεγονός ότι η γη είναι κάτω από την κατάρα της απουσίας των πατέρων. Μετά από αυτά τα λόγια του Μαλαχία, δεν ξανακούστηκε λόγος του Κυρίου για τα επόμενα 300 χρόνια — είναι αυτό που ονομάζουμε «Μεσοδιαθηκική Περίοδος» (μεταξύ των διαθηκών)— μέχρι που άρχισε ο Ιωάννης ο Βαπτιστής να κηρύττει τον Λόγο του Κυρίου:

Ο ΡΟΛΟΣ του Abba

Και αυτός θα 'ρθει με πνεύμα και δύναμη Ηλία...για να ετοιμάσει έναν προδιαθετειμένο λαό στον Κύριο.

Κατά Λουκά 1:17

Τι είναι «το πνεύμα και η δύναμη του Ηλία;» Είναι ένα πνεύμα που ανατρέφει με πατρική φροντίδα, σαν πατέρας—με άλλα λόγια, αφυπνίζει έναν στρατό που απαρτίζεται από τους γιους του Θεού— όχι ορφανούς, όχι θρησκευόμενους ζηλωτές, όχι απλούς μαθητές της Γραφής, όχι ανθρώπους που απλώς πάνε στην εκκλησία τα Σαββατοκύριακα· αλλά άνδρες και γυναίκες που ξέρουν ότι είναι γιοι του Θεού, και ξέρουν ποιες είναι η προεκτάσεις αυτής της αλήθειας. Φαίνεται ότι, στην πραγματικότητα, αυτό το ξύπνημα του πατρικού πνεύματος επηρεάζει όλη τη δημιουργία, διότι σύμφωνα με τον Παύλο:

Ακόμα και η κτίση συστενάζει προσδοκώντας τη φανέρωση των παιδιών του Θεού... κι εμείς οι ίδιοι συστενάζουμε για αυτό.

Ρωμαίους 8:22-23

Νιώθεις μέσα στο πνεύμα σου κάτι να ξυπνάει, όπως και εγώ;

Προειδοποίηση: Spoiler Alert

Θα κάνω ένα βήμα για να ενώσω τις τελείες για όσα είπαμε. Το Πνεύμα του Ηλία ήταν το πνεύμα ενός πατέρα και φανερώθηκε με σημεία και θαύματα. Πώς τα έκανε αυτά τα θαύματα ο Ηλίας; Το Άγιο Πνεύμα ερχόταν επάνω του. Τι έκανε ο Ελισσαιέ, ο πνευματικός γιος του Ηλία, μετά από όλη την πατρική φροντίδα που έλαβε; Έκανε τα διπλάσια θαύματα από τον πατέρα του, τον Ηλία. Πάμε τώρα στα εγκαίνια της εποχής της Καινής Διαθήκης, όταν ο Ιησούς βγήκε από τον Ιορδάνη Ποταμό γεμάτος με το Άγιο Πνεύμα χωρίς μέτρο και άρχισε να κάνει τα ίδια πράγματα που έκανε ο Ηλίας, και ακόμα περισσότερα. Ο Λουκάς το γράφει ξεκάθαρα, χωρίς να μασάει τα λόγια του, πως ό,τι έκανε ο Ιησούς, το έκανε με τη δύναμη του Αγίου Πνεύματος:

Πώς ο Θεός, τον Ιησού, αυτόν από τη Ναζαρέτ, τον έχρισε με Πνεύμα Άγιο και με δύναμη, ο οποίος πέρασε ευεργετώντας και

> θεραπεύοντας όλους εκείνους που καταδυναστεύονταν από τον διάβολο, επειδή ο Θεός ήταν μαζί Του.
>
> Πράξεις 10:38

Δεν σου κάνει εντύπωση ότι την ίδια στιγμή που ο Ιησούς γεμίζει με το Άγιο Πνεύμα, ανοίγουν οι ουρανοί και ακούει τη φωνή του Πατέρα; Θα το επαναλάβω: την ίδια στιγμή που ο Ιησούς γεμίζει με το Άγιο Πνεύμα, ο Πατέρας μιλάει για το τι σημαίνει «γιος» λέγοντας:

> *Αυτός είναι ο Υιός μου ο αγαπητός στον οποίο ευαρεστήθηκα!*
>
> Κατά Λουκά 3:22

Άρα, υπάρχει πολύ στενή σχέση ανάμεσα στην πληρότητα του Αγίου Πνεύματος, τη φωνή του Πατέρα και την καρδιά ενός αληθινού γιου — αυτή είναι η *κραυγή προς τον Abba*. (Θα εξερευνήσουμε τα βάθη της στενής σχέσης μεταξύ των τριών στοιχείων στο επόμενο βιβλίο της τριλογίας, *Η Διαμόρφωση από τον Abba*).

Πρόσεξε με ποιον τρόπο τελειώνει η Παλαιά Διαθήκη και με ποιον τρόπο ξεκινάει η Καινή. Ίσως θέλει να μας πει ποιο είναι «το πιο σημαντικό» τελικά.

Η Παλαιά Διαθήκη κλείνει με τον Μαλαχία να λέει «Η έλλειψη πατέρων (δηλαδή το ορφανό πνεύμα) είναι μια κατάρα πάνω σ' όλη τη γη, αλλά Εγώ θα σπάσω αυτήν την κατάρα στέλνοντας το πνεύμα ενός πατέρα». Η Καινή Διαθήκη (ουσιαστικά η έναρξη της διακονίας του Ιησού) ξεκινάει όταν το Άγιο Πνεύμα έρχεται πάνω στον Ιησού· έπειτα, ο Ιησούς ακούει τον Πατέρα να επιβεβαιώνει ότι είναι αληθινός Γιος Του και σπεύδει αμέσως στην έρημο, όπου κάθε πειρασμός που θα αντιμετωπίσει, θα επιχειρήσει να Του δημιουργήσει αμφιβολίες για την ταυτότητά Του ως αληθινός γιος! «*Εάν είσαι Γιος του Θεού*, πρόσταξε αυτές τις πέτρες να γίνουν ψωμί. *Εάν είσαι Γιος του Θεού*, πέσε από τον Ναό. Εάν είσαι ο Γιος του Θεού...» είπε χλευάζοντας ο Σατανάς. Αλλά, υπήρχε ένα Πνεύμα πάνω στον Ιησού πλέον — πάντα ήταν ο Γιος του Θεού, αλλά τώρα πια το Πνεύμα του Πατέρα ήταν πάνω σε έναν Άνθρωπο. Κάτι νέο έχει ξεκινήσει που αλλάζει όλα τα δεδομένα!

Παρεμπιπτόντως, να ξέρεις ότι κάθε πειρασμός που θα αντιμετωπίσεις θα έχει πάνω-κάτω τον ίδιο στόχο: να σου κλέψει την ταυτότητα του γιου και να σε χωρίσει από την αγάπη του Πατέρα. Ακόμα και στο τέλος της επίγειας διακονίας του Ιησού, ο Κύριος κρέμεται στον σταυρό και οι άνθρωποι περνούν, κουνούν τα κεφάλια τους και λένε «Εάν είσαι Γιος του Θεού, κατέβα από τον σταυρό...» (δες Κατά Ματθαίο 27). Κάθε πειρασμός που θα έρθει μπροστά σου μέχρι το τέλος της ζωής σου, θα αφορά την ταυτότητά σου ως γιος. Το καλύτερο που μπορείς να κάνεις, είναι να αποκτήσεις μια αποκάλυψη αυτής της αλήθειας από τώρα.

Αυτό είναι το πιο Σημαντικό

Ο Ιησούς δεν ήρθε μόνο ως ελευθερωτής από τον ρωμαϊκό ζυγό ή ως Μεσσίας του λαού Ισραήλ (παρότι το εκπλήρωσε και αυτό), ούτε μόνο για να σηκώσει τις αμαρτίες μας πάνω στον σταυρό (παρότι το έκανε και είμαστε αιώνια ευγνώμονες γι' αυτό).[17] Ο Ιησούς ήρθε για να συνεργαστεί με το Άγιο Πνεύμα και να μας δείξει τι συμβαίνει όταν οι γιοι γνωρίζουν ποιοι είναι και ζουν μέσα στην αγάπη και την παρουσία του Πατέρα τους. Όταν οι γιοι και οι κόρες του Θεού ζουν σύμφωνα με όσα λέει ο Πατέρας, είναι ελεύθεροι να πάρουν τη θέση τους ως συνεργάτες Του· Είναι μια συνεργασία που τελικά θα υποτάξει όλους τους εχθρούς του Θεού κάτω από τα πόδια του Ιησού, και τα βασίλεια αυτού του κόσμου θα δοθούν και πάλι στον Πατέρα.

Γι' αυτό, μετά την ανάστασή Του, ο Κύριος είπε το εξής:

Σας συμφέρει να φύγω εγώ.... ώστε το Άγιο Πνεύμα να μπορέσει να έρθει σε εσάς.... Και τα έργα που εγώ κάνω, θα κάνετε και εσείς και μεγαλύτερα απ' αυτά θα κάνετε.

Κατά Ιωάννη 14:12

Με αυτά τα λόγια, ο Κύριος συνδέει τη διακονία Του διαμέσου του Αγίου Πνεύματος με το πατρικό πνεύμα του Ηλία. Λέει, «Με τον ίδιο τρόπο που ο Ελισσαιέ έκανε διπλάσια θαύματα από τον Ηλία (πολλαπλασιασμός εξαιτίας της φροντίδας ενός πατέρα), έτσι κι εσείς θα κάνετε ακόμα μεγαλύτερα έργα (με παγκόσμιο και πολιτιστικό αντίκτυπο) από τα δικά Μου».

> **Ο Ιησούς ήρθε για να συνεργαστεί με το Άγιο Πνεύμα και να μας δείξει τι συμβαίνει όταν οι γιοι γνωρίζουν ποιοι είναι και ζουν μέσα στην αγάπη και την παρουσία του Πατέρα τους.**

Δρ. Κέρι Γουντ με την Δρ. Τσίκι Γουντ

Η *κραυγή προς τον Abba* δεν αποσκοπεί απλώς στο να δυναμώσουμε περισσότερο εσύ και εγώ (αν και είναι αναπόφευκτο)· ούτε στοχεύει μόνο στην απελευθέρωσή μας από κάποιους εθισμούς (αν και είναι ένδοξο)· ούτε ασχολείται με το να μας κάνει υπερ-θρησκευόμενους (πράγμα που ελπίζω ότι δεν θα γίνουμε ποτέ). Η *κραυγή προς τον Abba* θέλει να γεμίζεις με το Πνεύμα του Πατέρα που θα διώχνει το πνεύμα του ορφανού και θα σε βεβαιώνει κάθε μέρα: *Εσύ είσαι ο γιος Μου ο αγαπητός, εσύ είσαι η κόρη Μου η αγαπητή· σε σένα ευαρεστούμαι.* Ο στόχος είναι να φανερώνονται τα έργα του Θεού και να καταστρέφονται τα έργα του διαβόλου. Και αυτό έχει να κάνει με την εκπλήρωση του ρόλου μας ως γιοι του Θεού.

Όταν συνειδητοποιήσεις ότι ο Ιησούς επί τρία περίπου χρόνια δίδασκε τους μαθητές Του και διακονούσε μέσα από ένα πατρικό πνεύμα, ό,τι είπε και έκανε θα αποκτήσει νέο νόημα για σένα. Ας πάμε στις τελευταίες ώρες του Ιησού με τους μαθητές Του, πριν σταυρωθεί, και ας δούμε πώς ακριβώς λειτούργησε το Πνεύμα του Πατέρα στη διάρκεια του γνωστού σε όλους «Μυστικού Δείπνου».

Αρχικά, αν κάνεις μια γρήγορη ανασκόπηση στα κεφάλαια Κατά Ιωάννη 13-17, θα δεις ότι ο Ιησούς εστιάζει σε δύο πράγματα: Να επιστρέψει στον Πατέρα, και να συστήσει στους μαθητές το Άγιο Πνεύμα, ο Οποίος θα έρθει μέσα τους και θα συνεχίσει αυτό που ξεκίνησε ο Ιησούς. Αυτοί είναι οι στόχοι Του — ο Πατέρας και το Πνεύμα.

Φαντάζομαι ότι σε εντυπωσιάζει και εσένα το γεγονός πως ο Ιησούς, μέσα σε ένα μόνο βράδυ με τους μαθητές Του, αναφέρθηκε στον Πατέρα Του πενήντα οκτώ φορές! Σκέψου. Ο Κύριος ξέρει ότι πλησιάζει η ώρα Του. Σε λίγο θα προδοθεί, θα οδηγηθεί σε μια ψεύτικη δίκη, θα Τον μαστιγώσουν, θα Τον ξυλοκοπήσουν μέχρι να γίνει αγνώριστος, και έπειτα θα Τον καρφώσουν σε έναν σταυρό. Έχει επενδύσει όλη τη διακονία Του σ' αυτούς τους άνδρες, που πλέον είναι μόνο έντεκα. Κι όμως, δεν Τον ακούμε να τους μιλάει για τα τεράστια πλήθη που άκουσαν τη διδασκαλία Του, ούτε για τα πιο χαρακτηριστικά Του θαύματα, ούτε για το περιστατικό που περπάτησε πάνω στα νερά, ούτε καν για την ανάσταση του Λαζάρου από τους νεκρούς. Φαίνεται ότι σκόπιμα παραμερίζει όλα αυτά για τα οποία

> **Έτσι λειτουργεί το Πνεύμα του Πατέρα, μεταμορφώνει τους ορφανούς σε γιους και απελευθερώνει ένα κίνημα αληθινών γιων στον ορφανό πλανήτη μας.**

Ο ΡΟΛΟΣ του Abba

θα μιλούσε κάποιος που φεύγει και τον απασχολεί τι είδους κληρονομιά αφήνει πίσω του. Ο Ιησούς μιλάει για τον Πατέρα Του. Τους λέει ότι όλα όσα έχει ο Πατέρας ανήκουν σε Αυτόν, και ότι μέσα από το Άγιο Πνεύμα, όλα όσα παίρνει από τον Πατέρα θα είναι διαθέσιμα σε όλους τους μαθητές Του (Κατά Ιωάννη 16:15).

Βλέπεις πώς λειτουργεί πρακτικά το πατρικό πνεύμα; Έτσι μεταμορφώνει τους ορφανούς σε γιους και απελευθερώνει ένα κίνημα αληθινών γιων στον ορφανό πλανήτη μας. Η αλήθεια είναι ότι ο Ιησούς μιλούσε τόσο πολύ για τον Πατέρα σ' εκείνο το δείπνο, που ο Φίλιππος μάλλον αγανάκτησε στο τέλος και είπε:

Κύριε, δείξε σε μας τον Πατέρα, και μας αρκεί.
Κατά Ιωάννη 14:8

Προσωπικά, θα ήθελα να συγχαρώ τον Φίλιππο. Τουλάχιστον κατάλαβε ότι όλη η ουσία ήταν και είναι ο Πατέρας. Το σημαντικό δεν είναι να είσαι σωστός (τηρώντας τους νόμους), αλλά να έχεις τη σωστή σχέση με τον Πατέρα. Κάποιοι μέχρι σήμερα δεν το έχουν καταλάβει.

Ο Ιησούς λέει σ' αυτόν: Τόσον καιρό είμαι μαζί σας, και δεν με γνώρισες Φίλιππε; Όποιος είδε εμένα, είδε τον Πατέρα και πώς εσύ λες: Δείξε σε μας τον Πατέρα; Δεν πιστεύεις ότι εγώ είμαι ενωμένος με τον Πατέρα, και ο Πατέρας είναι ενωμένος με μένα; Τα λόγια που εγώ μιλάω σε σας, δεν τα μιλάω από τον εαυτό μου, αλλά ο Πατέρας που μένει ενωμένος με μένα, αυτός εκτελεί τα έργα. Να πιστεύετε σε μένα ότι εγώ είμαι ενωμένος με τον Πατέρα, και ο Πατέρας είναι ενωμένος με μένα. Ειδάλλως εξαιτίας αυτών των έργων να πιστεύετε σε μένα.
Κατά Ιωάννη 14:9-12

Ο Ιησούς του λέει, «Όλη μου η ζωή δεν ήταν να κάνω το δικό Μου έργο ή να γίνω κάποιος. Η ζωή Μου είναι να ευαρεστώ τον Πατέρα».

Ποιος είναι ο σκοπός της δικής σου ζωής; Θέλεις να αφήσεις το σημάδι σου στον κόσμο, να παραδώσεις στους επόμενους μια κληρονομιά, να γίνεις σπουδαίος, να κάνεις όνομα, να μείνεις στην Ιστορία ως ένας μεγάλος ηγέτης ή πετυχημένος επιχειρηματίας; Ο Ιησούς λέει, «Όλα αυτά πηγάζουν από το πνεύμα του ορφανού. Το πιο σημαντικό είναι να γνωρίζεις τον Πατέρα σου και να ανακαλύψεις ποιος είσαι ως γιος Του».

Δρ. Κέρι Γουντ με την Δρ. Τσίκι Γουντ

«Η προσευχή μου είναι να είστε ενωμένοι μαζί Μου και Εγώ ενωμένος μαζί σας, και μαζί ενωμένοι με τον Πατέρα».

Ένα πράγμα που με εκπλήσσει καθώς εμμένω στα λόγια του Τελευταίου Δείπνου, είναι αυτό που επαναλαμβάνει ξανά και ξανά ο Κύριος: «Εγώ είμαι ενωμένος με τον Πατέρα και ο Πατέρας είναι ενωμένος με μένα. Είμαστε ένα» (Κατά Ιωάννη 14:11). Στη συνέχεια, όμως, αρχίζει να μιλάει για μια άμπελο και βάζει και εσένα και εμένα σ' αυτή τη θεϊκή ένωση (Κατά Ιωάννη 15). Μετά μας λέει με ποιον τρόπο μπορούμε να συμμετέχουμε και εμείς στη συνομιλία και στην αποστολή της Τριαδικότητας διαμέσου του Πνεύματος (Κατά Ιωάννη 16), και στο τέλος προσεύχεται ξανά το πιο σημαντικό:

«Η προσευχή μου είναι να είστε ενωμένοι μαζί Μου και εγώ ενωμένος μαζί σας και να είμαστε μαζί ενωμένοι με τον Πατέρα».

Σ' αυτή τη σπουδαία προσευχή Του για εκείνους τους μαθητές Του αλλά και «για αυτούς που θα πιστέψουν σε Αυτόν», ζητάει από τον Πατέρα να μας αποκαλύψει, όχι την ενότητα, αλλά την ένωση — την ταύτιση.

«Για να γνωρίσουν ότι με τον ίδιο τρόπο που είμαι μέσα σε Εσένα (Πατέρα) και Εσύ είσαι μέσα σε Εμένα, και αυτοί να είναι μέσα σε εμάς».

Αυτό θα πει ένωση. Και αυτό είναι το πιο σημαντικό. Είναι αυτό που εργάζεται το Άγιο Πνεύμα μέσα σου και μέσα μου αυτή τη στιγμή. Μας ξυπνάει για να δούμε ότι τα παλιά έχουν φύγει, και ότι όλα έγιναν καινούργια. Δεν είμαστε απλοί ακόλουθοι του Ιησού. Είμαστε μέσα σε Αυτόν, ενωμένοι με Αυτόν, και Αυτός ενωμένος με εμάς. Οι απλοί «ακόλουθοι του Ιησού» μπορούν να επιλέξουν από πόσο κοντά ή μακριά θα Τον ακολουθούν. Στην ένωση, όμως, δεν υπάρχει απόσταση.

Είναι αδύνατον να είμαστε ενωμένοι με τον Ιησού, τον Γιο του Θεού και να περνάμε απαρατήρητοι από το Άγιο Πνεύμα. Το Πατρικό Πνεύμα, το Άγιο Πνεύμα, μας διαβεβαιώνει, βαθιά μέσα μας, ότι «τώρα, είμαστε γιοι του Θεού», και μας δείχνει πώς σκέφτονται και ζούνε οι αληθινοί γιοι. Αυτή είναι η *κραυγή προς τον Abba*. Στα επόμενα δύο κεφάλαια, θα δούμε πιο προσεκτικά τους τρόπους με τους οποίους πέφτουμε στα δεσμά του ορφανού πνεύματος, και τα διάφορα επίπεδα αυτής της νοοτροπίας, που πρέπει να φύγουν από τον τρόπο σκέψης μας.

Τι Είπαμε Μέχρι Τώρα;

Πολλές φορές ξεχνάμε το πιο σημαντικό πράγμα που μας προσφέρει ο Θεός, επειδή συμβιβαζόμαστε με άλλα, δευτερεύοντα. Ο Θεός έστειλε τον Γιο Του, και εμείς αρκούμαστε στην αποστήθιση εδαφίων και αντικαθιστούμε το Πρόσωπο του Ιησού με κανόνες και ηθικές αρχές.

Το πνεύμα του ορφανού παίρνει όλα αυτά που δόθηκαν από τον Θεό δωρεάν και τα κάνει μέτρα και σταθμά για την αυτοεκτίμησή σου.

Εάν δεν συνειδητοποιήσουμε ότι είμαστε ένα με Αυτόν που είναι η Κεφαλή, δηλαδή τον Χριστό, θα αρκεστούμε στις καλές επιδόσεις μας, την πετυχημένη ζωή ή τις αποτελεσματικές μεθόδους μας, αντί να μας ενδιαφέρει το κίνημα του Θεού για την αποκατάσταση του ορφανού πλανήτη μας.

Η Παλαιά Διαθήκη έκλεισε μιλώντας για την κατάρα του ορφανού πνεύματος στη γη, αλλά η εποχή της Καινής Διαθήκης ξεκίνησε όταν το Πατρικό Πνεύμα απελευθερώθηκε στη διακονία του Ιησού.

Ο Ιησούς ήρθε ως συνεργάτης του Αγίου Πνεύματος για να μας δείξει τι συμβαίνει όταν οι γιοι ξέρουν ποιοι είναι και πώς να ζουν μέσα στην αγάπη του Πατέρα.

ΠΡΟΣΕΥΧΗ

Εάν ξέρεις ότι ο Κύριος σου μιλάει αυτή τη στιγμή, θέλεις να ανοίξεις την καρδιά σου στο ευγενικό έργο της αγάπης Του; Θέλεις να προσευχηθούμε μαζί τα παρακάτω λόγια;

Πατέρα, κατάλαβα ότι υπάρχουν δυο πνεύματα που πολεμούν για την ανθρωπότητα. Κατάλαβα, επίσης, ότι παρότι έβγαλες τον λαό Ισραήλ από τη δουλεία της Αιγύπτου, τους πήρε πολύ καιρό να αποβάλουν τη νοοτροπία του δούλου. Καταλαβαίνω ότι ακόμα και οι πιστοί μπορεί να σκέφτονται σαν ορφανοί. Μπαμπά μου, θα μου δείξεις σε ποια σημεία σκέφτομαι περισσότερο σαν ορφανός που πρέπει να προστατεύσει τον εαυτό του, παρά σαν ελεύθερος γιος; Θα μου δείξεις σε ποιες περιπτώσεις σκέφτομαι ότι κάποιος μου χρωστάει κάτι ή ζηλεύω επειδή κάποιος έχει κάτι που θεωρώ ότι μου λείπει; Κύριε, μήπως υπάρχουν πράγματα που μου τα έχεις ήδη δώσει δωρεάν, αλλά τα έχω κάνει μέτρα και σταθμά ή σύμβολα της επιτυχίας μου; Μίλησέ μου· Σε ακούω.

Δρ. Κέρι Γουντ με την Δρ. Τσίκι Γουντ

Σε ευχαριστώ που έστειλες το Πατρικό Πνεύμα Σου. Σε ευχαριστώ που έσπασες την κατάρα της ορφάνιας και κατά συνέπεια, τη νοοτροπία του ορφανού. Σε ευχαριστώ που ανοίγεις τα μάτια μου. Σε ευχαριστώ που έρχεσαι με τόση αγάπη και απελευθερώνεις την κραυγή προς τον Abba μέσα στο πνεύμα μου, θεραπεύεις τις βαθιές πληγές μου και καθαρίζεις το μυαλό μου. Abba, Μπαμπά μου, Σου ανήκω. Σε εμπιστεύομαι. Σε αγαπώ. Αμήν.

ΓΙΑ ΟΜΑΔΙΚΗ ΣΥΖΗΤΗΣΗ

1) Γιατί είναι σημαντικός ο τρόπος που τελειώνει η Παλαιά Διαθήκη και ξεκινάει η Καινή Διαθήκη, αναφορικά με το «πνεύμα του Ηλία»;

2) Από την ενότητα *Ίσως Σκέφτεσαι Ακόμα σαν Ορφανός*, με ποια από τις δηλώσεις που αναφέρονται ταυτίζεσαι περισσότερο;

3) Η διδασκαλία των ραβίνων υποστήριζε ότι «η ανώτατη μορφή λατρείας είναι η μελέτη των Γραφών». Για ποιο λόγο επιμένει η νοοτροπία του ορφανού να αντικαθιστά τη λατρεία του Προσώπου του Ιησού με κανόνες και ηθικές αρχές (δες Κατά Ιωάννη 5:39-40);

ΠΕΝΤΕ

Η Πορεία προς το Ορφανό Πνεύμα

Τα ψέματα είναι μικρά φρούρια. Μέσα σ' αυτά νιώθεις ασφαλής και δυνατός. Και μέσα απ' αυτά τα μικρά φρούρια ψεμάτων προσπαθείς να διαχειριστείς τη ζωή σου και να χειραγωγήσεις τις ζωές των άλλων.
— Γουίλιαμ Πολ Γιανγκ

Τα Δώδεκα Βήματα

Είμαι περήφανος για σένα, φίλε αναγνώστη, που είσαι εδώ και συνεχίζεις να απολαμβάνεις την καλοσύνη Του. Είναι ο μόνος τρόπος για να μεταμορφώνεσαι διαρκώς. Ας συνεχίσουμε.

Η ορολογία που χρησιμοποιούμε έχει μεγάλη σημασία, γι' αυτό θεωρώ απαραίτητο σ' αυτό το σημείο να επαναλάβω τι εννοώ και τι δεν εννοώ όταν λέω «το ορφανό πνεύμα». Στο πλαίσιο αυτού του βιβλίου, δεν χρησιμοποιώ τη λέξη «πνεύμα» εννοώντας ένα δαιμονικό πνεύμα ή το πνεύμα ενός ανθρώπου. Χρησιμοποιώ αυτή τη λέξη για να περιγράψω την κυρίαρχη νοοτροπία ή στάση μας, με τον ίδιο τρόπο που τη χρησιμοποιεί και ο Παύλος στην προς Εφεσίους 4:23 «να ανανεώνεστε στο πνεύμα του νου σας». Συνεπώς, αν κάποιος έχει ορφανό πνεύμα, δεν σημαίνει απαραίτητα ότι μιλάμε για ένα δαιμόνιο που πρέπει να εκβληθεί. Εννοούμε ότι πρέπει το Άγιο Πνεύμα να του δώσει μια αποκάλυψη στο πνεύμα του, η οποία θα φέρει ελευθερία στον τρόπο που σκέφτεται και πιστεύει. Με την ίδια λογική, το πνεύμα του γιου είναι μια αποκάλυψη που δίνει το Άγιο Πνεύμα στο πνεύμα ενός πιστού, η οποία ανοίγει μέσα του έναν νέο τρόπο σκέψης και πίστης. Το πιο σημαντικό είναι ότι το Άγιο Πνεύμα σε οδηγεί σε έναν νέο τρόπο «ύπαρξης», κάτι παραπάνω από έναν νέο τρόπο συμπεριφοράς. Αυτός ο νέος τρόπος ύπαρξης (που ξεκινάει από μέσα σου), γεννάει αβίαστα και έναν νέο τρόπο σκέψης και πράξης.

Θα με ρωτήσεις, «Γιατί πρέπει να καταλάβω τα βήματα και την πορεία προς το ορφανό πνεύμα; Δεν μπορώ να παρακάμψω

> **Το Άγιο Πνεύμα σε οδηγεί σε έναν νέο τρόπο «ύπαρξης», κάτι παραπάνω από έναν νέο τρόπο συμπεριφοράς.**

Δρ. Κέρι Γουντ με την Δρ. Τσίκι Γουντ

αυτές τις λεπτομέρειες, να γεμίσω με τον Θεό, και να αφήσω το Άγιο Πνεύμα να ασχοληθεί με τις επιπτώσεις;». Για να μην τα πολυλογώ, όχι, δεν λειτουργεί έτσι. Ο λόγος είναι ότι ο Θεός προτίμησε την ένωση με μας, να είμαστε ενωμένοι, να είναι ένα με εμάς. Και χάριν αυτής της ένωσης, παρά την παντοδυναμία Του, διάλεξε να περιορίσει τον εαυτό Του και να συνεργάζεται μαζί μας. Επιλέγει να δουλεύει σύμφωνα με τη συνεργασία μας, να δουλεύει στα σημεία που Τον προσκαλούμε να δουλέψει, και μόνο όταν είμαστε έτοιμοι να δεχθούμε αυτό που θέλει να κάνει. Άρα, αν ξέρουμε ποια είναι τα δεσμά και τα σημεία εισόδου που χρησιμοποιεί ο εχθρός, αυτό θα μας βοηθήσει να εντοπίσουμε τις συνέπειες και να αφήσουμε το Άγιο Πνεύμα να έρθει ακριβώς εκεί που Τον χρειαζόμαστε. Θα ξέρουμε, επίσης, πώς να προστατευτούμε από παρόμοιες τακτικές του εχθρού στο μέλλον.

Η γνώση της πορείας που οδηγεί στο ορφανό πνεύμα μπορεί να γίνει ένα δυνατό εργαλείο στα χέρια του Αγίου Πνεύματος, για να αρχίσει να ξεσκεπάζει τα ψέματα του εχθρού που πιστέψαμε. Αυτή η πορεία μπορεί να εξηγηθεί με πολλούς τρόπους, αλλά ας δούμε μαζί δώδεκα πιθανούς σταθμούς αυτής της διαδρομής.[18] Καθώς διαβάζεις, ζήτησε από τον Κύριο να σου πει, αν κάποιο από αυτά τα σημεία έχει βγάλει ρίζες στη ζωή σου. Να ξέρεις ότι όλοι είμαστε πάνω-κάτω στην ίδια θέση και όλοι θα κληθούμε κάποια στιγμή να αντιμετωπίσουμε τα περισσότερα από αυτά. Αυτοί είναι οι γίγαντες που βρίσκονται στη γη σου. Ας τους κατατροπώσουμε.

1. **Οι Ανεκπλήρωτες Προσδοκίες**: Όταν δίνουμε έμφαση στα ελαττώματα όσων έχουν μια μορφή εξουσίας.

Αυτό συνήθως ξεκινάει από πολύ μικρή ηλικία. Ο εχθρός εκμεταλλεύεται τα απλά λάθη των γονιών μας ως *σημεία εισόδου* για να διασπείρει στο μυαλό μας ψέματα, πάνω στα οποία θα χτιστούν οχυρώματα. Κάποιες φορές χρησιμοποιεί τις τραυματικές εμπειρίες, τα ατυχήματα, τον πόνο ή την παρενόχληση που βιώσαμε για να ενσωματώσει μέσα μας φόβο, πικρία (ειδικά απέναντι σε όσους έχουν κάποιου είδους εξουσία) και απόρριψη.

Όπως είδαμε και πριν, με τα πρώτα λόγια που είπε ο Εωσφόρος στον Αδάμ και την Εύα, ήθελε να τους πείσει ότι ο Πατέρας έκανε λάθος. Άφησε να εννοηθεί ότι ο Πατέρας δεν τους είχε δώσει τα πάντα· ότι τους είχε αποκρύψει ένα επίπεδο γνώσης. «Εάν φάτε από αυτό το δέντρο,

Ο ΡΟΛΟΣ του Abba

σίγουρα δεν θα πεθάνετε...θα είστε όπως ο Θεός». Η αλήθεια, βέβαια, ήταν ότι ο Αδάμ και Εύα ήταν ήδη όπως ο Θεός· δημιουργημένοι με μοναδικό τρόπο σύμφωνα με την εικόνα Του.

Μπορεί να μεγάλωσες με υπέροχους γονείς, σε ένα καλό και ευσεβές περιβάλλον, όμως, κάθε γονιός είναι άνθρωπος με ελαττώματα. Η Αγία Γραφή αναγνωρίζει τις αδυναμίες των γήινων γονιών και το γεγονός ότι ακόμα και οι καλύτεροι γονείς του κόσμου, λειτουργούν με βάση αυτά που εισέπραξαν από τους δικούς τους γονείς (Εβραίους 12:9). Ο πατέρας των ορφανών, ο Σατανάς, θέλει να στρέφει την προσοχή σου στα σφάλματα, αντί στην αγάπη τους. Θέλει να σε κάνει να αναρωτιέσαι, «Γιατί να το κάνω όπως θες εσύ; Γιατί δεν μπορώ να κάνω ό,τι θέλω εγώ;». Το ορφανό πνεύμα θέλει να προσηλώνεσαι στις αποτυχίες και τις αδυναμίες των ανθρώπων που είναι ηγετικές μορφές στη ζωή σου. Όποιος δεν καταφέρει να σταθεί στην αγάπη, αντί για τα λάθη του γονιού του, θα δει μια ρίζα πικρίας και δυσπιστίας να φυτρώνει μέσα του. Αυτή η δυσπιστία απέναντι στη γονική εξουσία θα επεκταθεί και σε άλλες μορφές εξουσίας αργά ή γρήγορα, αυτό το άτομο θα έρχεται και θα φεύγει από τη μία δουλειά στην άλλη, και από τη μία εκκλησία στην άλλη.

Σου έχει τύχει να γνωρίσεις κάποιον που, σε όποια δουλειά κι αν πάει, είναι σαν να τραβάει πάνω του τα χειρότερα αφεντικά; Φτάνεις στο σημείο να αναρωτιέσαι, πότε θα ανοίξει η τύχη του και θα πέσει σε καλό αφεντικό! Να ξέρεις ότι, τις περισσότερες φορές, δεν φταίει ούτε το αφεντικό ούτε η δουλειά. Αυτός ο άνθρωπος ίσως έχει κάτι μέσα του που πρέπει να θεραπευτεί — κάποιο είδος πικρίας ή ανταρσίας απέναντι στην εξουσία, κάποιον κρυφό όρκο ή απόφαση που ρίζωσε μέσα του από παιδί. Εάν προσηλώνεσαι στα λάθη όσων έχουν ηγετική θέση, ποτέ δεν θα καταφέρεις να μείνεις στο ίδιο μέρος για πολύ. Το Άγιο Πνεύμα ξέρει πώς να το διορθώσει, αρκεί να Του το ζητήσεις. Αυτό το θέμα είναι πολύ πιο σημαντικό απ' όσο νομίζουμε. Ο Σατανάς διαρκώς αναζητά τρόπους για να κρατά την προσοχή μας στον πόνο και την απογοήτευση, ώστε να δίνει τη δική του ερμηνεία στις πληγές μας, και να τις μετατρέπει σε προσωπική απόρριψη.

Καλό θα ήταν να κάνεις μια παύση σ' αυτό το σημείο και να ρωτήσεις τον Κύριο:

«Άγιο Πνεύμα, μήπως υπάρχει κάποια ρίζα πικρίας ή απόρριψης μέσα μου που οφείλεται σε ασυγχωρησία προς κάποια μορφή εξουσίας

στη ζωή μου; Μήπως υπάρχουν άλυτα ζητήματα μέσα μου, ακόμα και υποσυνείδητα, που θέλεις να τα λύσεις; Σου δίνω την άδεια να φέρεις στην επιφάνεια οτιδήποτε πρέπει να απαρνηθώ, ή για το οποίο πρέπει να μετανοήσω, στο όνομα του Ιησού».

2. Η Προσωπική Απόρριψη: Όταν παίρνεις προσωπικά τα λάθη των σημαντικών ανθρώπων της ζωής σου και τα εκλαμβάνεις ως αποθάρρυνση ή απόρριψη προς εσένα· αυτό ξεκινάει έναν φαύλο κύκλο «λανθασμένων συμπερασμάτων» σχετικά με τη ζωή μας.

Οι γιοι και οι κόρες που μεγαλώνουν σε ένα σπίτι γεμάτο αγάπη, μπορεί να απογοητεύονται ή να χάνουν το θάρρος τους κάποιες φορές, αλλά εξακολουθούν να νιώθουν την αγάπη και την αποδοχή των γονιών τους. Ο εχθρός θέλει να σε κάνει να παρερμηνεύεις κάθε ανθρώπινο λάθος σαν απόρριψη προς το άτομό σου. Θα σου ψιθυρίσει τη δική του ερμηνεία και θα σπείρει μέσα σου καχυποψία για έναν άνθρωπο που εμπιστεύεσαι.

Δες πώς γίνεται αυτό: Ο μικρός γιος σου τρέχει κατά πάνω σου, γιατί το μόνο που θέλει είναι να ορμήξει στην αγκαλιά του πατέρα του. Δεν ξέρει, όμως, ότι εσύ κρατάς ένα ψαλίδι ή έναν νυχοκόπτη. Πηδάει επάνω σου, με αποτέλεσμα να κόψεις το δάχτυλό σου· εσύ αντιδράς αντανακλαστικά, και αντί να τον σφίξεις στην αγκαλιά σου, απομακρύνεσαι από αυτόν. Αυτή την αντίδραση, όμως, που είναι πολύ ανθρώπινη, ο μικρός θα την εκλάβει ως απόρριψη.

Μια μέρα, όταν ο πρωτότοκος γιος μου ήταν μικρός, επέστρεψα στο σπίτι εξαντλημένος από μια δύσκολη μέρα στη δουλειά, ξάπλωσα ανάσκελα στο πάτωμα του καθιστικού, και μέσα σε είκοσι δευτερόλεπτα είχα «χαθεί» σε έναν βαθύ απογευματινό ύπνο. Ούτε που σκέφτηκα να βγάλω τα γυαλιά μου. Ο μικρός μου, ο Ρόμπερτ, ανακαλύπτει ότι ο μπαμπάς είναι σπίτι και μάλιστα, ξαπλωμένος στο πάτωμα του σαλονιού, πράγμα που στο παιδικό μυαλό του σημαίνει «ώρα για πάλη»! Ενώ εγώ κοιμάμαι του καλού καιρού, ο μικρός ορμάει πάνω μου, με αποτέλεσμα να σπάσουν τα γυαλιά μου ενώ τα φοράω (σχίζοντας το πάνω μέρος της μύτης μου). Όπως καταλαβαίνεις, τινάχτηκα από τον οξύ πόνο που διαπερνούσε το πρόσωπό μου, με την αδρεναλίνη μου να βαράει κόκκινο. Μπήκα αυτόματα σε κατάσταση άμυνας!

Τι κάνουμε όταν είμαστε σε άμυνα; Σπρώχνουμε μακριά αυτόν που μας επιτίθεται! Όταν άνοιξα τα μάτια μου τελείως, είδα τον μικρό μου να εκσφενδονίζεται στην άλλη άκρη του δωματίου! Το καλό ήταν ότι προσγειώθηκε πάνω στον καναπέ, αλλά, το κακό ήταν ότι αυτός που τον έσπρωξε ήμουν εγώ! Στην αρχή, νόμιζε ότι παίζαμε (και ήταν έτοιμος να πει «πάλι, μπαμπά»). Μετά, όμως, κατάλαβε ότι τραυματίστηκα και τον έδιωξα από κοντά μου. Δεν είχα απολύτως καμία πρόθεση να απορρίψω τον γιο μου. Αλλά, ενώ ήταν κάτι εντελώς αντανακλαστικό από την πλευρά μου, για ένα παιδί θα μπορούσε να σημαίνει ότι το απορρίπτω. Και ο εχθρός τέτοια πράγματα τα εκμεταλλεύεται ως σημεία εισόδου για να σπείρει τον σπόρο του ορφανού πνεύματος.

Δεν είχα απολύτως καμία πρόθεση να απορρίψω τον γιο μου.

Μήπως σου έχει συμβεί κάτι ανάλογο στην παιδική σου ηλικία, κάτι εντελώς ακούσιο από την άλλη πλευρά; Ίσως κάποιος έκανε ή είπε κάτι αυθόρμητα ή ασυναίσθητα, αλλά εσένα σου φάνηκε σαν απόρριψη. Και έτσι ορφανό πνεύμα βρήκε πάτημα μέσα σου. Πρέπει να θυμόμαστε ότι τα παιδιά είναι πολύ καλοί παρατηρητές, αλλά δεν είναι καλοί διερμηνείς. Δηλαδή βλέπουν τα πάντα, αλλά χρειάζονται βοήθεια για να ερμηνεύσουν σωστά τη σημασία τους.

Εάν διαλέξεις να προσηλωθείς στην αγάπη του πατέρα ή της μητέρας σου, ακόμα και όταν κάνει λάθος, μπορεί να νιώσεις απογοήτευση, αλλά αυτή η απογοήτευση δεν θα γίνει σημείο εισόδου για ένα ψέμα ή ένα οχυρό. Από την άλλη, αν επιλέξουμε να μείνουμε στα λάθη τους, θα τα ερμηνεύουμε όλα ως απόρριψη εκ μέρους τους. Γιατί είναι τόσο κρίσιμο όλο αυτό; Γιατί το πιο πολύτιμο πράγμα που κυνηγάει ο Σατανάς είναι η συνείδηση της ταυτότητάς σου. Εάν καταφέρει να σε κάνει να πιστέψεις ότι σε απορρίπτουν, μετά θα επιχειρήσει να σου εξηγήσει για ποιους λόγους σε απορρίπτουν, και στο τέλος θα έχει στήσει ολόκληρη πλεκτάνη ενάντια στην αγάπη του Πατέρα.

Δεν βρίσκεις ενδιαφέρον το γεγονός ότι οι νεαρές κοπέλες που δεν έχουν λάβει αγάπη από τον πατέρα τους, γίνονται ευάλωτες στην προσπάθειά τους να καλύψουν την ανάγκη τους για αγάπη; Το ίδιο κάνουμε όλοι μας. Όλοι έχουμε ανάγκη να νιώθουμε ότι μας αγαπούν, ότι είμαστε πολύτιμοι και ξεχωριστοί. Μια κοπέλα που έχει στερηθεί την αγάπη, τι είδους άντρες έχει την τάση να προσελκύει; Αυτούς που ξέρουν να της λένε «σ' αγαπώ» και έπειτα την κακοποιούν. Το ίδιο συμβαίνει και με τους άντρες, φυσικά. Κάθε αγόρι αναζητά την προσοχή και την αποδοχή του πατέρα του. Ο μπαμπάς είναι ο ήρωας του γιου του. Δυστυχώς, όμως, πολλές φορές οι γιοι εισπράττουν από τους μπαμπάδες τους απόρριψη, απαξίωση, ντροπή ή ακόμα χειρότερα, παραμέληση. Όταν ένας μπαμπάς δεν ένιωσε ποτέ πώς είναι να τον αγκαλιάζει ο δικός του μπαμπάς, τι να κάνει; Κανείς δεν παραδίδει «μαθήματα αγκαλιάς» για να πάει να μάθει να αγκαλιάζει τα παιδιά του. Κάτι πρέπει να θεραπευτεί μέσα του πρώτα. Οι πληγωμένοι άνθρωποι πληγώνουν ανθρώπους. Οι άνθρωποι που ποτέ δεν είχαν ακούσει «σ' αγαπώ» ως παιδιά, δυσκολεύονται να πουν «σ' αγαπώ» στα δικά τους παιδιά.

Είναι τρομακτικό αν σκεφτείς ότι πολλές ρομαντικές σχέσεις οφείλονται στην έλξη μεταξύ δύο ορφανών, που κανείς από τους δυο δεν γνωρίζει την πραγματική του ταυτότητα ή τη φωνή του Πατέρα. Κι αν τους λείπει και η αγάπη των γονιών τους, τότε η μόνη επιλογή που τους απομένει, είναι να αρπάζουν ό,τι μπορεί να τους αποζημιώσει γι' αυτό που πιστεύουν ότι τους λείπει. Ξέρω ότι ακούγεται σαν γενίκευση, αλλά το σενάριο είναι πάντα το ίδιο· απλώς επαναλαμβάνεται εκατομμύρια φορές με μικρές παραλλαγές. Από τη μία, έχουμε μια κοπέλα (που δεν έχει νιώσει τη στοργική αγάπη του πατέρα) που επιλέγει μονίμως κακοποιητικούς άνδρες (που της προσφέρουν άμεσα ένα είδος στοργής), και από την άλλη, λέμε στους άντρες ότι πρέπει να γεμίσουν τη συναισθηματική δεξαμενή τους με σεξουαλικές περιπέτειες για να μας αποδείξουν ότι είναι άντρες. Ποιο είναι το αποτέλεσμα; Και οι δύο πλευρές πληγώνονται και χάνουν την εμπιστοσύνη τους.

Μήπως το Άγιο Πνεύμα σου μιλάει; Μήπως σου θυμίζει αναμνήσεις σου για να Του τις δώσεις, ώστε να τις θεραπεύσει, να σε συγχωρήσει και να σε βοηθήσει να συγχωρήσεις;

3. Η Απώλεια της Εμπιστοσύνης: Όταν χάνουμε τη στοιχειώδη εμπιστοσύνη μας στους ανθρώπους και υποθέτουμε ότι «όλοι είναι ίδιοι».

Θα σου δώσω ένα απλό παράδειγμα για την απώλεια της στοιχειώδους εμπιστοσύνης μας: Ενθουσιάζομαι πολύ όταν μιλάω σε ακροατήρια. Καθώς διδάσκω και περπατώ πέρα-δώθε, αν πατήσω κατά λάθος το πόδι κάποιου που κάθεται μπροστά, φαντάζομαι ότι δεν θα το εκλάβει ως απόρριψη εκ μέρους μου και δεν θα χάσει την εμπιστοσύνη του σε μένα. Μάλλον θα με θεωρήσει αδέξιο ή θα το δει ως ατύχημα. Τι θα γίνει, όμως, εάν ξαναέρθω πολύ κοντά στο πόδι του, ενώ τα δάχτυλά του ακόμα πονάνε; Η αυθόρμητη αντίδρασή του θα είναι να τραβήξει το πόδι του! Όσο συνεχίζω, εν αγνοία μου, να πλησιάζω επικίνδυνα στο πόδι του, αυτός ενδέχεται να αρχίσει να αμφιβάλλει για τις καλές μου προθέσεις. Αυτή είναι η στοιχειώδης εμπιστοσύνη, η οποία διαφέρει από τη βαθιά εμπιστοσύνη. Η στοιχειώδης εμπιστοσύνη είναι όταν ξέρουμε ότι κάποιος θεωρεί το δικό μας συμφέρον σημαντικό. Όταν, όμως, κάποιος έχει χτυπηθεί και πληγωθεί από τη ζωή, μαθαίνει να μαζεύεται για να προστατεύσει τον εαυτό του. Διστάζει όλο και περισσότερο να ανοιχτεί και να επιτρέψει στον εαυτό του να είναι ευάλωτος όπως παλιά. Έτσι, μαθαίνουμε όλοι να ζούμε με τα πόδια μαζεμένα κάτω από το τραπέζι.

Είναι προφανές ότι τους συναισθηματικούς τοίχους που χτίζουμε και τις συναισθηματικές αποστάσεις που κρατάμε, δεν ξέραμε να τα κάνουμε όταν ήμασταν παιδιά. Αυτά μάθαμε να τα κάνουμε καθώς μεγαλώναμε, μέσα από τα δυνατά χτυπήματα της ζωής. Άμα μας πατήσουν το πόδι μερικές φορές, αναγκαστικά μαθαίνουμε να αυτό-προστατευόμαστε. Τα καλά νέα, όμως, είναι ότι το Άγιο Πνεύμα δουλεύει μέσα μας για να μας επαναφέρει στην παιδική εμπιστοσύνη μας.

Ο Σίγκμουντ Φρόιντ τιμάται από όλους ως ο πατέρας της Ψυχολογίας. Ωστόσο, οι συναισθηματικές πληγές από τον πατέρα του και η πικρία που του προκάλεσαν, γέννησαν μέσα του μια μεγάλη έλλειψη εμπιστοσύνης, η οποία τον επηρέασε για το υπόλοιπο της ζωής του (και αδιαμφισβήτητα στιγμάτισε τις θεωρίες του). Η εγγονή του, η Σόφι Φρόιντ, αναφέρει ότι ο παππούς της, ο Σίγκμουντ, συνέδεε τον φόβο που είχε για τη φτώχεια, με την έλλειψη επιτυχίας του πατέρα του. Ο πατέρας του Σίγκμουντ ήταν άνεργος για το μεγαλύτερο μέρος της παιδικής ηλικίας του μικρού. Ο Σίγκμουντ, όμως, διηγείται μια συγκεκριμένη ανάμνησή του, που τον ενοχλούσε ιδιαίτερα, και φανερώνει τα μπερδεμένα του συναισθήματα και τη δυσπιστία του απέναντι στον πατέρα του. Όταν ο Φρόιντ ήταν δέκα ετών, ο πατέρας του, ο Τζέικομπ, του είπε μια ιστορία:

«Ένα Σάββατο, στα νιάτα μου, βγήκα για έναν περίπατο... ήμουν ωραία ντυμένος και φορούσα μια καινούργια γούνινη κιπά (εβραϊκό καπέλο). Ένας Χριστιανός με πλησίασε και με ένα χτύπημα έριξε την κιπά μου στη λάσπη φωνάζοντας υποτιμητικά: «Εβραίε!»

Ο νεαρός Φρόιντ τον διέκοψε. «Και εσύ τι έκανες;»

Ο πατέρας του Σίγκμουντ είπε, «Μάζεψα την κιπά μου και έφυγα».

Η απογοήτευση του νεαρού Φρόιντ ήταν μεγάλη. Ήλπιζε ότι ο πατέρας του έκανε κάτι δραματικό και τολμηρό, ότι πάλεψε για το δίκιο του και υπερασπίστηκε το καλό του όνομα. Ο Φρόιντ ήθελε έναν πατέρα ισχυρό, όχι κάποιον υποτακτικό. Ο Φρόιντ έχασε κάθε σεβασμό προς τον πατέρα του και έβαλε στο ράφι την εβραϊκή του πίστη.[19]

Ο εχθρός μελετά τον άνθρωπο εδώ και χιλιάδες χρόνια. Ξέρει πώς να ερμηνεύει την ιστορία μας με τέτοιο τρόπο, ώστε να μας πείθει να χάνουμε την εμπιστοσύνη μας σε αυτούς που μας αγαπούν.

4. Ο Φόβος της Έλλειψης: Όταν φοβάσαι ότι δεν θα σου δοθεί αυτό που χρειάζεσαι, ότι δεν θα βρεις παρηγοριά, αγάπη και επιβεβαίωση.

Εάν πιστεύουμε ότι οι άνθρωποι θέλουν να μας τσαλαπατήσουν το πόδι, η αντίδρασή μας θα είναι να κρατάμε μια απόσταση από όλους· το οποίο, ουσιαστικά, είναι φόβος: φόβος ότι θα πληγωθούμε, φόβος ότι θα μας απορρίψουν. Σε κάποιες περιπτώσεις μπορεί να γίνει πολύ έντονος, όπως συνέβη με τον Σίγκμουντ Φρόιντ, ο οποίος ζούσε με έναν μόνιμο φόβο έλλειψης λόγω της μακροχρόνιας ανεργίας του πατέρα του. Πού μας οδηγεί αυτός ο φόβος; Τελικά, φοβόμαστε να δεχθούμε οτιδήποτε από οποιονδήποτε — ακόμα κι αν αυτό που μας δίνει είναι αγάπη. Μπορεί κάποιος να θέλει να μας προσφέρει αγάπη, φροντίδα και συμπόνοια, αλλά εμείς δεν είμαστε πλέον σε θέση να τα λάβουμε. Διότι ερμηνεύουμε την κατάσταση μέσα από το δικό μας νοητικό ή συναισθηματικό σενάριο, το οποίο μας λέει ότι οι άνθρωποι δεν νοιάζονται πραγματικά για μας, οπότε τους απορρίπτουμε. Όταν κάποιος μας λέει, «Τα πήγες εξαιρετικά» ή «Είσαι πολύ ωραίος», εμείς απαντάμε με τρόπους που μειώνουν τα λόγια τους. «Α, το πήρα στις εκπτώσεις...».

Έχεις παρατηρήσει ότι συνήθως οι πιο ταλαντούχοι άνθρωποι μπαίνουν στον πειρασμό να πιστέψουν το ψέμα ότι δεν είναι αρκετά καλοί ή ότι δεν τα καταφέρνουν αρκετά καλά; Έχεις γνωρίσει άτομα με καλλιτεχνική κλίση και εκπληκτικό ταλέντο; Έχεις προσέξει πως όλοι οι Βαν Γκογκ, οι Μάικλ Τζάκσον, οι Ρόμπιν Γουίλιαμ, οι Πρινς, οι Γουίτνεϊ Χιούστον του κόσμου μας, παλεύουν περισσότερο απ' όλους με την αμφισβήτηση του εαυτού τους, τις ανασφάλειες και την προσωπική τους ταυτότητα; Στην αρχή, νιώθουν «διαφορετικοί» από όλους τους άλλους, έπειτα νιώθουν ότι ο κόσμος τους επευφημεί, μετά γίνονται καχύποπτοι γιατί δεν είναι σίγουροι αν οι φίλοι τους είναι πραγματικοί φίλοι ή βδέλλες, και στο τέλος, πέφτουν σε βαθιά κατάθλιψη. Πολλοί νιώθουν ότι είναι δικαίωμά τους να κάνουν ό,τι θέλουν, αλλά ταυτόχρονα, χάνουν τον έλεγχο όταν εξαφανιστούν τα πλήθη, και νιώθουν ότι ο κόσμος απλώς τους χρησιμοποιεί για να διασκεδάζει και να περνά καλά. Η ζωή τους είναι σαν ένα συναισθηματικό τρενάκι του τρόμου, που τρεκλίζει ανάμεσα στον φόβο, την αγάπη και το μίσος. Αυτό που τους λείπει είναι το αναλλοίωτο κέντρο τους, το βασικό νόημα για όλα, και μια προσωπική ταυτότητα που να είναι ριζωμένη σε κάτι μεγαλύτερο από τον εαυτό τους.

Από τους ορφανούς ανθρώπους λείπει το αναλλοίωτο κέντρο τους, το βασικό νόημα για όλα, και μια προσωπική ταυτότητα που να είναι ριζωμένη σε κάτι μεγαλύτερο από τον εαυτό τους.

Όλοι οι άνθρωποι χρειαζόμαστε κάποια βασικά πράγματα· και εννοώ κάτι περισσότερο από το φαγητό και τα ρούχα. Όλοι χρειαζόμαστε νόημα και σκοπό. Όλοι χρειαζόμαστε καλές προκλήσεις και καλές σχέσεις. Δημιουργηθήκαμε για να εισπράττουμε αγάπη άνευ όρων, και αυτό είναι κάτι που δεν αγοράζεται, ούτε με όλα τα χρήματα του Χόλιγουντ, της Σίλικον Βάλεϊ και της Γουόλ Στριτ μαζί! Οι πιο καλλιτεχνικές ψυχές ανάμεσά μας το συνειδητοποιούν με τον πιο ωμό και σκληρό τρόπο. Τι κάνουν οι σούπερ-σταρ και οι διάσημοι για να αναπληρώσουν την οικειότητα που χάνουν; Χτίζουν φράχτες γύρω από τα σπίτια τους και προσλαμβάνουν σωματοφύλακες. Δηλαδή κρατούν μια απόσταση από όλους — πράγμα που κάνουμε και όλοι οι υπόλοιποι, με πιο ήπιους και διακριτικούς τρόπους.

Εσύ, αγωνιάς μήπως σου λείψουν αυτά που χρειάζεσαι; Έχουν έρθει στιγμές που ένιωθες πως οι γονείς σου, ο/η σύζυγός σου, ή ακόμα και ο Θεός δεν σε φρόντιζαν; Νιώθεις ποτέ τον ενοχλητικό φόβο ότι μια μέρα μπορεί να μην έχεις αρκετά; Τι πιστεύεις ότι θέλει να σου πει το Άγιο Πνεύμα για την απεριόριστη αγάπη του Πατέρα για σένα και τα ατελείωτα αποθέματα της φροντίδας Του; Όλοι οι πατέρες ξέρουν ότι δεν χρειάζεται να λένε στα παιδιά τους περισσότερα από όσα μπορούν να καταλάβουν· απλά θέλουν τα παιδιά τους να ξέρουν ότι δεν υπάρχει λόγος να ανησυχούν. Κάθε καλός πατέρας χαίρεται όταν τα παιδιά του χαλαρώνουν και αφήνονται στη φροντίδα του. Μήπως πρέπει να μιλήσεις στον Ουράνιο Πατέρα σου για κάτι (εδώ και τώρα), προτού συνεχίσεις να διαβάζεις;

Δρ. Κέρι Γουντ με την Δρ. Τσίκι Γουντ

5. Η Αυτοπροστασία: Όταν το πνεύμα μας κλείνει απέναντι στους άλλους και χτίζουμε ολόγυρά μας φράχτες.

Ζητάς από τον Κύριο να σου μιλήσει καθώς μελετάς αυτά τα χαρακτηριστικά του ορφανού πνεύματος;

Έχεις δει ποτέ ένα παιδί να φεύγει τρέχοντας από το δωμάτιο και να βαράει την πόρτα; Ή κάποιον να γυρνάει την πλάτη του στον άλλον σαν να του λέει, «Θα κάνω ότι δεν είσαι εδώ»; Αυτή είναι η γλώσσα του σώματος του κλειστού πνεύματος. Έχεις συναναστραφεί με άτομα που έχουν κλειστό πνεύμα; Μπορεί να είναι παρόντες σωματικά, αλλά από κάθε άλλη άποψη είναι απόντες. Ξέρεις τι είναι «η τιμωρία της σιωπής»; Τι συμβαίνει όταν κάποιος μιλάει μόνο για τις ειδήσεις, τα αθλητικά νέα και τον καιρό; Νομίζουν ότι είναι εσωστρεφείς, ενώ στην πραγματικότητα είναι απλά πληγωμένοι και το πνεύμα τους είναι κλειστό.

Στην κουλτούρα της Βόρειας Αμερικής (και γενικότερα της Δύσης) επικρατεί η άποψη ότι όλοι οι έφηβοι θα κάνουν την επανάστασή τους (που σημαίνει ότι το πνεύμα τους αυτόματα θα κλείσει). Κι όμως, δεν χρειάζεται να συμβαίνει αυτό. Ο σίγουρος τρόπος για να ανοίξουν ξανά οι κλειστές καρδιές είναι η μετάνοια. Και είναι ευθύνη των γονέων να συνεχίζουν να πλησιάζουν τα παιδιά τους, να τα παιδαγωγούν με αγάπη, να χτυπούν την πόρτα της καρδιάς τους, να τους μαθαίνουν να συμφιλιώνονται και να επαναφέρουν μέσα τους την εμπιστοσύνη και την τρυφερή παιδικότητα. Υπάρχουν άραγε «έξι σίγουρα βήματα» που δουλεύουν με μαθηματική ακρίβεια σε κάθε περίπτωση, σαν αίτιο και αποτέλεσμα; Μάλλον όχι. Αλλά σου ζητώ να μην αποδεχθείς το ψέμα ότι το παιδί σου θα περάσει υποχρεωτικά μια φάση που η καρδιά του θα είναι κλειστή.

> Η αγάπη Του ξέρει πώς να μας οδηγήσει από τη θυμωμένη κραυγή, στη θλιμμένη κραυγή και τελικά... στην κραυγή προς τον Abba.

Οι γονείς που έχουν μικρά παιδιά ξέρουν τη διαφορά μεταξύ της θυμωμένης κραυγής και της θλιμμένης κραυγής ενός παιδιού. Όταν ένα παιδί πρέπει να πειθαρχήσει σε κάτι που δεν θέλει, συνήθως η πρώτη του αντίδραση είναι μια θυμωμένη κραυγή (γιατί δεν θα γίνει το δικό του). Έπειτα, όμως, όταν ο γονιός το διαπαιδαγωγήσει κατάλληλα, έρχεται συντριβή στο πνεύμα του παιδιού και η θυμωμένη κραυγή μετατρέπεται σε θλιμμένη (γιατί κατάλαβε ότι στεναχώρησε τον γονιό του). Με τον ίδιο τρόπο, ο Θεός δεν σταματά να εργάζεται για να κρατά το πνεύμα μας ανοιχτό προς Αυτόν. Η αγάπη Του ξέρει πώς να μας οδηγήσει από τη θυμωμένη κραυγή, στη θλιμμένη κραυγή και τελικά... στην *κραυγή προς τον Abba*.

Γι' αυτό η Αγία Γραφή μιλάει τόσο συχνά για τη διόρθωση και τη συμφιλίωση. Όταν μια καρδιά είναι κλειστή, πρέπει πρώτα να ανοίξει, ώστε να μπορέσει ο Θεός να κάνει την απαραίτητη μεταμόρφωση. Η μετάνοια και η αποδοχή είναι ο μόνος τρόπος για να ανοίξει ξανά ένα κλειστό πνεύμα. Ένας από τους πιο βασικούς στόχους του ορφανού πνεύματος είναι να κρατά το πνεύμα μας κλειστό. Όταν κλείνουμε το πνεύμα μας απέναντι στους άλλους, αρκούμαστε σε επιφανειακές σχέσεις. Εγκαταλείπουμε την οικειότητα και την αντικαθιστούμε με ανειλικρινή αισθήματα. Μπορεί να τηρούμε όλες τις συνήθειες της λατρείας μας —ψάλλουμε τους ύμνους μας, σηκώνουμε τα χέρια μας— ενώ στη πραγματικότητα το πνεύμα μας είναι κλειστό προς τον Θεό.

Προτού διαβάσεις τα επόμενα, μήπως να ρωτήσεις τον Κύριο για την κατάστασή σου; Τι πιστεύεις ότι θα σου έλεγε για το πνεύμα σου; Είναι ανοιχτό ή κλειστό; Ρώτησέ Τον και μετά μείνε ήσυχος για να ακούσεις. Τι σου είπε ο Κύριος; Μπορείς να σκεφτείς με ποιους τρόπους απομονώνεις τον εαυτό σου από τους άλλους; Μήπως θεωρείς ότι προστατεύεις τον εαυτό σου με το να μην τους πλησιάζεις αρκετά; Να ξέρεις ότι είναι κι αυτό ένα βήμα στην κατεύθυνση του ορφανού πνεύματος — δεν είναι ο τρόπος που ζει και θριαμβεύει ένας αληθινός γιος.

Το επόμενο βήμα προς την καθοδική πορεία του ορφανού πνεύματος είναι το ανεξάρτητο πνεύμα, με σύνθημα «Θα τα κάνω όλα μόνος μου».

6. Το Ανεξάρτητο Πνεύμα: Όταν αναπτύσσουμε μέσα μας την τάση να στηριζόμαστε στον εαυτό μας, διότι θεωρούμε ότι δεν έχουμε την πολυτέλεια να εμπιστευτούμε κάποιον άλλο.

Όταν το πνεύμα μας είναι κλειστό στους γύρω μας, εύκολα πιστεύουμε το ψέμα ότι κανείς δεν θέλει το συμφέρον μας. Αυτό κάποιες φορές παρουσιάζεται ως επικρατούσα άποψη ή «κοινή λογική»: πρέπει να προστατευτούμε από τους αδέξιους ανθρώπους που μπορεί να μας πατήσουν, άρα αποφασίζουμε να προσέχουμε τον εαυτό μας. Αυτή η τάση μας για ανεξαρτησία και αυτονομία πηγάζει από την πεποίθηση ότι δεν μπορούμε να εμπιστευόμαστε τους άλλους για βοήθεια, και έχουμε πολλά παραδείγματα για να το αποδείξουμε. «Ο καθένας για την πάρτη του». Ακούγεται καλό, αλλά είναι καταστρεπτικό για την πνευματική και συναισθηματική υγεία ενός ατόμου — και μας παρασύρει ακόμα πιο βαθιά μέσα στο ορφανό πνεύμα.

Ζούμε σε έναν διαλυμένο κόσμο, μας μεγαλώνουν ατελείς γονείς, και έχουμε έναν εχθρό που μας περιτριγυρίζει και ψάχνει τρόπους για να κάνει τις πληγές μας οχυρώματα, να ερμηνεύσει με ψέματα τα γεγονότα της ζωής μας και να κλέψει από κάθε άνθρωπο την πραγματική ταυτότητα που του δίνει ο Θεός. Βάλε και το γεγονός ότι «οι πληγωμένοι άνθρωποι πληγώνουν ανθρώπους», και η καταστροφή έρχεται από μόνη της. Ακούμε συχνά δηλώσεις όπως αυτή: «Ο μπαμπάς μου μού έλεγε ότι είμαι χαζός και ότι ποτέ δεν θα καταφέρω να μείνω σε μια καλή δουλειά, αλλά θα του δείξω εγώ». Ή: «Η μαμά έλεγε ότι είμαι σκάρτος. Αλλά θα της δείξω εγώ». Μπορείς να διακρίνεις την τάση για ανεξαρτησία από όλους και εμπιστοσύνη μόνο στον εαυτό μας;

Ένα Αγόρι που το έλεγαν Λι

Το 1939 γεννήθηκε ένα αγοράκι, δύο μήνες αφότου πέθανε ο μπαμπάς του. Μεγάλωσε χωρίς την πατρική φωνή και παρουσία, την πρώιμη παιδική ηλικία την πέρασε σε ορφανοτροφείο, και έπειτα επανενώθηκε με τη μητέρα του. Ο μικρός και τα αδέλφια του άκουγαν συνέχεια τη μητέρα τους, η οποία είχε πλέον ξαναπαντρευτεί, να τους λέει, «Μου είστε μεγάλο βάρος. Εάν δεν υπήρχατε, κάτι θα κατάφερνα στη ζωή μου. Εάν δεν είχα να σας σέρνω όπου πάω και να σας ταΐζω, θα μπορούσα να πετύχω κάτι».[20]

Το μικρό αγόρι μεγάλωσε, ουσιαστικά, με μια ορφανή καρδιά και ένα ψέμα σχετικά με την ταυτότητά του, ότι είναι άχρηστος. Αποφάσισε από νωρίς να αποδείξει στη μητέρα του ότι είναι ξεχωριστός και ότι δεν είναι βάρος. (Κάθε παιδί ξεκινάει τη ζωή του με το έμφυτο όνειρο ότι θα γίνει κάποιος ξεχωριστός· κανείς δεν ονειρεύεται να γίνει μέτριος.) Κι όμως, αυτό το παιδί μεγάλωσε σε μια κουλτούρα και μια νοοτροπία, όπου κανείς δεν ήταν ξεχωριστός· και όλοι γύρω του ενίσχυαν το ψέμα ότι δεν διέφερε από κανέναν. Αποφάσισε να καταταγεί στους πεζοναύτες και να εκπαιδευτεί ως σκοπευτής. Πίστεψε το ψέμα ότι, «Αφού δεν είμαι εγώ ξεχωριστός, τότε κανείς δεν είναι».

Ένα δροσερό πρωινό του Νοεμβρίου του 1963, σκαρφάλωσε στις σκάλες του Αποθετηρίου Σχολικών Βιβλίων στο Ντάλας, Τέξας και δολοφόνησε τον Πρόεδρο των Ηνωμένων Πολιτειών. Γιατί; Επειδή ήθελε να γίνει κάποιος. Ήθελε να αποδείξει σε όλους ότι ήταν κάτι ξεχωριστό και ότι όλοι θα θυμούνται το όνομά του για πάντα: Λι Χάρβεϊ Όσβαλντ. Αυτή η ιστορία επαναλαμβάνεται ξανά και ξανά στην ανθρωπότητα. Το μόνο που αλλάζει είναι τα ονόματα και τα σενάρια.

Το ορφανό πνεύμα θέλει να σβήσει οποιονδήποτε έχει τα χαρακτηριστικά της καρδιάς ενός γιου — όποιον είναι ξεχωριστός. *Η τάση μας να στηριζόμαστε μόνο στον εαυτό μας είναι ουσιαστικά μια προσποίηση, μια συγκάλυψη της ραγισμένης καρδιάς μας.* Ο άνθρωπος που θέλει όλα να τα καταφέρνει μόνος του, συνήθως υστερεί στην ποιότητα της δουλειάς που παράγει. Ο Ιησούς δεν ήρθε για να κατακρίνει όσους στηρίζονται στον εαυτό τους, αλλά για να αγγίξει τις πληγές που κρύβουν μέσα τους. «Συντριμμένο καλάμι δεν θα το σπάσει» (Κατά Ματθαίο 12:20). Το ανεξάρτητο πνεύμα αναπόφευκτα έχει την τάση να γίνεται χειριστικό.

Ο Ιησούς δεν ήρθε για να κατακρίνει όσους στηρίζονται στον εαυτό τους, αλλά για να αγγίξει τις πληγές που κρύβουν μέσα τους.

7. Η Χειραγώγηση στις Σχέσεις: Όταν ασκούμε έλεγχο και χειραγώγηση στις σχέσεις μας με σκοπό την αυτοπροστασία μας ή/και το προσωπικό μας όφελος.

Η εμπιστοσύνη μόνο στον εαυτό μας (που συνήθως κρύβει πληγές), προϋποθέτει προσεκτικό χειρισμό των σχέσεων μας. Αρχίζουμε να κρατάμε ο ένας τον άλλον σε απόσταση και επιλέγουμε πολύ προσεκτικά με ποιον θα συναναστραφούμε. Υποσυνείδητα, ο στόχος μας είναι να βεβαιωθούμε ότι θα μπορούμε να ελέγχουμε αυτή τη σχέση, ακόμα κι αν πρόκειται για μια σχέση που μας οδηγεί στην κακοποίηση που πιστεύουμε ότι αξίζουμε. Με άλλα λόγια, δεν αφήνουμε κανέναν να μας πλησιάσει συναισθηματικά, παρά μόνο εάν συμφωνήσει με τους όρους μας, παρότι οι όροι μας μπορεί να είναι μη υγιείς ή παράλογοι.

Έχεις προσέξει ότι όταν μια κουλτούρα είναι μη υγιής, αρχίζει να παρουσιάζει τα μολυσμένα σημεία της ως «φυσιολογικά»

Η αυτοπροστασία θεωρείται «η πιο ενδεδειγμένη πρακτική» στον ορφανό κόσμο μας.

χρησιμοποιώντας διαφορετικό λεξιλόγιο; Μας αρέσει να επαναπροσδιορίζουμε τις πληγές μας ως «επικρατούσες απόψεις» ή κοινή λογική. Οι τρόποι αυτοπροστασίας που χρησιμοποιεί ένας ορφανός, φαντάζουν πολύ σοφοί στα μάτια των άλλων ορφανών. *Η αυτοπροστασία θεωρείται «η πιο ενδεδειγμένη πρακτική» στον ορφανό κόσμο μας.* Λέμε, «Πρόσεξε την πάρτη σου» και «Πρόσεξε με ποιους συναναστρέφεσαι». Είναι αποδεκτά κλισέ. «Εάν θέλεις να γίνει σωστά, κάν' το μόνος σου». «Η κορυφή έχει μοναξιά (οπότε καλά θα κάνεις να μάθεις να είσαι μόνος)». Αλλά ο Ιησούς παραβίασε όλους αυτούς τους κανόνες. Συναναστράφηκε με τους ανθρώπους που μάθαμε να μην πλησιάζουμε· ήταν τόσο ολοκληρωμένος ως άνθρωπος, με τέτοια πεποίθηση για το Ποιος είναι, που οι πληγές των άλλων δεν αποτελούσαν απειλή γι' Αυτόν. Δεν φοβόταν ότι η συντριβή των ανθρώπων γύρω Του θα Τον επηρέαζε ή θα Τον μόλυνε. Ήταν πολύ πιο ισχυρό αυτό που είχε μέσα Του και αυτό που ήξερε ότι είναι· πράγμα που έκανε τους θρησκευόμενους να τρελαίνονται.

Μόνο όταν νιώθουμε αδύναμοι, έχουμε την ανάγκη να είμαστε ελεγκτικοί και χειριστικοί στις σχέσεις μας. Αλλά, δεν υπάρχουν περιθώρια για «χαλάρωση» στο ορφανό πνεύμα. Διότι, τι γίνεται στην περίπτωση που δεν μπορώ να χειριστώ τους άλλους; Και αν φοβάμαι ότι μπορεί να πληγωθώ ξανά, ποιο είναι το επόμενο λογικό βήμα; Αυτό θα το συζητήσουμε στο επόμενο κεφάλαιο, αλλά ίσως είναι η ώρα να ρωτήσουμε το Άγιο Πνεύμα: Μήπως συναναστρεφόμαστε μόνο με ανθρώπους που μπορούμε να χειριστούμε; Μήπως έχουμε μέσα μας ένα ανεξάρτητο πνεύμα;

Τι Είπαμε Μέχρι Τώρα;

Όταν ένας άνθρωπος έχει ορφανό πνεύμα, δεν έχει την εμπιστοσύνη ή την πίστη που χρειάζεται για να αφήσει κάποιον άλλο να καλύψει τις ανάγκες του. Αδυνατούμε να αφήσουμε τη ζωή μας στα χέρια κάποιου που μας αγαπάει ή νοιάζεται για εμάς, επειδή δεν μπορούμε να τον/την εμπιστευτούμε. Νιώθουμε ότι πρέπει να τα καταφέρουμε όλα μόνοι μας.

Το άλλο άκρο του ίδιου πνεύματος, είναι να μας κάνει να νιώθουμε ότι όλοι μας χρωστάνε. Το ορφανό πνεύμα επιδιώκει να ελέγχει, να χειραγωγεί και να αρπάζει από όποιον ζει ως αληθινός γιος. Δηλαδή, όποιος ξέρει τι του ανήκει και τι εξουσία έχει, γίνεται στόχος του ορφανού πνεύματος. Το ορφανό πνεύμα προσπαθεί να αρπάξει αυτά ανήκουν στους γιους.

Το ορφανό πνεύμα ζει μέσα στο άγχος, τις ενοχές και την αίσθηση ότι δεν έχει σπίτι· την αίσθηση ότι δεν ταιριάζει πουθενά, ότι δεν έχει καμία θέση· την αίσθηση ότι όλα πρέπει να τα κερδίσει με την αξία του, ότι πρέπει να αναρριχηθεί στη θέση που θέλει, ότι πρέπει να κοπιάσει για να πετύχει.

Οι αποτυχημένες προσδοκίες μας γεννιούνται από την πολύ μικρή ηλικία μας και μπορούν να δημιουργήσουν μέσα μας μια αίσθηση προσωπικής απόρριψης. Έτσι, χάνουμε την εμπιστοσύνη μας στους άλλους, αναπτύσσουμε τον φόβο της έλλειψης, και έπειτα αποφασίζουμε να προστατεύσουμε τον εαυτό μας. Η αυτοπροστασία καλλιεργεί ένα ανεξάρτητο πνεύμα μέσα μας που μας μαθαίνει να χειραγωγούμε τις σχέσεις μας. Μήπως κάτι απ' όλα αυτά σου θυμίζει τον εαυτό σου;

ΠΡΟΣΕΥΧΗ

Κύριε, τι θέλεις να μου πεις για όλα αυτά; Σε ακούω. Αμήν.

Δρ. Κέρι Γουντ με την Δρ. Τσίκι Γουντ
ΓΙΑ ΟΜΑΔΙΚΗ ΣΥΖΗΤΗΣΗ

1) Η στρατηγική του Σατανά είναι να ερμηνεύει με τον δικό του τρόπο τα γεγονότα της ζωής σου για να γεννά μέσα σου ανεκπλήρωτες προσδοκίες, προσωπική απόρριψη και έλλειψη εμπιστοσύνης προς τους άλλους. Τι καταλαβαίνεις απ' όλα αυτά για τον ρόλο του Αγίου Πνεύματος (Δες Κατά Ιωάννη 14:16-17);

2) Διαβάζοντας την ιστορία του Σίγκμουντ Φρόιντ, πώς αντιλαμβάνεσαι το γεγονός ότι μια ανεκπλήρωτη προσδοκία μπορεί να ανοίξει την πόρτα για να δημιουργηθεί ένα οχύρωμα;

3) Διαβάζοντας την ιστορία του Λι Χάρβεϊ Όσβαλντ, τι καταλαβαίνεις για το σχέδιο του Σατανά να μας απομονώνει από τους γύρω μας, φέρνοντας μέσα μας ένα ανεξάρτητο πνεύμα που στηρίζεται μόνο στον εαυτό του;

ΕΞΙ

Η Πορεία προς το Ορφανό Πνεύμα Συνεχίζεται

Τα πιο σκληρά ψέματα συνήθως λέγονται στη σιωπή.
—Ρόμπερτ Λούις Στίβενσον

Κατανοώ ότι όλα αυτά ίσως ακούγονται πολύ βαριά, αλλά είναι σημαντικό να καταδείξουμε την αντίθεση που υπάρχει ανάμεσα στους δύο τρόπους σκέψης, στα δύο πνεύματα (νοοτροπίες) που πολεμούν για το ποιος θα επηρεάσει την ψυχή της ανθρωπότητας. Όταν δεις την πραγματική ασχήμια της ορφανής καρδιάς, θα δεχθείς με ανοιχτή αγκαλιά το έργο του Αγίου Πνεύματος και θα Τον αφήσεις να μορφώσει μέσα σου κάτι νέο, που θα διώξει τα δεσμά του φόβου.

Σ' αυτό το σημείο, ίσως θα ήταν χρήσιμο να σου υπενθυμίσω κάτι: αυτό το θέμα και τα ολοένα και χειρότερα επίπεδα συντριβής και απομόνωσης για τα οποία συζητάμε, είναι τελείως αντίθετα με τον χαρακτήρα του Χριστού και τη Βασιλεία Του, και σ' αυτό δεν χωράνε οι προσωπικές μας γνώμες και προτιμήσεις. Ο λόγος είναι ο εξής:

Για τον Θεό μας, που είναι Τρεις σε Έναν και είναι Θεός Σχέσεων, *Αμαρτία* Σημαίνει Διακοπή στη Σχέση μας Μαζί Του

Ο Θεός είναι τριαδικός, δηλαδή από τη φύση Του είναι «Τρεις σε Έναν». Τρία πρόσωπα με μια υπόσταση. Η Αγία Τριάδα δεν είναι απλά ο θεμελιώδης ορισμός της φύσης του Θεού. Είναι, ταυτόχρονα, ο θεμελιώδης ορισμός όλου του σύμπαντος, το οποίο είναι φτιαγμένο να λειτουργεί μέσα από υγιείς σχέσεις. Αυτό σημαίνει ότι εσύ και εγώ, εφόσον δημιουργηθήκαμε σύμφωνα με την εικόνα του Θεού, είμαστε και εμείς «τρία σε ένα» (πνεύμα, ψυχή και σώμα — Α' Θεσσαλονικείς 5:23)· και είμαστε πραγματικά υγιείς μόνο όταν έχουμε υγιείς σχέσεις. Άρα, ο σωστός ορισμός της αμαρτίας, δεν είναι η κακή συμπεριφορά μας, αλλά η διάλυση των σχέσεών μας. Οι ίδιες οι Δέκα Εντολές μιλούν για την υγεία στις σχέσεις μας. Οι τέσσερις πρώτες εντολές αφορούν στη σχέση μας με τον Θεό, και οι υπόλοιπες έξι μιλούν για τις σωστές σχέσεις μεταξύ μας. Όταν οι σχέσεις μας είναι υγιείς, δεν ενεργούμε με τρόπους που πληγώνουν και απομονώνουν. (Για περισσότερες λεπτομέρειες σχετικά με την υγεία στις σχέσεις μας, προτείνω το βιβλίο «*Το Θεμέλιο του Abba*» από τη Δρ. Τσίκι Γουντ, Burkhart Books, 2018.)

Τώρα που ξαναθυμηθήκαμε την επιθυμία του Θεού για υγιείς σχέσεις, ας συνεχίσουμε με τα πέντε τελευταία βήματα της πορείας προς το ορφανό πνεύμα. Ας μην ξεχνάμε, επίσης, ότι ο απώτερος σκοπός του Σατανά είναι «να μας χωρίσει από την αγάπη του Πατέρα» (Ρωμαίους 8:38-39).

Τα Δώδεκα Βήματα Συνεχίζονται

8. Σχέσεις Επιφανειακές και Υπό Όρους, σαν Αληθινές: Όταν συμβιβαζόμαστε με επιφανειακές σχέσεις.

Η προθυμία μας να αρκούμαστε με ρηχές σχέσεις, οφείλεται στον φόβο μας να ανοιχτούμε σε άλλους για να τους γνωρίσουμε ή να μας γνωρίσουν. Ένα από τα ψέματα που πιστεύουν οι ορφανοί (υποσυνείδητα, βέβαια) είναι ότι αποκλείονται από το σπίτι του πατέρα επειδή έκαναν κάποιο λάθος. Συμπεραίνουν ότι κάτι δεν πάει καλά με τον εαυτό τους, και άρα αν κάποιος τους γνωρίσει πραγματικά, δεν θα τους αποδεχτεί. Βρίσκουν ως μόνη λύση την αυτοπροστασία, δηλαδή να μην αφήνουν κανέναν να τους πλησιάσει πραγματικά. Χρησιμοποιούν διάφορα πράγματα: την επικαιρότητα, τον αθλητισμό, τον καιρό, το περιστασιακό σεξ, τον ανήθικο τρόπο ζωής για να τραβούν την προσοχή των άλλων με τους δικούς τους όρους. Είναι μια ψευδαίσθηση δύναμης.

Στο σπίτι του Πατέρα, όμως, μπορεί να γίνεις και πάλι παιδί. Μπορείς να παίζεις και να χορεύεις. Στο σπίτι του Πατέρα, ακόμα κι αν δεν ξέρεις να χορεύεις, μπορείς να κάνεις ότι ξέρεις να χορεύεις. Μπορείς να επινοήσεις τον δικό σου χορό. Στο σπίτι του Πατέρα χορεύεις φορώντας τις πιτζάμες σου. Στο σπίτι του Πατέρα αράζεις και τρως το παγωτό σου, χωρίς να χρειάζεται να είσαι αποδοτικός για να είσαι αποδεκτός. Στο σπίτι του Πατέρα ξέρουμε ότι ο ουράνιος Πατέρας μας μάς ξέρει απ' την καλή και απ' την ανάποδη, και εξακολουθεί να μας αγαπάει. Ο Μπιλ Γκέδερ έλεγε, «Ο Μόνος που με ξέρει καλύτερα απ' όλους, με αγαπάει περισσότερο απ' όλους».[21] Στο σπίτι του Πατέρα, οι γιοι και οι κόρες Του αποδέχονται ο ένας τον άλλον, επειδή όλοι ζουν επί ίσοις όροις. Δεν υπάρχουν ανάμεσά τους ορφανά παιδιά, ανίψια, ξαδέλφια ή εγγόνια. Όλοι είναι αδελφοί και αδελφές, άρα γιοι και κόρες.

Αν σου δημιουργήθηκε η εντύπωση ότι προωθώ έναν απείθαρχο τρόπο ζωής, σε διαβεβαιώνω ότι δεν ισχύει κάτι τέτοιο.

Η παραγωγικότητά μας δεν προκύπτει από την ανάγκη να αποδείξουμε ότι είμαστε κάποιοι, αλλά από τη γεμάτη ζωή μας *επειδή* είμαστε κάποιοι.

Ίσα ίσα, ως συνεργάτες στο έργο του Πατέρα μας, η ζωή μας είναι ιδιαίτερα παραγωγική. Αυτή η παραγωγικότητα, όμως, δεν προκύπτει από την ανάγκη να αποδείξουμε ότι είμαστε κάποιοι, αλλά από τη γεμάτη ζωή μας *επειδή* είμαστε κάποιοι.

Εμάς, που κάποτε ήμασταν ένα τίποτα, ο Θεός μας έκανε δικούς Του.
Ρωμαίους 9:25 (The Message)

Κάποτε, η Εκκλησία πρέπει να είχε πολύ βαθιά αποκάλυψη της αλήθειας ότι είμαστε γιοι και κόρες στο σπίτι του Πατέρα. Ξέρουμε από την Ιστορία ότι οι πιστοί αποκαλούσαν ο ένας τον άλλον «αδελφό» και «αδελφή» (π.χ. Πράξεις 28:15, Ρωμαίους 1:13, 7:1 και δεκάδες αναφορές μέσα σ' όλη την Καινή Διαθήκη). Πράγμα που δεν συνηθίζουμε να κάνουμε πλέον. Σήμερα φτάνει στα αυτιά μας σαν θρησκευτική ορολογία, αλλά η αλήθεια είναι ότι η Εκκλησία χρειάζεται για άλλη μια φορά αυτήν την αποκάλυψη της καρδιάς του αληθινού γιου, για να βλέπουμε ο ένας τον άλλον ως γιους και κόρες, είτε επιλέξουμε να χρησιμοποιούμε αυτόν τον όρο είτε όχι. Δηλαδή, να μπορούμε να είμαστε ο εαυτός μας. Να μπορούμε να είμαστε ανοιχτοί μεταξύ μας και να τολμούμε να εμπιστευόμαστε ο ένας τον άλλον. Να καταλαβαίνουμε ότι ο Θεός μας έβαλε τον έναν στη ζωή του άλλου, επειδή χρειαζόμαστε ο ένας τον άλλον, και όλοι έχουμε κάτι που μπορούμε να μοιραστούμε.

Οι επιφανειακές σχέσεις είναι το αντίθετο του Θεού, ο Οποίος είναι μια Τριαδική ύπαρξη που υπάρχει ως μια σχέση αγάπης. Οι επιφανειακές σχέσεις είναι το αντίθετο από αυτό που θέλει ο Θεός για τα παιδιά Του. Είναι, όμως, ο τρόπος που λειτουργεί το ορφανό πνεύμα. Και το κακό είναι ότι αποκτά ρίζες και θεωρείται φυσιολογικό.

Μήπως δυσκολεύεσαι να αφήνεις άλλους ανθρώπους να σε πλησιάζουν και να σε γνωρίζουν; Μήπως χαρακτηρίζεις τον εαυτό σου «εσωστρεφή» ή «μοναχικό» για να αποφύγεις τις σχέσεις; Μήπως το Άγιο Πνεύμα θέλει να σου μιλήσει γι' αυτό το θέμα; *Άγιο Πνεύμα, μήπως υπάρχει κάτι μέσα μου που θέλεις να το θεραπεύσεις, ώστε να μπορώ να απολαμβάνω την παρουσία και παρέα των άλλων, και οι άλλοι τη δική μου;* Κάνε μια παύση και απλά άκου.

9. Η Σκέψη γίνεται Οχύρωμα: Μόλις πιστέψεις ένα ψέμα, προάγεται από απλή σκέψη σε οχύρωμα (Ιάκωβος 1:14-15).

Για παράδειγμα, έρχεται ένα οχύρωμα σκέψης και σε πείθει ότι πρέπει να τα βγάλεις πέρα μόνος σου. Αυτή η σκέψη-οχύρωμα, που σου λέει «Είσαι μόνος σου», σε οδηγεί σε μία από τις δυο κατευθύνσεις: είτε θα σφίξεις τα δόντια και θα φτιάξεις ένα όνομα στην κοινωνία (σαν νικητής), είτε θα ζεις σε σχέσεις συνεξάρτησης, υπό το πρόσχημα ότι όλοι σε αδικούν (σαν θύμα).

Άπειροι δισεκατομμυριούχοι και εκατομμυριούχοι δημιουργήθηκαν εξαιτίας του ορφανού πνεύματος, με στόχο της ζωής τους να αποδείξουν ότι ο απών μπαμπάς τους, ο δάσκαλος που τους παρενοχλούσε ή ο μεγαλύτερος αδελφός που τους εκφόβιζε από παιδιά, έκαναν λάθος. Το ίδιο πνεύμα έχει δημιουργήσει ακόμα περισσότερους άστεγους, παραιτημένους απ' τη ζωή και εξαρτώμενους από επιδόματα. Καλέ μου φίλε, δεν είμαι σκληρός με τους ανθρώπους, απλώς εξηγώ την πραγματικότητα. Το ορφανό πνεύμα σέρνει τις ζωές πάρα πολλών ανθρώπων, διότι δεν ξέρουν ποιοι πραγματικά είναι. Όταν μας λείπει η αποκάλυψη της καρδιάς του γιου, που προέρχεται μόνο από τη φωνή του Πατέρα, όλοι έτσι είμαστε: σαν αγέλη βοδιών μες στην ερημιά χωρίς νερό, που ψάχνουμε απεγνωσμένα να βρούμε μια αίσθηση σημαντικότητας, αλλά τραβιόμαστε εδώ κι εκεί από τον πόνο της πείνας στο σώμα και την ψυχή μας.

Άπαξ και εγκατασταθεί μέσα μας το οχύρωμα αυτής της σκέψης, ότι «Είμαι μόνος μου», και αρχίσουμε να ζούμε λες και είμαστε πνευματικά ορφανοί, ακόμα κι αν υπάρχει βοήθεια γύρω μας, εμείς δεν τη βλέπουμε. Η ίδια η οπτική μας μάς τυφλώνει, και δεν μπορούμε να δούμε τη χάρη που είναι εκεί για μας. Μπορεί κάποιος να προσπαθεί να μας φροντίσει, αλλά δεν τον εμπιστευόμαστε, επειδή ο ορφανός θεωρεί ότι πρέπει να αρπάζει, να παλεύει και να γραπώνει ό,τι μπορεί, προκειμένου να αποκτήσει κάτι σαν κληρονομιά. Κάποιες φορές, μάλιστα, αυτή η πάλη μεταμφιέζεται ως κάτι απόλυτα ευγενές:

μια καλή πανεπιστημιακή κατάρτιση, τιμητικοί τίτλοι, αναγνωρισιμότητα και πολλά χρήματα.

Η ζωή των γιων είναι πιο εύκολη, σε σύγκριση με των ορφανών, επειδή οι γιοι είναι γιοι, και αργά ή γρήγορα θα πάρουν την κληρονομιά τους. Αντίθετα, οι ορφανοί,

Προσεύχομαι μια μέρα η Εκκλησία να κουραστεί με το στυλ της διακονίας που δεν χτίζει σχέσεις.

εφόσον δεν έχουν πατέρα, δεν έχουν ούτε κληρονομιά, γι' αυτό αγωνίζονται, αυτοπροβάλλονται και χειραγωγούν. Έχεις προσέξει, όμως, ότι υπάρχει πολύς αγώνας, πολλή χειραγώγηση και πολλή αυτοπροβολή ακόμα και μέσα στην Εκκλησία; Έχεις παρατηρήσει τις αναρτήσεις μας στα μέσα κοινωνικής δικτύωσης που περιγράφουν πόσο απασχολημένοι είμαστε στο έργο του Θεού; Έχεις δεις στο Twitter πόσοι ηγέτες καυχώνται για τα μίλια πτήσεων που έχουν αποκτήσει από τα ταξίδια τους για το κήρυγμα του Ευαγγελίου;

Προσεύχομαι μια μέρα η Εκκλησία να κουραστεί με το στυλ της διακονίας που δεν χτίζει σχέσεις. Προσεύχομαι να έρθει η μέρα που κανένας εργάτης του Θεού δεν θα μπορεί να ταξιδεύει από μέρος σε μέρος και να ενεργεί με τα χαρίσματά του, χωρίς να χτίζει μια σχέση με τους ανθρώπους. Ας λάβουμε σοβαρά υπόψιν μας την προτροπή του Παύλου «να γνωρίζετε αυτούς που κοπιάζουν ανάμεσά σας» (Α' Θεσσαλονικείς 5:12).

Το ψέμα που πιστεύουν οι ορφανοί ότι ο καθένας «παλεύει μόνος του», δεν σημαίνει απαραίτητα ότι δεν συνάπτουν σχέσεις με κανέναν. Ίσα ίσα, ένας ορφανός μπορεί να έχει πολλές σχέσεις. Η διαφορά είναι ότι οι σχέσεις του τείνουν να είναι ωφελιμιστικές — καλύπτουν μια ανάγκη, επιτελούν ένα έργο, αποσκοπούν σε κάτι, ακόμη κι αν ο μόνος στόχος είναι η δικτύωση. Οι σχέσεις του είναι πολύτιμες γι' αυτόν μέχρι να καλυφθεί η ανάγκη ή να επιτευχθεί ο στόχος. Για τους πνευματικά ορφανούς, οι έννοιες της οικειότητας, της ειλικρίνειας, της ευαλωτότητας, να γνωρίζεις και να σε γνωρίζουν πραγματικά, είναι εντελώς άγνωστες. Μόλις κάποιος παγιδευτεί σ' αυτό το οχύρωμα σκέψης, το μόνο φυσιολογικό γι' αυτόν είναι να γεμίζει τα κενά με οτιδήποτε τον κάνει να νιώθει καλά, οτιδήποτε φαίνεται καλό ή έστω, καλύπτει τον πόνο του.

10. Η Αποδοχή των Απομιμήσεων: Όταν κυνηγάμε πλαστές αγάπες.

Η αλήθεια είναι αυτή: ο Σατανάς έχει σφετεριστεί προσωρινά την εξουσία του Αδάμ, γι' αυτό και ονομάζεται *θεός αυτού του κόσμου* (Β' Κορινθίους 4:4) και *άρχοντας της εξουσίας του αέρα* (Εφεσίους 2:2). Έχει περιορισμένη δύναμη και εξουσία. Εφόσον δεν είναι Θεός, δεν μπορεί να δημιουργήσει τίποτα, δεν είναι παντογνώστης, πανταχού παρών ή παντοδύναμος, άρα, ουσιαστικά, το μόνο εργαλείο που έχει είναι η εξαπάτηση. Εάν καταφέρει να μας κάνει να πιστέψουμε ότι έχει δύναμη, θα είναι σαν να έχει. Και επειδή έχει την ικανότητα να ελέγχει σε κάποιο βαθμό την ατμόσφαιρα της γης, παίζει με τις πέντε αισθήσεις των ανθρώπων προσπαθώντας να επιβεβαιώσει τα ψέματά του.

Στο επόμενο κεφάλαιο, με τίτλο «Ψευδοπληρότητα», θα δούμε πιο αναλυτικά πώς ο Σατανάς παίζει με τις πέντε αισθήσεις του ανθρώπου και στήνει ένα πολύ εντυπωσιακό ψεύτικο παιχνίδι. Άλλωστε, είχε στη διάθεσή του αρκετές χιλιάδες χρόνια, όπου μας παρατηρούσε και έμαθε να «διαβάζει» τα μυστικά, τις αδυναμίες και τους φόβους των ανθρώπων. Είναι σαν ωρυόμενο λιοντάρι (δηλαδή χρησιμοποιεί τον εκφοβισμό) και παγιδεύει την ψυχή του ανθρώπου μέσα από τα πάθη, τα υλικά αγαθά, τα αξιώματα και τη δύναμη· στον οποίο καλούμαστε (και έχουμε τη δύναμη) να αντιστεκόμαστε σθεναρά (Α' Πέτρου 5:8-9). Οι απομιμήσεις που φτιάχνει θα είναι δελεαστικές, μόνο εάν μας λείπει η αποκάλυψη της πλήρους κληρονομιάς και θέσης μας ως γιοι και κόρες του Θεού.

Είναι καιρός να συνειδητοποιήσουμε ότι είμαστε γιοι, ότι έχουμε τη δύναμη του Πνεύματος, ότι αυτή είναι μια νέα μέρα και μπορούμε να ορμήξουμε στην αγκαλιά του Πατέρα και να νιώσουμε την καρδιά Του, μπορούμε να βρούμε ποια είναι η αποστολή Του, να κάνουμε ό,τι μας πει, και να νιώσουμε τη χαρά ότι ακούμε τη φωνή Του.

11. Επαναπροσδιορισμός των Όρων: Η τακτική του Σατανά για να κάνει το σωστό να φαίνεται λάθος και το λάθος σωστό, είναι να δίνει ψευδείς ορισμούς.

Μέχρι τώρα, μετά από όλα τα προηγούμενα βήματα της πορείας προς το ορφανό πνεύμα, ο άνθρωπος έχει αποδεχθεί ψευδείς ορισμούς για όλα σχεδόν τα σημαντικά στη ζωή του: ψευδείς ορισμούς για τον Θεό, για τον εαυτό του, για την αγάπη, για το πώς είναι μια ζωή με νόημα. Ας δούμε κάποιους τέτοιους ψευδείς ορισμούς που διαιωνίζει η βιομηχανία του μάρκετινγκ, οι οποίοι στηρίζονται κυρίως στο δέλεαρ των παθών, των αξιωμάτων, των υλικών αγαθών ή της δύναμης, προκειμένου να πουλήσουν ένα προϊόν. Δες αν σου θυμίζουν κάτι:

«Μια ζωή την έχουμε, οπότε κάνε το κέφι σου.»

Δηλαδή, η ζωή μας ξαφνικά αποκτά έναν νέο ορισμό και εξαρτάται από το πόσο ξεφαντώνουμε τα σαββατοκύριακα.

«Σου αξίζει ένα διάλειμμα σήμερα, παράτα τα όλα και φύγε.»

Κάθε ορφανός είναι πεπεισμένος ότι δεν παίρνει αυτά που «αξίζει» και ότι όλοι οι άλλοι δεν αξίζουν τη ζωή που ζούνε. Έτσι σκέφτεται ο άσωτος γιος, αυτός που παίρνει την κληρονομιά του πρόωρα. Αυτή είναι η κατάρα του σοσιαλισμού και του κομμουνισμού: κανείς δεν αξίζει κάτι παραπάνω απ' τον άλλον ανάλογα με την πιστότητα, την επιμέλεια ή την πρωτοβουλία που επιδεικνύει, οπότε σε όλους αξίζει το ίδιο. Αυτήν την ψευδαίσθηση ήρθαν να ενισχύσουν οι πιστωτικές κάρτες. Τώρα που είπα για τις πιστωτικές κάρτες... «Κάποια πράγματα στη ζωή είναι ανεκτίμητα. Για όλα τα άλλα υπάρχει η Mastercard». Είναι προφανές ότι αυτή είναι η τακτική των ορφανών ανθρώπων: το αγοράζω τώρα και το πληρώνω αργότερα.

Ο κύριος στόχος μιας διαφήμισης είναι να πείσει το άτομο ότι χρειάζεται κάτι που στην πραγματικότητα δεν χρειάζεται και ότι, αν το αποκτήσει, θα αναβαθμίσει την ταυτότητά του ή θα μπορεί να την ορίσει διαφορετικά. Όταν οι άνθρωποι ανταλλάζουν την απόλυτη αλήθεια με «το πώς αντιλαμβάνεται ο καθένας προσωπικά την πραγματικότητα», είναι σχετικά εύκολο να επαναπροσδιορίσει κανείς την κοσμοθεωρία όλης της ανθρωπότητας.

Πρόκειται για την ευρέως γνωστή μέθοδο όλων των επαναστάσεων: αν θέλεις να νικήσεις μια ομάδα ανθρώπων, είτε θα τους υποτάξεις δια της ωμής βίας, είτε θα τους φέρεις σιγά σιγά με τα νερά σου επαναπροσδιορίζοντας τους όρους που χρησιμοποιούν. Στη διάρκεια της

Αν θέλεις να νικήσεις μια ομάδα ανθρώπων, είτε θα τους υποτάξεις δια της ωμής βίας, είτε θα τους φέρεις σιγά σιγά με τα νερά σου επαναπροσδιορίζοντας τους όρους που χρησιμοποιούν.

Δρ. Κέρι Γουντ με την Δρ. Τσίκι Γουντ

δικής μου ζωής μόνο, είδα πολλούς όρους να επαναπροσδιορίζονται σταδιακά. Το αγέννητο μωρό θεωρείται πλέον «κύημα ή έμβρυο». Οι εθισμοί είναι απλώς «ασθένειες». Η ομοφυλοφιλία έχει αλλάξει πολλές μορφές: από οχύρωμα της αμαρτίας έγινε γενετική ανωμαλία, έπειτα τρόπος ζωής, και πλέον είναι μια από τις επιλογές αυτό-προσδιορισμού ενός ανθρώπου. Η πορνογραφία βαφτίστηκε «τολμηρό περιεχόμενο» ή «κατάλληλο για ενήλικες». Οι λέξεις που κάποτε ήταν πρόστυχες και χυδαίες, τώρα θεωρούνται απλά «μέρη του λόγου». Η μοιχεία δεν είναι κάτι άλλο, πέρα από περιστασιακό ή συναινετικό σεξ. Η κλοπή και η απάτη είναι πλέον αναμενόμενη, γιατί «έτσι λειτουργεί το σύστημα».

Είναι πολύ εύκολο να παρουσιάσουμε τους αντιπάλους μας σαν να μην είναι άνθρωποι. Είναι πολύ εύκολο να δικαιολογήσουμε την ανηθικότητά μας και είναι πολύ εύκολο να καυτηριάσουμε τη συνείδησή μας· αρκεί απλώς να επαναπροσδιορίσουμε τους όρους. Έτσι «ανταλλάσσουμε την αλήθεια του Θεού με ένα ψέμα» (Ρωμαίους 1:25). Έτσι προχωράμε σιγά σιγά προς το ορφανό πνεύμα και λέμε «κάνω το κέφι μου». Όταν δίνουμε στην αμαρτία μας χαριτωμένα παρατσούκλια, ενισχύουμε το οχύρωμά της.[22]

12. Μια Καταπιεσμένη Ζωή: Αυτό είναι το μεγάλο κόστος μιας μικρής ζωής, την οποία κακώς ονομάζουμε «ζωή».

Η καταπιεσμένη ζωή λέει, «Δεν έχω τα προσόντα για να πετύχω. Όλοι οι άλλοι παίρνουν ευλογίες εκτός από μένα». Ο ναρκισσιστικός κόσμος στον οποίο ζούμε, διακηρύττει με θράσος ότι ένας άντρας μπορεί κάλλιστα να αυτοπροσδιοριστεί ως δωδεκάχρονο κορίτσι ή γιγαντιαία σαύρα ή φεγγαραχτίδα. Και παρότι οι περισσότεροι δεν φτάνουν σε τέτοια άκρα, το συμπέρασμα είναι ότι ο άνθρωπος θα κάνει τα πάντα για να γίνει ο καπετάνιος του πλοίου του.

Αυτό το τελευταίο βήμα προς το ορφανό πνεύμα δεν νομίζω ότι χρειάζεται ιδιαίτερη ανάλυση. Δυστυχώς, είναι διάχυτο σε όλο το φάσμα του σύγχρονου πολιτισμού. Η ορφανή ζωή επαναπροσδιορίζεται ως απόλυτα φυσιολογική· είναι το οξυγόνο που δίνει ζωή στο κοσμικό σύστημα, και γι' αυτό περνά, σε μεγάλο βαθμό, απαρατήρητη. Ανταλλάξαμε την αλήθεια του Θεού με ένα ψέμα. Η ορφανή καρδιά λέει, «Θα τα βγάλω πέρα μόνος μου. Θα αυτοσχεδιάσω τις λύσεις που θέλω. Δεν έχω πατέρα, δεν έχω σπίτι. Οπότε, θα επαναπροσδιορίσουμε τους όρους και θα λέμε ότι αυτό είναι **πραγματική ζωή**». Για τους

Ο ΡΟΛΟΣ του Abba

περισσότερους ανθρώπους, δεν είναι καθόλου παράξενο· είναι απλώς μια ζωή μετριότητας, πολύ κατώτερη από αυτήν που σχεδίασε για σένα ο Ουράνιος Πατέρας σου. Αυτό είναι η καταπιεσμένη ζωή — η ορφανή ζωή.

Θυμάσαι την οικογένεια στο κόκκινο κάμπριο; Ακολουθούν μια γραφική διαδρομή διασχίζοντας ένα τοπίο μαγικό, με βουνά και καταπράσινα βοσκοτόπια κατά μήκος ενός κρυστάλλινου ποταμού. Αλλά μόνο ένα από τα μέλη της οικογένειας απολαμβάνει τη θέα. Ο πατέρας τους αγαπάει πολύ όλους. Αλλά, αυτή τη στιγμή, μόνο ένα από τα παιδιά του τον κάνει να χαμογελάει.

Το Άγιο Πνεύμα στρέφει το αυτί σου για να ακούσεις τον Πατέρα να λέει:

«Επειδή η υπόσχεση είναι προς εσάς και προς τα παιδιά σας,
και προς όλους εκείνους που είναι μακριά, όσους
θα προσκαλέσει ο Κύριος ο Θεός μας».

Πράξεις 2:39

«Καθένας που θα επικαλεστεί το όνομα του Κυρίου, θα σωθεί (Πράξεις 2:21, Ρωμαίους 10:13). Θα σωθεί από το ψέμα, από τον θάνατο, από τον εαυτό του. Πλησίασε σε Εμένα και θα πλησιάσω σε σένα».

Πιστεύω, από τα βάθη της καρδιάς μου, ότι ο Κύριος θέλει κάθε γιος και κόρη Του να μεγαλώσει βλέποντας το χαμόγελό Του που τους λέει, «Εγώ σου έδωσα χαρίσματα· Εγώ σε φροντίζω· Εγώ σε κάλεσα, ανήκεις σε Εμένα. Ανήκεις στο σπίτι Μου. Ό,τι χρειαστείς και όταν το χρειαστείς, θα το έχεις. Ό,τι πρέπει να ξέρεις και όταν πρέπει να το ξέρεις, θα το ξέρεις. Είμαι καλός Πατέρας και τα έχω φροντίσει όλα».

Το Όραμά μου για την Εκκλησία Του

Κάποτε είδα μια εκκλησία όπου ο ποιμένας ήταν χαμογελαστός (πολύ συνηθισμένο, όλοι ξέρουμε ότι τα δημόσια πρόσωπα μαθαίνουν να χαμογελάνε). Αλλά ο συγκεκριμένος ποιμένας δεν μπορούσε να συγκρατήσει τη χαρά του όταν μου μιλούσε για τα άτομα της εκκλησίας του και τι είχε κάνει ο Θεός στη ζωή τους.

Καθώς με σύστηνε από τον έναν στον άλλον, παρατήρησα κάτι πολύ ασυνήθιστο. Ο ποιμένας σύστηνε το εκκλησίασμά του έναν προς έναν, λέγοντάς μου πόσο ταιριάζουν στη θέση που είναι και πόσο

Δρ. Κέρι Γουντ με την Δρ. Τσίκι Γουντ

διαπρέπουν στα χαρίσματά τους, και αυτοί έλαμπαν όσο μιλούσε για αυτούς. Μετά τον πλησίαζαν και τον φιλούσαν σταυρωτά στο μάγουλο. Σκέφτηκα, «Να, κάτι διαφορετικό!». Μιλάμε για άντρες που φιλούσαν ο ένας τον άλλον σταυρωτά στο μάγουλο. Ο ποιμένας τους έλεγε ότι είναι υπέροχοι, και μετά αγκάλιαζαν και φιλούσαν ο ένας τον άλλον σαν φίλοι. Δεν μου είχε ξανασυμβεί κάτι τέτοιο.

Μετά με πήγε στον προθάλαμο και μου σύστησε διάφορα άτομα: φύλακες και θυρωρούς που είχαν καρτελάκι με το όνομά τους στην μπλούζα εργασίας τους. Στέκονταν στη σειρά κορδωμένοι λες και ήμουν κανένας στρατηγός που θα απονείμει τιμή στα στρατεύματα του έθνους. Και έλαμπαν καθώς ο ποιμένας με σύστηνε στον καθένα τους ονομαστικά. Με πλησίαζαν και εγώ άπλωνα το χέρι μου για χειραψία, αλλά αυτοί άνοιγαν τα χέρια τους και με αγκάλιαζαν. Οι επιστάτες με αγκάλιαζαν και με φιλούσαν στο μάγουλο. Ήταν υπέροχο και παράξενο ταυτόχρονα. Όπου πηγαίναμε στις εγκαταστάσεις, όποιον συναντούσαμε, πήγαινε στον ποιμένα και τον αγκάλιαζε. Οι άντρες τον φιλούσαν στο μάγουλο. Με αγκάλιαζαν και μένα, και κάποιοι με φιλούσαν στο μάγουλο, οπότε ανταπέδιδα κι εγώ.[23]

Αυτή είναι η εκκλησία μου. Αυτή την εκκλησία βλέπω στο πνεύμα μου. Βλέπω μια εκκλησία πλημμυρισμένη από τη φωνή του Πατέρα, όπου οι γιοι και οι κόρες Του μεγαλώνουν μ' αυτή τη Φωνή. Δεν επιδιώκουν κανένα αξίωμα, κανέναν τίτλο, καμία αναγνώριση. Απολαμβάνουν τη θέση και την αγάπη που έχουν ως αδέλφια. Και κάθε φορά που βρίσκονται, κάθε τους συνάντηση μετατρέπεται αυθόρμητα και αβίαστα σε γιορτή, σαν να είναι Ιταλοί που ανυπομονούν να μαγειρέψουν όλοι μαζί. Ψάχνουν μια δικαιολογία να μαζευτούνε, και όταν το κάνουν, εκφράζουν την αγάπη τους ελεύθερα και αρμονικά, χωρίς αμηχανία. Κάθε τους μάζωξη, τόσο γεμάτη με παιδική αθωότητα, έχει μια εξαίσια, μεταδοτική ατμόσφαιρα.

Προσεύχομαι να εκπληρωθεί η αποστολή και το όραμα του Θεού για την πόλη μας — την πόλη σου. Προσεύχομαι, μάλιστα, να σε χρησιμοποιήσει στο μέρος που είσαι, για να εκπληρώσεις την αποστολή Του και να φέρεις πολλούς γιους στη δόξα. Πόσοι άνθρωποι θα ελκύονταν αν μπορούσαν να δουν την αγάπη που υπάρχει ανάμεσά μας!

Αν εντόπισες τον εαυτό σου σε κάποιο βήμα αυτής της πορείας προς το ορφανό πνεύμα, προσεύχομαι ακόμη και τώρα που διαβάζεις, το ορφανό πνεύμα να εκτοπιστεί από το Πνεύμα της υιοθεσίας που φωνάζει, «*Αββά, Πατέρα!* Είμαι γιος! Δεν χρειάζεται να αποδείξω τίποτα σε κανέναν! Δεν χρειάζεται να έχω ιδιοκτησίες, αξιώματα ή δύναμη για να είμαι κάποιος. Είμαι μέσα στον Ιησού, τον Αγαπημένο».

Τι Είπαμε Μέχρι Τώρα;

Αρκούμαστε σε επιφανειακές σχέσεις, επειδή πιστεύουμε το ψέμα ότι κανείς δεν θα μας αγαπήσει αν μας γνωρίσει πραγματικά.

Αυτό το ψέμα επιβεβαιώνεται από την αυτο-εκπληρούμενη απόρριψη που εισπράττουμε από τους άλλους, η οποία χτίζει μέσα μας ένα οχυρό που λέει, «Είμαι μόνος μου», δηλαδή αυτοδύναμος (στο άλλο άκρο είναι η θυματοποίηση).

Καταπραΰνουμε τον πόνο της μοναξιάς μας με πλαστές αγάπες.

Αυτά τα ψέματα συνοδεύονται από επαναπροσδιορισμένους όρους, ώστε το σωστό να φαίνεται λάθος και το λάθος να φαίνεται σωστό.

ΠΡΟΣΕΥΧΗ

Θέλεις να προσευχηθώ για σένα;

Πατέρα, Σε αγαπάμε. Ιησού, άνοιξες τον δρόμο για να ερχόμαστε κοντά Σου με παρρησία. Άγιο Πνεύμα, θέλεις να εργαστείς μέσα μας αυτή τη στιγμή. Ξύπνησε την κραυγή «Αββά, Πατέρα!» μέσα στην καρδιά του αναγνώστη αυτή τη στιγμή· Όχι μόνο τα λόγια, αλλά την ουσία τους. Καθάρισε το μυαλό του, κάθε μοτίβο παρεξήγησης, διώξε όλα τα ψέματα που ίσως πιστεύει ο φίλος ή η φίλη μου. Τίποτα δεν ξεπλένει το μυαλό και δεν ελευθερώνει την κουρασμένη ψυχή μας, όπως η φωνή Σου, Abba· η οποία ξυπνάει από το πνεύμα μας διαμέσου του Αγίου Πνεύματος που κατοικεί μέσα μας. Μπαμπά, Πατέρα μου, προσεύχομαι να Σε ακούσει να λες, «Είσαι ο αγαπημένος Μου γιος. Είσαι η αγαπημένη Μου κόρη. Σε σένα ευαρεστούμαι». Κύριε Ιησού, Σε ευχαριστώ που άνοιξες τον δρόμο δίνοντας τον εαυτό Σου, ώστε να μπορούμε να ερχόμαστε στον Πατέρα. Σε ευχαριστώ που έδωσες σε όλους μας την πρόσκληση να φωνάζουμε «Αββά, Πατέρα». Καθώς προχωράμε σ' αυτό το ταξίδι, ξερίζωσε κάθε ψέμα που έχουμε πιστέψει.

Δρ. Κέρι Γουντ με την Δρ. Τσίκι Γουντ

Φύτεψε βαθιά μέσα μας την αλήθεια, διαμέσου του Αγίου Πνεύματος. Ελευθέρωσέ μας· ώστε να σηκωθούμε όρθιοι στο πίσω κάθισμα, με τα χέρια ψηλά, να μπορούμε να απολαμβάνουμε ελεύθερα όλα όσα έχεις ετοιμάσει για μας. Αμήν.

ΓΙΑ ΟΜΑΔΙΚΗ ΣΥΖΗΤΗΣΗ

1) Τι μας λέει στην επιστολή του Ιακώβου 1:14-15 για το πώς εδραιώνονται τα οχυρά στη ζωή μας;

2) Για ποιους λόγους είμαστε διατεθειμένοι να συμβιβαστούμε με επιφανειακές σχέσεις, ενώ είμαστε δημιουργημένοι για αληθινή οικειότητα;

3) Με ποιους τρόπους έχεις δει την αντίληψη «Είμαι μόνος μου» να λειτουργεί ως οχύρωμα σε διάφορες περιπτώσεις;

4) Ανέφερε κάποιους όρους που βλέπεις να επαναπροσδιορίζονται στην κουλτούρα μας για να κάνουν αποδεκτά τα οχυρώματα της αυτοδυναμίας και της θυματοποίησης.

ΕΠΤΑ

Ψευδοπληρότητα:
Όταν Αποδέχομαι το Ψεύτικο σαν Αληθινό

Επειδή, μέσα στον Χριστό κατοικεί ολόκληρο το πλήρωμα της θεότητας σωματικά, και μέσα σ' Αυτόν είστε πλήρεις.
—Κολοσσαείς 2:9-10

Είδαμε στο προηγούμενο κεφάλαιο ότι ένα από τα βήματα στην πορεία μας προς το ορφανό πνεύμα είναι «Η Αποδοχή των Απομιμήσεων» — η τάση μας να κυνηγάμε ψεύτικες μορφές αγάπης. Πρόκειται για ένα πολύ συνηθισμένο κόλπο του εχθρού, σε σημείο που θεωρείται και φυσιολογικό από πολλούς, γι' αυτό και χρειάζεται ιδιαίτερη προσοχή. Πιστεύω ότι βλέπεις πλέον καθαρά τη σαφή αντίθεση μεταξύ του ορφανού πνεύματος και της καρδιάς ενός γιου. Μόνο κάτω από το φως της Αλήθειας μπορείς να διακρίνεις με σαφήνεια τις απομιμήσεις. Αν δεν ξέρουμε ποιοι είμαστε και ότι έχουμε τα πάντα στη διάθεσή μας ως γιοι του Θεού, θα προσπαθούμε να γεμίσουμε τα κενά μας με διάφορους τρόπους. Προτού εξετάσουμε, όμως, την τάση που έχουμε να παριστάνουμε τους γιους, ας επαναλάβουμε τα χαρακτηριστικά των δύο τρόπων σκέψης, χρησιμοποιώντας λίγο διαφορετικό λεξιλόγιο.

Το **πνεύμα του γιου** (ένα περιβάλλον αγάπης) λέει:

- Έχω έναν Πατέρα που με αγαπάει.
- Ανήκω.
- Δεν χρειάζεται να είμαι αποδοτικός για να με αγαπούν.
- Είμαι γιος. Είμαι κόρη.
- Έχω ένα σπίτι.
- Μπορώ να είμαι ο εαυτός μου.
- Ο Πατέρας με ξέρει καλύτερα από ότι ξέρω τον εαυτό μου — και μ' αγαπάει.
- Επειδή είμαι γιος, έχω κληρονομιά.

Το **πνεύμα του ορφανού** (ένα περιβάλλον φόβου και δουλείας) λέει:
- Δεν ξέρω ποιος είναι ο πατέρας μου.
- Πρέπει να πετύχω, να είμαι αποδοτικός και να αποδείξω σε όλους ποιος είμαι.
- Πρέπει να κερδίσω μια θέση μέσα στην οικογένεια.
- Δεν ανήκω εδώ, άρα πρέπει να υποδύομαι ότι είμαι κάποιος που δεν είμαι.
- Δεν ξέρω ποιος είναι ο πατέρας μου, συνεπώς δεν ξέρω αν έχω κληρονομιά.
- Εφόσον δεν έχω δική μου κληρονομιά, ό,τι καταφέρω να αρπάξω είναι κέρδος μου.
- Συγκεκριμένα, έχω βάλει στο μάτι αυτά που ανήκουν στους γιους, διότι δεν έχουν κάνει κάτι με την αξία τους για να αποκτήσουν όσα έχουν.

Ο Θεός Θέλει να Είσαι Πραγματικά Πλήρης

Για να μπορέσουμε να διακρίνουμε αν η πληρότητα που νιώθουμε είναι ψεύτικη ή όχι, πρέπει να δούμε τι εστί αληθινή πληρότητα. Και για να γίνει αυτό, πρέπει να θυμηθούμε ξανά τη φύση του Θεού. Ο Θεός δεν έχει ζήσει ούτε μια μέρα μοναξιάς. Προτού δημιουργήσει οτιδήποτε, ήταν απόλυτα γεμάτος και ικανοποιημένος, και απολάμβανε την πληρότητα της σχέσης Του — ως Πατέρας, Γιος και Άγιο Πνεύμα. Αν προσέξεις, τα τρία πρώτα εδάφια της Αγίας Γραφής μας αποκαλύπτουν ότι ο Τριαδικός Θεός άρχισε να δημιουργεί μέσα από τον υπερχειλή πλούτο αυτής της τριαδικής σχέσης, και όχι επειδή Του έλειπε κάτι. «Στην αρχή δημιούργησε ο Θεός... και *Πνεύμα Θεού* φερόταν επάνω στην επιφάνεια των νερών... και *είπε* ο Θεός...» (Γένεση 1:1-3).

Ο Θεός, προτού δημιουργήσει οτιδήποτε, ήταν απόλυτα γεμάτος και ικανοποιημένος, απολαμβάνοντας την πληρότητα της σχέσης Του.

Ένας Κόσμος Τριαδικός

Η φύση του Θεού ως τριαδική σχέση αποτυπώνεται σε όλα τα δημιουργήματά Του: η ύλη είναι τριπλή (στερεά, υγρά, και αέρια), όπως και η σύσταση των μορίων (πρωτόνια, ηλεκτρόνια, νετρόνια), τα χρώματα (παραλλαγές του μπλε, κίτρινου και κόκκινου), η μουσική και οι ήχοι (κάθε συγχορδία απαρτίζεται από τουλάχιστον τρεις νότες και κάθε τραγούδι από τρεις βασικές συγχορδίες)· από γεωμετρική άποψη, ο κόσμος είναι χτισμένος σύμφωνα με τις τρεις φυσικές διαστάσεις, της γραμμής, του επιπέδου και του κύβου (μήκος, πλάτος και ύψος). Οι φυσικοί επιστήμονες ανακάλυψαν, επίσης, ότι η δύναμη της μοριακής δομής δεν οφείλεται τόσο στα τρία στοιχεία του ατόμου, αλλά στη μεταξύ τους αλληλεπίδραση μέσα στον χώρο, δηλαδή στη σχέση τους, και στη δυναμική της βαρυτικής έλξης.

Όμως, η κορωνίδα όλης της δημιουργίας είναι ο άνθρωπος· «Ας κάνουμε άνθρωπο σύμφωνα με την εικόνα μας...» (Γένεση 1:26). Ο Θεός έφτιαξε τον άνθρωπο ως τριαδική οντότητα: με πνεύμα, ψυχή και σώμα (Α' Θεσσαλονικείς 5:23). Συνεπώς, εφόσον είμαστε πλασμένοι σύμφωνα με την εικόνα του Θεού, η μόνη σίγουρη (και αναπόφευκτη) αλήθεια για μας είναι ότι είμαστε από κατασκευής φτιαγμένοι να λειτουργούμε μέσα σε σχέσεις. (Αν θέλεις να εμβαθύνεις σ' αυτό το θέμα, μελέτησε *Το Θεμέλιο του Abba*).

Ο Άνθρωπος είναι Φτιαγμένος να Συνδέεται μέσα από τη Λατρεία

Είμαστε φτιαγμένοι για να λειτουργούμε με διασυνδέσεις. «Δεν είναι καλό ο άνθρωπος να είναι μόνος» είπε ο Θεός. Ο άνθρωπος δημιουργήθηκε σύμφωνα με την εικόνα του Τριαδικού Θεού (που υπάρχει ως κοινωνία τριών Προσώπων), άρα κάθε άνθρωπος έχει έμφυτη την ανάγκη για σχέσεις. Δυστυχώς, όμως, η πτώση του ανθρώπου προκάλεσε βραχυκυκλώματα στο αρχικό σχέδιο του Θεού για τον άνθρωπο. Γι' αυτό οι άνθρωποι σήμερα απομονώνουν τους εαυτούς τους λόγω της δυσπιστίας τους προς άλλους, και έτσι δεν συνδέονται με κανέναν σε βάθος. Πού μας οδηγεί αυτό;

Μια μεγάλη αλήθεια της τριαδικής φύσης μας είναι ότι, ως άνθρωποι, αναζητούμε μια σύνδεση με ένα αντικείμενο ή πρόσωπο λατρείας. Δηλαδή, ακόμα και οι άνθρωποι που αρνούνται να λατρεύσουν και να συνδεθούν με τον Θεό, πάντα καταλήγουν να λατρεύουν και να συνδέονται με κάτι ή κάποιον, ακόμα κι αν δεν είναι υγιές. Δεν είναι μια από τις πολλές δυνατότητες που έχει ο άνθρωπος, αλλά μια από τις βασικές ανάγκες του. Κάθε λειτουργικός άνθρωπος είναι συνδεδεμένος με κάτι ή κάποιον, ακόμα κι αν η σχέση αυτή είναι σε μεγάλο βαθμό

Γινόμαστε ειδικοί στις ψεύτικες σχέσεις και την ψεύτικη αγάπη.

ψεύτικη. Και ειδικά στην εποχή μας, η εκτίναξη των μέσων κοινωνικής δικτύωσης, αποδεικνύει ότι σιγά σιγά γινόμαστε ειδικοί στις ψεύτικες σχέσεις και την ψεύτικη αγάπη.

Ένας άλλος τρόπος για να περιγράψουμε την έννοια της σωστής σχέσης, είναι η αντίθεση μεταξύ *άδειου* και *γεμάτου*. Σκέψου τον μετρητή καυσίμου στο κοντέρ του αυτοκινήτου σου. Όταν δείχνει *γεμάτο* πάμε καλά, όταν δείχνει *άδειο* δεν είναι καλό. Ο Θεός μας έφτιαξε με τέτοιο τρόπο, ώστε να λειτουργούμε σωστά όταν είμαστε γεμάτοι από συναισθηματική ευεξία, σωματική υγεία, πνευματική ζωντάνια και υγιείς σχέσεις. Είμαστε πλασμένοι από έναν Θεό που είναι στραμμένος έξω από τον εαυτό Του και ξεχειλίζει από αγάπη. Είμαστε πλασμένοι να ζούμε γεμάτοι από τον Θεό και να ξέρουμε τι πραγματικά σημαίνει *ζωή*, όπως την εννοεί ο Θεός. Γι' αυτό, βλέπουμε ότι ένα από τα επαναλαμβανόμενα θέματα που συναντάμε στην Καινή Διαθήκη είναι η έννοια της πληρότητας.

- Ο Ιησούς ήταν γεμάτος με το Πνεύμα χωρίς μέτρο (Κατά Ιωάννη 3:33-35).
- Όταν ο Ιησούς πολλαπλασίασε τα ψωμιά και τα ψάρια, από τον τρόπο που το έκανε, μας έδειξε την επιθυμία του Πατέρα να δίνει με αφθονία: «Και έφαγαν όλοι και χόρτασαν. Και σήκωσαν από τα κομμάτια δώδεκα κοφίνια γεμάτα, και από τα ψάρια» (Κατά Μάρκο 6:43).
- Το πρώτο θαύμα που έκανε ο Ιησούς, δεν αφορούσε ένα ζήτημα ανάγκης ή ζωής και θανάτου. Από την αφθονία της χάρης Του μετέτρεψε το νερό σε κρασί (Κατά Ιωάννη 2:1-11).
- Κάποτε ο Ιησούς χάρισε μια τόσο υπερφυσική ψαριά σε κάποιους κουρασμένους ψαράδες, που οι βάρκες τους παραλίγο να βυθιστούν. Άλλο ένα δείγμα της μεγαλοπρέπειας και της αφθονίας Του (Κατά Ιωάννη 21:11).
- Μετά την ανάστασή Του, ο Ιησούς ανέβηκε στα δεξιά του Πατέρα και έστειλε το Άγιο Πνεύμα, δηλαδή γέμισε με το Άγιο Πνεύμα 120 μαθητές, στη συνέχεια άλλους 3.000 και πάει λέγοντας (Πράξεις 2:2-4).
- Ο Παύλος προσευχήθηκε όλοι οι πιστοί να είναι πλήρεις με το πλήρωμα του Θεού (Εφεσίους 3:19) και μάλιστα,
- Έδωσε την εντολή στους πιστούς να «γεμίζουν με το Πνεύμα» (Εφεσίους 5:18).

Ο Θεός έφτιαξε τους ανθρώπους για να αλληλοσυνδέονται και να απολαμβάνουν μια γεμάτη ζωή μέσα από τις σχέσεις τους. Αλλά, η πηγή της πληρότητάς μας, θέλει να είναι Αυτός. Είναι χαρά Του να γεμίζει τα παιδιά Του με ό,τι χρειάζονται. Κάθε καλός πατέρας θέλει να είναι πηγή προμήθειας για την οικογένειά του. Ο Ιησούς είπε:

Ο ουράνιος Πατέρας σας ξέρει τι χρειάζεστε, πριν Του το ζητήσετε... ζητήστε πρώτα Αυτόν ως πηγή της ζωής σας, και όλα τα υπόλοιπα θα σας προστεθούν.
Κατά Ματθαίο 6:32-33, σε παράφραση

Ο Πατέρας θέλει να είσαι γεμάτος με ό,τι σου δίνει πραγματική ζωή, όπως είπε ο Ιησούς:

*Ήρθα για να έχετε ζωή και να **την** έχετε με **αφθονία**.*
Κατά Ιωάννη 10:10

Η Στρατηγική του Σατανά είναι η Ψευδοπληρότητα

Ο Σατανάς θέλει να μας παρασύρει μακριά από τον Θεό ως πηγή μας, ώστε να καταφύγουμε στις απομιμήσεις Του. Ο πραγματικός του στόχος είναι να σε χωρίσει από την αγάπη του Θεού, γι' αυτό σου προσφέρει ψευδείς μορφές αγάπης. Στον χώρο της διατροφής και διατροφολογίας τις ονομάζουν «κενές θερμίδες». Οι πάστες και οι τάρτες είναι πεντανόστιμες, δεν λέω, αλλά συνήθως δεν έχουν καμία θρεπτική αξία για τον οργανισμό σου. Είναι ψευδοτροφές που σου δίνουν μια ψευδαίσθηση πληρότητας, ή όπως λέει ο Σολομώντας, είναι «τροφές δολιότητας» (Παροιμίες 23:3). Η δολιότητα βρίσκεται στο γεγονός ότι οι αρνητικές επιπτώσεις τους δεν εμφανίζονται αμέσως. Αλλά αν συνεχίσω να καταφεύγω σε ψευδοτροφές για να νιώσω την υποτιθέμενη πληρότητα που μου προσφέρουν, οι επιπτώσεις θα κάνουν αισθητή την παρουσία τους, με τη μορφή προεξέχουσας κοιλιάς και πλαδαρότητας, με ρούχα που με στενεύουν και κιλά λίπους που εύκολα τα βάζεις και δύσκολα τα χάνεις.

Με τον ίδιο τρόπο λειτουργεί ο Σατανάς. Εδώ και κάποιες χιλιάδες χρόνια μελετάει την ανθρώπινη φύση. Ξέρει τις έμφυτες επιθυμίες που έβαλε ο Θεός σε κάθε άνθρωπο.

Δρ. Κέρι Γουντ με την Δρ. Τσίκι Γουντ

Κάθε πειρασμός αντιμετωπίζεις, έχει ως στόχο να πλήξει την ταυτότητά σου, να σε κάνει να αμφιβάλλεις για το αν είσαι πραγματικός γιος.

Η επιθυμία μας να πετυχαίνουμε και να είμαστε παραγωγικοί είναι δοσμένη από τον Θεό. Η ανάγκη μας για τροφή είναι δοσμένη από τον Θεό και απαραίτητη για τη ζωή μας. Η σεξουαλική επιθυμία είναι, επίσης, δοσμένη από τον Θεό. Το ίδιο ισχύει με την επιθυμία μας για αποδοχή, δύναμη και σχέσεις όπου ο ένας γνωρίζει τον άλλο ουσιαστικά. Το σχέδιο του εχθρού, όμως, είναι να σε πείσει ότι σε κάποιον από αυτούς τους τομείς, ο Θεός δεν ενδιαφέρεται αν είσαι «γεμάτος». Για τους άλλους μπορεί να θέλει να είναι πλήρεις σ' αυτόν τον τομέα, αλλά όχι εσύ. «Γιατί όχι;» σου ψιθυρίζει ο Σατανάς. «Και εσύ αξίζεις να είσαι γεμάτος σ' αυτόν τον τομέα». Κι έτσι μας κάνει να πιστεύουμε ότι πρέπει να γεμίσουμε το κενό μέσα μας, τη δεξαμενή της «ανάγκης» μας, με τον δικό μας τρόπο και με δική μας πρωτοβουλία.

Δυο Αλήθειες για τον Πνευματικό μας Πόλεμο:

1. Κάθε πειρασμός που αντιμετωπίζεις, πατάει πάνω σε κάποια επιθυμία που σου έχει δοθεί από τον Θεό, ώστε να βρίσκεις εύκολα δικαιολογίες.

Πώς κατέληξε ο Αβραάμ να κάνει παιδί με την παλλακίδα του, την Άγαρ, αντί να περιμένει, ενώ ο Θεός του είχε ήδη πει ότι το παιδί θα γεννιόταν από τη Σάρρα; Διότι η υπόσχεση για έναν γιο είχε δοθεί από τον Θεό. Έτσι του φάνηκε λογική η δικαιολογία: «Ο Θεός μου είπε ότι θα γίνει, αλλά δεν το βλέπω να γίνεται όπως το είπε, άρα δεν νομίζω ότι υπάρχει πρόβλημα να δοκιμάσω με άλλο τρόπο». Κάθε πειρασμός που θα αντιμετωπίσεις στη ζωή σου, θα βρει πάτημα σε κάποια επιθυμία που σου έδωσε ο Θεός, αλλά με μια μικρή τροποποίηση: έχεις μια απόλυτα φυσιολογική ανάγκη, που ο Θεός δεν την καλύπτει. «Είσαι μόνος σου» μας ψιθυρίζει ο Σατανάς, πείθουμε τους εαυτούς μας ότι βοηθάμε τον Θεό και, τελικά, γεννάμε έναν Ισμαήλ.

2. Κάθε πειρασμός που αντιμετωπίζεις, έχει ως στόχο να πλήξει την ταυτότητά σου, να σε κάνει να αμφιβάλλεις για το αν είσαι πραγματικός γιος.

Ο ΡΟΛΟΣ του Abba

Θυμάσαι τους πειρασμούς του Ιησού στην έρημο; Ήταν υπαρκτοί πειρασμοί, αλλά δεν είχαν καμία σχέση με το αίσθημα της πείνας ή την ικανότητα του Ιησού να κάνει θαύματα. Ο στόχος τους ήταν να κάνουν τον Ιησού να καταφύγει σε κάτι άλλο για αυτά που χρειαζόταν, σε κάτι πέρα από τον Πατέρα — μπορούμε να πούμε ότι ο στόχος τους ήταν μια «απομίμηση της αληθινής λατρείας».

Όλοι οι πειρασμοί που αντιμετωπίζεις στη ζωή σου δεν θέλουν μόνο να σε κάνουν να αμαρτήσεις, αλλά, κυρίως, να αμφισβητήσεις ότι είσαι πραγματικός γιος: ότι έχεις έναν Πατέρα που σε αγαπάει, σε φροντίζει στην εντέλεια, και ξέρει ακριβώς τι χρειάζεσαι και πότε το χρειάζεσαι. Ο Σατανάς δεν επιχειρεί απλώς «να κλέψει, να σκοτώσει και να καταστρέψει» (Κατά Ιωάννη 10:10). Αυτές είναι οι μέθοδοί του, αλλά ο πραγματικός στόχος του είναι να σε χωρίσει από την αγάπη του Πατέρα και να αποπροσανατολίσει τη λατρεία σου.

Οι δύο κύριες τακτικές του Σατανά είναι πρώτα η απομόνωση, και έπειτα η διαστρέβλωση. Εάν καταφέρει να σε απομονώσει από την αλήθεια (πράγμα που επιτυγχάνει με το να διαλύει τις σχέσεις σου, λόγω θυμού, πικρίας και ασυγχωρησίας), το επόμενο βήμα του θα είναι να παρερμηνεύσει (διαστρεβλώσει) τα γεγονότα της ζωής σου, ώστε να σε κάνει να ασχολείσαι «με την πάρτη σου». Γενικά, του αρέσει να μας απομονώνει (μέσα από διαλυμένες ή μη υγιείς σχέσεις), ώστε να μας εγκλωβίζει στις σκέψεις μας, επειδή εκεί θα μπορεί να μας ψιθυρίζει ψέματα για το ποιοι είμαστε. Εάν πιστέψουμε τα διαστρεβλωμένα λόγια του, θα αποδεχθούμε με ευκολία οποιαδήποτε ψευδή μορφή αγάπης, προκειμένου να ικανοποιήσουμε την επιθυμία μας για βαθιές, στενές σχέσεις.

Οι Ψευδο-αγάπες

Μπορούμε να χωρίσουμε τις μορφές ψεύτικης αγάπης σε τέσσερις κατηγορίες: τα πάθη, τα υλικά αγαθά, τα αξιώματα και τη δύναμη. Ας πούμε ότι είναι σαν μετρητές που σου δείχνουν πόσο γιος ή πόσο ορφανός είσαι. Ζήτησε από το Άγιο Πνεύμα να σου δείξει ποια από αυτές τις αγάπες επηρεάζει τη ζωή σου. Αλλά, όταν ο Θεός το φέρει στο φως, μη νιώσεις κατάκριση γι' αυτό. Ξεκίνα μια κουβέντα με τον Θεό, ρώτησέ Τον τι θέλει να κάνεις, και Αυτός θα σου πει.

Δρ. Κέρι Γουντ με την Δρ. Τσίκι Γουντ

Α) Τα πάθη της σάρκας

Η πρώτη μορφή ψευδο-αγάπης εκμεταλλεύεται τις φυσιολογικές, σωματικές ανάγκες που μας έδωσε ο Θεός. Οι πέντε αισθήσεις μας είναι άμεσα συνδεδεμένες με το νευρολογικό (νευρικό) μας σύστημα και στέλνουν διαρκώς μηνύματα στον εγκέφαλό, τα οποία πυροδοτούν συγκεκριμένες χημικές αντιδράσεις και απελευθερώνουν τις φυσικές χημικές ουσίες της «ευχαρίστησης»: την εγκεφαλίνη, την αδρεναλίνη, τις ενδορφίνες. Στην πράξη, δηλαδή, όταν κάποια συγκεκριμένα άτομα μας χαμογελούν, ο εγκέφαλός μας λαμβάνει το μήνυμα και πυροδοτεί μια μικρή χημική αντίδραση που μας κάνει να νιώθουμε είτε όμορφα ή το αντίθετο. Πρόσφατες επιστημονικές μελέτες δείχνουν πως αυτές οι ορμόνες της «ευχαρίστησης» εκκρίνονται σε μικρές δόσεις, ακόμα κι όταν βλέπουμε ότι κάποιος έχει πατήσει «Μου αρέσει» σε μια ανάρτησή μας στο Facebook. (Μήπως έτσι εξηγείται η εικόνα μιας παρέας φίλων που κάθονται στην καφετέρια χωρίς να μιλάνε μεταξύ τους, γιατί όλοι τσεκάρουν τις ειδοποιήσεις τους στα μέσα κοινωνικής δικτύωσης; Δεν τους εξιτάρει η παρέα που έχουν γύρω τους, γι' αυτό και αναζητούν την καφεΐνη από τα «Μου αρέσει».) Αυτές οι εκκρίσεις ντοπαμίνης είναι πολύ εθιστικές. Έτσι γεννιούνται οι συνήθειές μας.

Ξέρεις πού οφείλεται η δύναμη της σεξουαλικής έλξης; Οφείλεται στο γεγονός ότι ο τρόπος που σχεδίασε ο Θεός το σώμα μας είναι να απελευθερώνει τεράστιο κύμα ενδορφινών κατά την ερωτική επαφή, ώστε να δενόμαστε συναισθηματικά και νευρολογικά με τον/την σύζυγό μας για πάντα. Αυτός είναι και ο λόγος που ο Θεός όρισε να συνευρισκόμαστε ερωτικά μόνο μέσα στα πλαίσια του γάμου.

Γι' αυτό ο άνθρωπος θα αφήσει τον πατέρα του και τη μητέρα του, και θα προσκολληθεί στη γυναίκα του. Και θα είναι οι δύο σε μία σάρκα.

Γένεση 2:24

Το σχέδιό Του ήταν να μπορεί ένα παντρεμένο ζευγάρι να δεθεί σωματικά, συναισθηματικά, ψυχολογικά και πνευματικά. Και ξέρει πολύ καλά ότι κάθε εξωσυζυγική ή περιστασιακή ερωτική επαφή δημιουργεί χημικούς και συναισθηματικούς δεσμούς με άτομα που δεν έχουμε ενωθεί πνευματικά. Μεγάλη παγίδα! Η τραγικότερη επίπτωση είναι η τεράστια σύγχυση στη συναισθηματική και ψυχολογική ολοκλήρωση του ανθρώπου. Γι' αυτό η πορνογραφία καταβάλλει τόσο έντονα τον άνθρωπο — το δέλεαρ που προσφέρει είναι η έκκριση ενός τεράστιου χημικού κύματος «ευχαρίστησης» στον εγκέφαλο, όποτε το θέλουμε εμείς, χωρίς να χρειάζεται να δουλέψουμε σε μια σχέση, να αφοσιωθούμε, να δεσμευθούμε, να δοθούμε, όπως απαιτεί κάθε ουσιαστική ανθρώπινη σχέση αγάπης. Αυτό μας οδηγεί σε μια τάση αποσύνδεσης που

Κάθε άνθρωπος δημιουργήθηκε για να ζει πλήρης. Κάθε άνθρωπος δημιουργήθηκε για αυτή τη σύνδεση, πνεύμα προς Πνεύμα, ως γιος προς τον Πατέρα του, ώστε να μη του λείπει τίποτε.

είναι θανατηφόρα για τις πραγματικές σχέσεις μας. Συνηθίζουμε να αντλούμε «ευχαρίστηση» από το να παίρνουμε, και όχι από το να δίνουμε. Σκέψου πόσο έχει επηρεάσει αυτή η νοοτροπία την ορφανή ανθρωπότητα. Τελικά, οι εντολές του Θεού ποτέ δεν αποσκοπούσαν στον περιορισμό της ικανοποίησής μας, αλλά στην προστασία μας από κάθε μορφή «ψευδοπληρότητας» που τελικά θα μας καταστρέψει.

Δημιουργημένος να είσαι Πλήρης

Κάθε άνθρωπος δημιουργήθηκε για να ζει πλήρης. Κάθε άνθρωπος δημιουργήθηκε για αυτή τη σύνδεση, πνεύμα προς Πνεύμα, ως γιος προς τον Πατέρα του, ώστε να μη του λείπει τίποτε. Είμαστε φτιαγμένοι να ζούμε στο ιδανικό μας περιβάλλον που λέγεται «το σπίτι του Πατέρα». Είμαστε πλασμένοι για ένωση και «πάντρεμα», αλλά όταν δεν νιώθουμε συνδεδεμένοι με κάτι ή κάποιον, καταλήγουμε να συνδεόμαστε με ό,τι μας κάνει να νιώθουμε πολύτιμοι και σημαντικοί.

Εάν ο/η σύζυγος δέχεται περισσότερα «Μου αρέσει» στο γραφείο απ' ότι στο σπίτι, μάντεψε πού θα θέλει να περνάει περισσότερο χρόνο. Δημιουργείται μέσα του/της μια νευρολογική και χημική προδιάθεση. Μπαμπάδες, εάν τα παιδιά σας δεν νιώθουν ότι είναι κοντά στην καρδιά σας και ότι έχουν την αγάπη σας άνευ όρων, αργά ή γρήγορα θα αναζητήσουν επιφανειακές, ψευδο-αγάπες για να γεμίσουν αυτό το κενό, επειδή έτσι είναι φτιαγμένα να λειτουργούν: συναισθηματικά συνδεδεμένα με κάποιον.

Αυτός είναι ο λόγος που η μόδα και η αυτοεικόνα είναι τόσο ισχυρά κίνητρα. Όσο διατηρώ τη φόρμα μου, είμαι ωραίος και εισπράττω

Δρ. Κέρι Γουντ με την Δρ. Τσίκι Γουντ

τα «Μου αρέσει» (κομπλιμέντα και βλέμματα) από τους ανθρώπους γύρω μου, θα απολαμβάνω τακτικά αυτές τις μικρές χημικές δόσεις στο νευρολογικό μου σύστημα που με κάνουν να νιώθω υπέροχα. Η εικόνα, ειδικά στην εποχή των «σέλφι» (φωτογραφίες του εαυτού μας) που ζούμε, έχει αποκτήσει πλέον τη δύναμη ενός εθισμού, πράγμα που ισχύει τόσο μέσα στην Εκκλησία όσο και έξω από αυτήν. (Προτείνω να διαβάσεις το βιβλίο *Η Διαμόρφωση από τον Abba*, Burkhart Books, 2018 για να δεις ότι το μεταμορφωτικό έργο του Αγίου Πνεύματος στη ζωή μας έχει τη δύναμη να καταργεί αυτούς τους εθισμούς).

Β) Τα υλικά αγαθά

Ο Θεός δεν έχει κανένα πρόβλημα με τα υπάρχοντά μας. Εξάλλου, ο Ίδιος είναι ο απόλυτος Ιδιοκτήτης, καθώς ό,τι υπάρχει Του ανήκει. Ταυτόχρονα, είναι και ο απόλυτος νικητής σε κάθε διαγωνισμό γενναιοδωρίας, άρα δεν είναι ούτε Σκρουτζ, ούτε Γκριντς. Θέλει τα παιδιά Του να έχουν όλα όσα χρειάζονται και ακόμα περισσότερα, όχι μόνο για να μην ανησυχούν, αλλά για να ξέρουν ποιος είναι ο Πατέρας τους. Δεν θέλει, όμως, τα υλικά αγαθά μας να εκτοπίσουν της αγάπη μας για τον Πατέρα. Ξέρει πόσο εύκολα φεύγει η προσοχή μας από την Πηγή και πάει στους πόρους. Γι' αυτό προειδοποιεί τον λαό Ισραήλ για τον κίνδυνο της ευλογίας που έστειλε στον δρόμο τους:

> *Επειδή, ο Κύριος ο Θεός σου σε φέρνει σε αγαθή γη, γη με ποτάμια νερών, με πηγές και αβύσσους, που αναβλύζουν από κοιλάδες και βουνά, γη σιταριού, και κριθαριού, και αμπέλων και συκιών, και ροδιών. Γη με ελιές και μέλι. Γη, επάνω στην οποία θα τρως ψωμί χωρίς έλλειψη, τίποτα δεν θα στερείσαι σ' αυτή τη γη, της οποίας οι πέτρες είναι σίδερο, και από τα βουνά της θα βγάζεις χαλκό. Και θα φας και θα χορτάσεις και θα ευλογήσεις τον Κύριο τον Θεό σου, επάνω στην αγαθή γη που σου έδωσε. Πρόσεχε στον εαυτό σου, μήπως λησμονήσεις τον Κύριο τον Θεό σου, αθετώντας τις εντολές του και τις κρίσεις τους, και τα διατάγματά του, που εγώ σε προστάζω σήμερα. Μήπως αφού φας και χορτάσεις και οικοδομήσεις καλά σπίτια, και κατοικήσεις, και τα βόδια σου και τα πρόβατά σου αυξηθούν, και το ασήμι και το χρυσάφι σου πολλαπλασιαστεί, και όλα όσα έχεις αυξηθούν, μήπως η καρδιά σου τότε υψωθεί*

Ο ΡΟΛΟΣ του Abba

*και λησμονήσεις τον Κύριο τον Θεό σου, που σε έβγαλε
από τη γη της Αιγύπτου.*
Δευτερονόμιο 8:7-14

Ο Θεός δεν έχει κανένα πρόβλημα όταν η ζωή μας είναι γεμάτη· το αντίθετο μάλιστα, Αυτός τη δημιουργεί και Αυτός μας την παρέχει. Κάθε καλό και τέλειο δώρο προέρχεται από Αυτόν (Ιάκωβος 1:17). Οφείλει να μας προειδοποιήσει, όμως, ότι υπάρχουν και ψευδείς μορφές αγάπης. Ο Ιησούς μας το ξεκαθάρισε ότι, «Αυτός (ο Πατέρας) ξέρει τι έχετε ανάγκη, πριν ακόμα το ζητήσετε» (Κατά Ματθαίο 6:32-33). Δυστυχώς, όμως, εάν δεν γνωρίζουμε τον Πατέρα μας, θα κυνηγάμε τα υλικά αγαθά ως υποκατάστατο της σχέσης μας με τον Abba. Ο Ιησούς είπε ότι η αγάπη μας για τον Πατέρα δεν γίνεται να ανταγωνίζεται την αγάπη του πλούτου ή των συμβόλων του (Κατά Λουκά 16:13).

Ένας από τους πιο διαβολικούς πειρασμούς του εχθρού είναι ότι μας πείθει να ναρκώνουμε με πράγματα τον πόνο που νιώθουμε από την κρίση ταυτότητας που περνάμε. Αντί να δενόμαστε με ανθρώπους, μάθαμε να τους αντικαθιστούμε και να δενόμαστε με πράγματα. Αυτό λέγεται ειδωλολατρία. Κάθε έμβλημα επιτυχίας εκμεταλλεύεται την κρίση ταυτότητας των εκκλησιαζόμενων και μη εκκλησιαζόμενων ανθρώπων.

Μια μέρα ένας τύπος με έβρισε επειδή ακούμπησα τη Φεράρι του (εντάξει, καταλαβαίνω ότι ίσως δεν θα 'πρεπε να την αγγίξω, αλλά την είχε φέρει σε έκθεση αυτοκινήτων!). Μήπως ήταν γι' αυτόν ένα σύμβολο της επιτυχίας του, και το είχε συνδέσει με την αίσθηση της ταυτότητας και αυτοεκτίμησής του; Εσύ, μήπως ξέρεις κάποιον που έχει καταχρεωθεί και δέχεται καθημερινά πιέσεις για αποπληρωμή υπέρογκων μηνιαίων τόκων, και όλα αυτά για να αισθάνεται καλύτερα επειδή φοράει, οδηγάει ή ζει σε κάτι που τον κάνει να φαίνεται πετυχημένος; Περιστοιχίζουμε τους εαυτούς μας με πράγματα και θεωρούμε ότι είμαστε σημαντικοί επειδή έχουμε όλα όσα έχει ένας γιος. Αλλά όλα αυτά είναι μόνο η επιφάνεια. Έχουμε εθιστεί στις «μικρές δόσεις ευχαρίστησης» από την αποδοχή των ανθρώπων.

> **Ένας από τους πιο διαβολικούς πειρασμούς του εχθρού είναι ότι μας πείθει να ναρκώνουμε με «πράγματα» τον πόνο που νιώθουμε από την κρίση ταυτότητας που περνάμε.**

Δρ. Κέρι Γουντ με την Δρ. Τσίκι Γουντ

Όταν το πνεύμα μας είναι γεμάτο, ανακαλύπτουμε ότι η μεγαλύτερη ελευθερία είναι να μην νιώθουμε την ανάγκη να αποδείξουμε κάτι.

Η αληθινή λατρεία φέρνει βαθιά ικανοποίηση, μέχρι και στο βαθύτερο μέρος του εαυτού μας, χωρίς τους αβάσταχτους φόρους, τις πληρωμές τόκων και τα ξενύχτια. Όταν το πνεύμα μας είναι γεμάτο, ανακαλύπτουμε ότι η μεγαλύτερη ελευθερία είναι να μη νιώθουμε την ανάγκη να αποδείξουμε κάτι. Ο Παύλος είχε ανακαλύψει πόσο ελεύθερος είναι ένας αληθινός γιος. Λέει:

Ξέρω να περνώ με στέρηση, ξέρω και να έχω περίσσευμα, σε κάθε τι και σε όλα είμαι διδαγμένος, και να χορταίνω και να πεινάω, και να έχω περίσσευμα και να στερούμαι.

Φιλιππησίους 4:12

Μια άλλη μετάφραση λέει, «Έμαθα να είμαι ανεξάρτητος από τις καταστάσεις μου». Ο Ιησούς μας έδειξε ότι μπορούσε να ζήσει ως υπηρέτης, χωρίς να έχει πού να γείρει το κεφάλι Του, επειδή ήξερε ποιος ήταν μέσα στην αγάπη του Πατέρα Του (Κατά Ιωάννη 13:3-5). Αυτή είναι μια πρακτική διαφορά ανάμεσα στο πνεύμα του αληθινού γιου και το πνεύμα του ορφανού. Είναι, ας πούμε, να νιώθεις εξίσου καλά με τον εαυτό σου είτε οδηγάς ένα παλιό, οικονομικό αυτοκίνητο με πολλά χιλιόμετρα, είτε μια καινούργια πολυτελή κούρσα.

Πώς σε Κάνει να Νιώθεις η Πολυτέλεια;

Στα πρώτα χρόνια μου ως ποιμένας, είχαμε δυο αυτοκίνητα· ένα Ford Fairlane του '68 και ένα πιο καινούργιο (αλλά όχι ολοκαίνουργιο) Chrysler Cordoba. Έπειτα, κάποιος μας χάρισε μια σχετικά καινούργια γαλάζια Cadillac Seville, με λευκή δερμάτινη οροφή και λευκό δερμάτινο σαλόνι. Ήταν κάτι πανέμορφο και πολυτελές. Δεν άργησα, βέβαια, να ακούσω το σχόλιο από κάποιον στην εκκλησία ότι αυτό το δώρο ήταν από τον διάβολο. Η αλήθεια, όμως, είναι ότι ο Θεός το χρησιμοποίησε, όχι μόνο για να ευλογήσει την οικογένειά μου, αλλά για να μου δείξει κάτι για τον εαυτό μου.

Μια μέρα, λοιπόν, συνειδητοποίησα ότι καθόμουν πιο καμαρωτός και ένιωθα περισσότερη αυτοπεποίθηση όταν οδηγούσα την Cadillac.

Ο ΡΟΛΟΣ του Abba

Ενώ, όταν οδηγούσα το παλιό Fairlane (τη «βάρκα» όπως το έλεγα χαϊδευτικά, γιατί οι αναρτήσεις του ήταν τόσο χάλια, που έγερνε σαν βάρκα στις στροφές), έσκυβα λίγο για να μη φαίνεται ποιος οδηγάει. Ήμουν ποιμένας, βλέπεις, και οι ποιμένες υποτίθεται ότι αποτελούν πρότυπα επιτυχίας (και πρότυπα αυτής της παγίδας μάλλον). Μια μέρα, ενώ οδηγούσα την Cadillac και ένιωθα πολύ ωραία, άκουσα αυτά τα λόγια στο πνεύμα μου: «Κέρι, γιατί νιώθεις πιο καλά για τον εαυτό σου μέσα στην Cadillac από ότι στο Ford;».

Μιας και ήξερα ότι οι ερωτήσεις του Θεού δεν σημαίνουν ότι δεν ξέρει την απάντηση, κατάλαβα ότι το τεστ είχε να κάνει με τη στάση μου. Και ήξερα πολύ καλά την απάντηση στην ερώτησή Του. Ένιωθα καλύτερα μέσα στην Cadillac γιατί στηριζόμουν στα εξωτερικά σύμβολα της επιτυχίας για να αποδείξω την αξία μου. Δεν μου πήρε πολύ ώρα να μετανοήσω γι' αυτό, αλλά χρειάστηκα αρκετό χρόνο για να μάθω να ζω με την αποκάλυψη ότι είμαι γιος.

Σκέψου το σκηνικό: ενώ οδηγάς, βλέπεις ένα πολυτελές αμάξι δίπλα σου και περνάει από το μυαλό σου η σκέψη, «Λες να είναι κάποιο σημαντικό πρόσωπο μέσα;». Η απάντηση είναι ότι σίγουρα είναι κάποιος σημαντικός μέσα, αλλά όχι επειδή οδηγάει αυτό το αμάξι. Είναι σημαντικός γιατί είναι πλασμένος σύμφωνα με την εικόνα του Θεού. Δηλαδή, το πολυτελές αμάξι του δεν έχει καμία απολύτως σχέση με το ποιος είναι. Μπορεί να τον βολεύει η BMW, ενώ άνετα θα μπορούσε να αγοράσει και μια Bentley με μετρητά άμα ήθελε. Ή μπορεί να είναι άνεργος, τρεις μήνες πίσω στις πληρωμές του και να τον κυνηγούν οι εισπράκτορες. Και οι στατιστικές έρευνες δείχνουν ότι οι περισσότεροι εκατομμυριούχοι οδηγούν παλιά μοντέλα αυτοκινήτων και ζούνε στο ίδιο σπίτι που ζούσαν πριν από εικοσιπέντε χρόνια! Συνεπώς, τα φαινόμενα απατούν. Η ουσία είναι ότι είσαι σημαντικός, ανεξάρτητα από το τι οδηγάς. Είσαι σημαντικός επειδή ανήκεις στον *Abba*.

Το καλό που σου κάνει η αποκάλυψη ότι είσαι γιος, είναι ότι σε ελευθερώνει από την πίεση να είσαι κάποιος που δεν είσαι ή να φανείς αντάξιος των προσδοκιών των άλλων. Αν είσαι γιος ή κόρη του Θεού, δεν υπάρχει ανάγκη να αποδείξεις κάτι. Αυτή είναι η «ανάπαυση» της πίστης:

Το καλό που σου κάνει η αποκάλυψη ότι είσαι γιος, είναι ότι σε ελευθερώνει από την πίεση να είσαι κάποιος που δεν είσαι.

Επειδή, εμείς έχουμε ευαγγελιστεί όπως και εκείνοι, αλλά εκείνους ο λόγος που

119

άκουσαν, δεν τους ωφέλησε, δεδομένου ότι δεν ήταν σ' αυτούς που άκουσαν ενωμένος με την πίστη. Επειδή, μπαίνουμε μέσα στην κατάπαυση εμείς που πιστέψαμε, όπως είπε: «Έτσι που, μέσα στην οργή μου ορκίστηκα: δεν θα μπουν μέσα στην κατάπαυσή μου, αν και τα έργα του τελείωσαν από τη δημιουργία του κόσμου. Επομένως απομένει κατάπαυση στον λαό του Θεού. Επειδή αυτός που μπήκε μέσα στην κατάπαυσή του, κατέπαυσε και ο ίδιος από τα έργα του, όπως και ο Θεός από τα δικά του.

Εβραίους 4:2-3, 9-10

Το πραγματικό ερώτημα για έναν γιο είναι εάν μπορείς να νιώθεις εξίσου καλά μέσα σε ένα παλιό Volkswagen και μέσα σε μια καινούργια Beamer. Το θέμα δεν είναι τι αμάξι έχεις, αλλά Ποιον έχεις μέσα σου.

Γ) Τα αξιώματα

Δεν είναι κατ' ανάγκη κακό να έχεις μια θέση επιρροής, όπως είπαμε και για τις άλλες «απομιμήσεις». Μια τέτοια θέση συνεπάγεται εξουσία, και κάθε εξουσία είναι από τον Θεό (Ρωμαίους 13:1). Για άλλη μια φορά, όμως, ο τρόπος που λειτουργεί ο Σατανάς, είναι να παίρνει αυτά που δίνει ο Θεός και να τα διαστρεβλώνει, ώστε να θεωρούμε ότι οι πόροι που έχουμε είναι η Πηγή μας.

Ο Θεός είναι η μόνη Πηγή. Όλα τα άλλα είναι πόροι.

Βλέπουμε στη Γένεση ότι ο Θεός ανέδειξε τον Ιωσήφ ως τον δεύτερο στην ιεραρχία της Αιγύπτου μετά τον Φαραώ, με απώτερο σκοπό να φέρει εις πέρας το σχέδιό Του για την απελευθέρωση του λαού Του. Ο Ιωσήφ το είχε καταλάβει, διότι ο Θεός του είχε δείξει δυο όνειρα όταν ήταν παιδί, για να τον βοηθήσει να καταλάβει τα «τι» και τα «γιατί» πίσω από όσα έμελλε να περάσει. Λέει, λοιπόν, στους απελπισμένους αδελφούς του: «Εσείς θελήσατε κακό εναντίον μου, ο Θεός όμως θέλησε να το μετατρέψει σε καλό» (Γένεση 50:20). Ο Θεός έχει διορίσει τους γιους και τις κόρες Του να κυβερνούν, να ηγούνται και να έχουν εξουσία. Και ο Ιησούς εξήγησε στους μαθητές Του ότι οι γιοι είναι τελείως διαφορετικοί ηγέτες από τους ορφανούς.

Ξέρετε ότι οι άρχοντες των εθνών τα κατακυριεύουν και οι μεγάλοι τα κατεξουσιάζουν. Όμως δεν θα είναι έτσι ανάμεσά σας, αλλά όποιος θέλει να γίνει μεγάλος ανάμεσά σας, ας είναι υπηρέτης σας, και όποιος θέλει να είναι πρώτος ανάμεσά σας, ας είναι δούλος σας. Όπως ο Υιός του ανθρώπου δεν ήρθε για να υπηρετηθεί αλλά για να υπηρετήσει και να δώσει τη ζωή του λύτρο για χάρη πολλών.

Κατά Ματθαίο 20:25-28

Η Θέση ενός Ηγέτη και οι Συνεχείς Δόσεις «Ευχαρίστησης» που Παρέχει

Κάποτε ο Σατανάς βρισκόταν στο Όρος του Θεού, προτού επαναστατήσει και διωχθεί από εκεί. Νομίζει ότι ξέρει πώς λειτουργεί η ηγεσία, και αυτό ακριβώς είναι το βασικό σημείο της αποτυχίας του. Δεν θα πρέπει να μας εκπλήσσει το γεγονός ότι ο Σατανάς χρησιμοποιεί το κάλεσμα που έδωσε ο Θεός στον άνθρωπο, τις «θέσεις επιρροής» δηλαδή, αλλά σε μια ψεύτικη, διαστρεβλωμένη εκδοχή του. Είναι γοητευτικό να κατέχει κανείς μια τέτοια θέση και είναι πολύ εύκολο για έναν ηγέτη να πειστεί ότι η δική του γνώμη είναι η σωστή. Στους ανθρώπους που βρίσκονται σε ηγετικές θέσεις εκκρίνονται μεγαλύτερες δόσεις «ευχαρίστησης» στον εγκέφαλό τους, πράγμα που οφείλεται στην επιβεβαίωση, την αποδοχή, τα «μάλιστα, κύριε», «εσύ είσαι ο αρχηγός», «ό,τι πεις, αφεντικό». Οι πραγματικοί ηγέτες, βέβαια, ξέρουν ότι υπάρχει και μια τελείως διαφορετική όψη στην εξουσία τους, που εμπεριέχει πολλές προκλήσεις και θυσίες - αλλά, όπως και να 'χει, εξακολουθεί να είναι κάτι εθιστικό.

Η Θέση ενός Ηγέτη τον Κάνει Πολυάσχολο για να Μη Νιώθει Πόνο

Το μεγάλο δέλεαρ είναι ότι έχω την ευκαιρία να αναρριχηθώ σε ανώτερα αξιώματα και επιτεύγματα και να αποδείξω σε όλους ότι αυτά που έλεγαν για μένα στο σχολείο ήταν λάθος. Ταυτόχρονα, προσπαθώ με τα κατορθώματά μου να ξεφύγω από τον πόνο της μοναξιάς, νομίζοντας ότι όσο πιο πολυάσχολος είμαι, τόσο λιγότερο πόνο θα νιώθω. Άρα, με έναν σμπάρο, δυο τρυγόνια: αποδεικνύω ότι οι ανταγωνιστές μου έκαναν λάθος και μουδιάζω τον πόνο της μοναξιάς μου με πολλές ασχολίες.

Δρ. Κέρι Γουντ με την Δρ. Τσίκι Γουντ

Η Θέση ενός Ηγέτη Φαντάζει Τέλεια σε μια Κουλτούρα Καλών Επιδόσεων

Ο έπαινος των ανθρώπων είναι πολύ ισχυρό ναρκωτικό. Και θεωρείται όχι μόνο νόμιμο, αλλά και αξιέπαινο. Το όνειρο κάθε εργασιομανή είναι να κερδίσει τα έπαθλα της κουλτούρας του, που εξαρτώνται από τις καλές επιδόσεις του. «Εντάξει, μπορεί να μην είναι η φωνή του Πατέρα» λέμε στον εαυτό μας, «αλλά τουλάχιστον είναι μια φωνή που μου λέει ότι τα πάω καλά». Ο ορφανός, επειδή δεν ξέρει ότι στην πραγματικότητα είναι γιος, τριγυρνάει εδώ κι εκεί σαν ασθενής με άδειο συναισθηματικό ορό, έτοιμος δεχθεί μια ενδοφλέβια επιβεβαίωσης από οποιονδήποτε ή οτιδήποτε του τη δώσει. Φτάνουμε στο σημείο να ζητιανεύουμε κάποιον να μας πει κάτι καλό για τον εαυτό μας. Ο ψυχολόγος Τζέρεμι Σέρμαν γράφει:

Όλοι ξέρουμε ανθρώπους που δεν μπορούν να διαχειριστούν [την έλλειψη επιβεβαίωσης]. Είναι αχόρταγοι. Όπως τα κολιμπρί διψούν για νέκταρ, έτσι κι αυτοί. Το εγώ τους θέλει χάιδεμα κάθε 15 λεπτά. Άλλοι κυνηγούν τα πλούτη και τη φήμη για να ικανοποιήσουν τον εθισμό του εγώ τους. Ξοδεύουν ασύστολα μόνο και μόνο για να πείσουν τους εαυτούς τους ότι είναι κάποιοι. Άλλοι γίνονται ηγέτες και οδηγοί ισχυρών κρατών, ή τουλάχιστον προσπαθούν να γίνουν. Και άλλοι οδηγούν τα κράτη, τις κοινωνίες και τις οικογένειές τους στην καταστροφή. Όταν ταΐζεις τον εγωισμό τους είναι σαν να ταΐζεις γορίλες. Χρειάζονται πάρα πολλά για να χορτάσουν και να τους μείνει απόθεμα.[24]

Για αυτόν τον εγωισμό τραγουδούσε ο Στίβι Γουόντερ όταν έλεγε, «Είναι κάτι που όλοι έχουν, αλλά κάποιοι δεν ξέρουν πώς να το διαχειριστούν· απλώνουν τα χέρια τους χωρίς σκοπό, δέχονται πράγματα που δεν έχουν καμία αξία...».[25]

Οι ορφανοί είναι καταδικασμένοι να αποδέχονται πράγματα που δεν αξίζει να έχουν. Το ορφανό πνεύμα μετατρέπει τους ανθρώπους σε βδέλλες, που τρέχουν από τον έναν στον άλλο, αναζητώντας κάποιον που θα τους πει ότι κάνουν κάτι σωστά. Γιατί λαχταράμε τόσο πολύ την επιβεβαίωση των ανθρώπων; Επειδή δεν ακούμε τη φωνή του Πατέρα να μας λέει, «Είσαι ο αγαπημένος Μου γιος. Είσαι η αγαπημένη Μου κόρη. Είμαι πολύ ευχαριστημένος με σένα». Γι' αυτό μοχθούμε να αποκτήσουμε μια ψηλή θέση, ώστε οι υφιστάμενοί μας να μας λένε υποχρεωτικά πόσο καλά τα πάμε (βέβαια, ποτέ δεν είναι αυτός ο αρχικός ή συνειδητός λόγος για τον οποίο αναλαμβάνουμε μια θέση, αλλά ίσως είναι το υποσυνείδητο κίνητρό μας). Είναι μια ανεπαίσθητη αίσθηση «ευχαρίστησης», αλλά κάτι είναι κι αυτό, όταν οι υπάλληλοί σου σού λένε πόσο έξυπνος και εμφανίσιμος είσαι και πόσο καλά τα έχεις καταφέρει.

Πίσω από ποιες σκέψεις μας μπορεί να κρύβεται αυτό; Κάποιες φορές είναι η σκέψη ότι, «Αν καταφέρω να πάρω αυτή τη δουλειά ή αυτή τη θέση, όλα θα μου πάνε καλά. Θα λυθούν όλα τα προβλήματά μου». Το πρόβλημα είναι ότι στη νέα μας θέση αναγκαστικά θα έρθει μαζί μας και ο ορφανός εαυτός μας, που είναι σαν βρώμικο ρούχο. Όπου κι αν εμφανιστούμε, εμφανίζεται μαζί και η δυσοσμία μας.

Δ) Η δύναμη

Ο Χένρι Νάουβεν λέει, «Όταν φτάσουμε στο σημείο να πιστεύουμε τις φωνές που μας αποκαλούν ανάξιους και αντιπαθείς, είναι πολύ εύκολο να εκλάβουμε την επιτυχία, τη φήμη και τη δύναμη ως ελκυστικές λύσεις».[26]

Δηλαδή, *νιώθουμε την ανάγκη να αποδεικνύουμε ότι είμαστε σημαντικοί, επειδή δεν είμαστε σίγουροι ότι είμαστε.* Ο Ιησούς αντιπαραβάλει με πολλή προσοχή τη διαφορά ανάμεσα στα δύο είδη δύναμης: τη δύναμη σύμφωνα με τη Βασιλεία του Θεού, η οποία υπηρετεί τους άλλους με ταπεινότητα, και την ουμανιστική έννοια της δύναμης, η οποία απαιτεί την υποταγή των άλλων (δες Κατά Μάρκο 10:42-43). Το γνωστό ουμανιστικό κλισέ υποστηρίζει πως «Ό,τι μπορείς να συλλάβεις με το μυαλό σου, μπορείς να το πετύχεις». Ταιριάζει θαυμάσια με το «αμερικάνικο όνειρο», απλώς δεν έχει καμία σχέση με τον χαρακτήρα του Θεού. Ο Θεός αποκαλύπτει τον εαυτό Του μέσα από την αδυναμία, τη συντριβή και την ταπεινότητα. Κάνει τους ισχυρούς, τους δυνατούς και τους πλούσιους να σαστίζουν μπροστά στην έλλειψη ανάγκης Του για οτιδήποτε.

Η Δύναμη είναι το Ναρκωτικό του Ορφανού

Η δύναμη είναι το ναρκωτικό του ορφανού. Γιατί συμβαίνει αυτό; Επειδή ο Θεός μοιράζεται με τον άνθρωπο κάποια στοιχεία της

Δρ. Κέρι Γουντ με την Δρ. Τσίκι Γουντ

δύναμής Του, και το ψέμα του ορφανού πνεύματος μας λέει ότι αν προσπαθήσουμε πολύ, θα μπορέσουμε να γίνουμε «οι καλύτεροι του χωριού». Ο μόνος που είδε τον Θεό και πίστεψε ότι μπορεί να γίνει κι αυτός τόσο ισχυρός, ήταν ο Σατανάς. Εμάς μας αρκεί να γίνουμε πιο ισχυροί από τους γύρω μας.

Ο Θεός προκαλεί την άγνοια του Ιώβ με μια ερώτηση, «Πού ήσουν όταν έθεσα τα θεμέλια της γης;» (Ιώβ 38:4). Και ο Ιησούς λέει στον πλούσιο γαιοκτήμονα που μαγεύεται από την αφθονία των αγαθών του:

Οι αποθήκες σου, λοιπόν, είναι γεμάτες και εσύ χτίζεις ακόμα μεγαλύτερες. Αλλά, αν απόψε ζητήσουν την ψυχή σου, σε ποιόν θα ανήκουν όλα αυτά;
Κατά Λουκά 12:18-20, σε παράφραση

Ο Ιάκωβος λέει στους πλούσιους να κλαίνε και να θρηνούν για όλα τα βάσανα που τους περιμένουν (Ιάκωβος 5:1), πράγμα που ακούγεται σχεδόν βλάσφημο σε μας.

Σκέψου Πόση Δύναμη Έχει η Αδυναμία

Ο Θεός δεν εγκλωβίζεται στα δικά μας διλήμματα — πλούσιος ή φτωχός, ισχυρός ή αδύναμος. Ένας αληθινός γιος αφήνει τη δύναμη του Θεού να κινείται μέσα από την αδυναμία του, αντί να αποφεύγει τις αδυναμίες του. Υπάρχει και μια τρίτη επιλογή, δηλαδή, Ο Παύλος είδε ότι μέσω του Αγίου Πνεύματος που κατοικεί μέσα μας, η δύναμη του Χριστού αναπαύεται επάνω μας όταν το κίνητρό μας δεν είναι ούτε η αδυναμία, ούτε η δύναμή μας, αλλά η απόλυτη υπακοή στον Πατέρα.

> Η δύναμη του Χριστού αναπαύεται επάνω μας όταν το κίνητρό μας δεν είναι ούτε η αδυναμία, ούτε η δύναμή μας, αλλά η απόλυτη υπακοή στον Πατέρα.

Πρόσεξε ότι για τα ίδια πράγματα πειράστηκε ο Ιησούς στην έρημο: για την επιθυμία των ματιών, την επιθυμία της σάρκας και την αλαζονεία του βίου. Ο τελικός στόχος του Σατανά μέσα από αυτούς τους πειρασμούς, δεν είχε να κάνει με υλικά αγαθά, αλλά με την ταυτότητα του Ιησού ως Γιου. Πράγματι, η ουσία κάθε πειρασμού έχει να κάνει με την ταυτότητα που έχεις ως γιος. Ο επαναλαμβανόμενος πρόλογος του Σατανά ήταν, «Εάν είσαι Γιος του Θεού, απόδειξε τη δύναμή Σου κάνοντας αυτό κι αυτό το θαύμα». Η τακτική του Σατανά είναι να σκοτώνει, να κλέβει και να καταστρέφει, αλλά ο απώτερος στόχος του είναι να σε χωρίσει από την αγάπη του Πατέρα.[27]

Είτε μιλάμε για τα πάθη της σάρκας, τα υλικά αγαθά, τα αξιώματα ή τη δύναμη, όλα θα σε οδηγήσουν σε μια καταπιεσμένη ζωή. Κάθε πρωί που ξυπνάμε, ένα πράγμα μας βασανίζει: «Τι πρέπει να κάνω σήμερα για να νιώσω ότι είμαι κάποιος; Τι πρέπει να πετύχω σήμερα για να είμαι πετυχημένος; Τι πρέπει να καταφέρω σήμερα για να είμαι αποδεκτός;». Εάν δεν με πιστεύεις, κάνε μια απλή έρευνα στα μέσα κοινωνικής δικτύωσης και δες πόσοι άνθρωποι μιλούν για το πόσο πολυάσχολοι και κουρασμένοι είναι σήμερα. Η πολυάσχολη ζωή είναι το έπαθλο τιμής των «σημαντικών» ανθρώπων στη Βόρεια Αμερική.

Οι Ορφανοί Γίνονται τα Καλύτερα Στρατιωτάκια

Στην ταινία «SKYFALL» ο Τζέιμς Μποντ και η επικεφαλής της MI5 (η «Μ»), αναγκάζονται να φύγουν από το Λονδίνο για να σωθούν. Ο Μποντ μεταφέρει τη διευθύντρια στο πατρικό του σπίτι στην επαρχία. Φτάνουν στο αχανές κτήμα, κατεβαίνουν απ' το αυτοκίνητο και ατενίζουν το μαγευτικό τοπίο. Σε μια από τις σπάνιες στιγμές προσωπικού ενδιαφέροντος, η «Μ» ζητά από τον Μποντ να της διηγηθεί την ιστορία του πρόωρου θανάτου των γονιών του που τον άφησε ορφανό από παιδί. Της απαντάει απότομα, «Την ξέρεις την ιστορία» (δηλαδή δεν χρειάζεται να σου την πω). Μετά από λίγα λεπτά αμήχανης σιωπής, η διευθύντρια λέει, *«Οι ορφανοί γίνονται τα καλύτερα στρατιωτάκια»*.

Οι πνευματικά ορφανοί γίνονται τα καλύτερα στρατιωτάκια στα σχέδια του Σατανά, γιατί οι ορφανοί δεν νιώθουν την αγάπη ενός πατέρα και δεν ξέρουν αν έχουν ταυτότητα, σπίτι ή κληρονομιά. Είναι εύκολη λεία για τον πατέρα του ψέματος. Όταν συνειδητοποιήσεις ότι ο Τζέιμς Μποντ ήταν ορφανός, θα καταλάβεις γιατί αντιμετωπίζει τις γυναίκες ως αντικείμενα, γιατί είναι εθισμένος στα πανάκριβα πράγματα, γιατί ζει συνεχώς σε μια έξαψη αδρεναλίνης και γιατί δεν έχει ούτε μία ουσιαστική, προσωπική σχέση.

Δρ. Κέρι Γουντ με την Δρ. Τσίκι Γουντ

Η Παρορμητικότητα του Ορφανού Πνεύματος

Οι ορφανοί αρπάζουν με όποιον τρόπο μπορούν αξιώματα, υλικά αγαθά, ικανοποίηση για τα πάθη τους ή δύναμη για να αποκτήσουν μια αίσθηση ταυτότητας, διότι ένα από τα βασικά χαρακτηριστικά τους είναι ότι αδυνατούν να δουν το μέλλον. Δεν μπορούν να εμπιστευθούν τον Θεό ότι μπορεί να πάρει τον πόνο του σήμερα και να τον μετατρέψει σε κάτι ένδοξο αύριο. Δεν μπορούν να δουν ότι ο Πατέρας μορφώνει μέσα τους την καρδιά ενός αληθινού γιου, μέσα από τις σημερινές τους αντιξοότητες, ώστε να δουν τους ειρηνικούς καρπούς της δικαιοσύνης στο μέλλον.

Εάν ο εσωτερικός μονόλογος μέσα στο μυαλό σου σού λέει ότι ποτέ δεν θα έχεις αρκετά, πότε δεν θα είσαι αρκετός ή δεν θα κάνεις αρκετά για να είσαι πολύτιμος, τότε θα αρχίσεις να αρπάζεις ό,τι μπορείς να αρπάξεις εδώ και τώρα. Η καρδιά του ορφανού δεν μπορεί να αντέξει την ιδέα ότι η καθυστέρηση μπορεί να είναι απόδειξη της αναξιότητάς του. Οι ορφανοί πρέπει να έχουν αυτό που θέλουν εδώ και τώρα. Το ορφανό πνεύμα πάντα ψάχνει τρόπους για να κόψει δρόμο, που σημαίνει ότι μπορεί να πατήσει επί πτωμάτων για να φτάσει εκεί που θέλει. Ο ορφανός πρέπει πάση θυσία να κατευνάσει τα συναισθήματα που του λένε ότι δεν είναι αρκετά καλός. Αυτό μπορεί να σημαίνει ότι μετακομίζουμε από το ένα μέρος στο άλλο, μέχρι να βρούμε ένα μέρος όπου θα είμαστε αποδεκτοί. Ή μπορεί να σημαίνει ότι αγοράζουμε ρούχα που δεν χρειαζόμαστε (η γνωστή αγοραθεραπεία) για να νιώσουμε καλά με τον εαυτό μας. Μπορεί να είναι μια φαινομενικά πνευματική κίνηση, όπως να ακολουθήσουμε τυφλά έναν προφητικό λόγο, χωρίς να προσευχηθούμε πρώτα και να ζητήσουμε σοφές συμβουλές. Μπορεί να σημαίνει ότι καταχρεωνόμαστε για να αποδείξουμε στους άλλους ότι είμαστε «ευλογημένοι». Γενικά, οι ορφανοί δεν μπορούν να δουν την αξία της αυτάρκειας, επειδή έχουν πολλά συναισθηματικά κενά που πρέπει να καλυφθούν. Χρησιμοποιούν ακόμα και τις σχέσεις τους με σκοπό να κερδίσουν κάτι απ' αυτές.

Κάποιος είπε ότι ο γάμος ανάμεσα σε δυο ανθρώπους που σκέφτονται σαν ορφανοί, είναι σαν δύο τσιμπούρια χωρίς σκύλο. Τα τσιμπούρια ρουφούν το ένα τη ζωή του

> Οι ορφανοί δεν μπορούν να δουν την αξία της αυτάρκειας, επειδή έχουν πολλά συναισθηματικά κενά που πρέπει να καλυφθούν.

άλλου. Δηλαδή, κανείς δεν δίνει τίποτα στον άλλο, μόνο παίρνουν ό,τι μπορούν ο ένας από τον άλλον, μέχρι να στραγγίξουν και οι δύο και να πεθάνουν. Το ίδιο μπορεί να συμβεί και στη σχέση μεταξύ γονιού και παιδιού. Οι ορφανοί γονείς χρησιμοποιούν τα παιδιά τους ως μέσο για τη δική τους συναισθηματική ολοκλήρωση ή θεραπεία. Μπορεί να σου ακούγεται παράλογο, αλλά είναι εκπληκτικό αν παρατηρήσεις πόσοι γονείς εκτονώνουν τον θυμό, την αγανάκτηση και την αγωνία τους στα παιδιά τους, επειδή αυτά είναι οι μόνοι άνθρωποι που αναγκαστικά τους ακούνε. Αντλούν από τα παιδιά τους τη θεραπεία που έχουν ανάγκη, αλλά το ερώτημα είναι, τι επιπτώσεις πιστεύεις ότι έχει όλο αυτό στα παιδιά;

Η αλήθεια (τα γεγονότα, δηλαδή) και η γνώση αποκτούν μεγαλύτερη αξία από την αγάπη και τη ζωή. Ο καρπός του Δέντρου της Γνώσης του Καλού και του Κακού θεωρείται ανώτερος από τον καρπό του Δέντρου της Ζωής. Άρα, είναι πιο σημαντικό για σένα να ζεις και να ενεργείς με βάση τη γνώση του καλού και του κακού και τη λανθασμένη εμπιστοσύνη σου σ' αυτά, από το να ζεις σύμφωνα με το Δέντρο της Ζωής: να εκτιμάς τις σχέσεις σου, τη συγχώρεση, τη διαφάνεια και την ειλικρίνεια.

Σημαντικές Αντιθέσεις

Σκέψου τις εξής διαφορές:

- Ο ορφανός παλεύει να αποδείξει ότι είναι σωστός· ο γιος προτιμάει να είναι σωστές οι σχέσεις του.
- Ο ορφανός νιώθει ότι πρέπει να αναφέρει όλα τα γεγονότα· ο γιος απλά εκφράζει την αγάπη του.
- Ο ορφανός διεκδικεί το δικαίωμα να ξέρει· ο γιος ξέρει ότι θα ξέρει αυτά που χρειάζεται να ξέρει, όταν χρειάζεται να τα ξέρει (επειδή το Άγιο Πνεύμα ζει μέσα του).
- Οι ορφανοί έχουν έτοιμες δικαιολογίες για να στηρίξουν το δικαίωμά τους να λένε ό,τι θέλουν. Οι γιοι καλύπτουν με αγάπη.
- Το ορφανό πνεύμα λέει, «Είναι καθήκον μου να λέω την αλήθεια, ακόμα κι αν κάποιος πληγωθεί». Το πνεύμα ενός αληθινού γιου λέει, «Ξέρω πράγματα για σένα, που όμως δεν θα επαναλάβω ποτέ». Έτσι δεσμευόμαστε ο ένας προς τον άλλον με αγάπη.

Δρ. Κέρι Γουντ με την Δρ. Τσίκι Γουντ

Ο Ουράνιος Πατέρας έχει σχεδιάσει πολύ καλύτερα πράγματα για σένα, από το να αναλώνεσαι προσπαθώντας να αποδείξεις ποιος είσαι και τι μπορείς να κάνεις. Σου έχει ήδη εξασφαλίσει την ταυτότητά σου μέσα στον Υιό Του, και σε αγαπάει με την ίδια αγάπη και με τον ίδιο τρόπο που αγαπάει τον Ιησού (Κατά Ιωάννη 17:23). Μπορούμε, επιτέλους, να ξυπνήσουμε και να συνειδητοποιήσουμε ότι είμαστε γιοι. Το Άγιο Πνεύμα σε ξυπνάει αυτή τη στιγμή. Σε ξεσηκώνει για να δεις ότι είναι μια νέα μέρα και μπορείς να σκαρφαλώσεις στην αγκαλιά του Πατέρα, να μάθεις ποια είναι η αποστολή Του, να κάνεις ό,τι σου πει να κάνεις, και να νιώσεις τη χαρά να ακούς τη φωνή Του.

Μέσα στην τέλεια αγάπη του Πατέρα δεν χρειάζεται:

**Να φοβάσαι κάτι, να αποδείξεις κάτι,
να κρύψεις κάτι, να χάσεις κάτι.**

*Οι ορφανοί τρέχουν **από** τον Πατέρα φοβισμένοι. Οι γιοι και οι κόρες τρέχουν **στον** Πατέρα με μια αγάπη χωρίς όρους.* Πήγαινε τρέχοντας στην αγκαλιά του Πατέρα. Δες ότι η αποστολή του Πατέρα για τον Ιησού δεν ήταν να κάνει τον κόσμο «σωστό», αλλά να συμφιλιώσει τον κόσμο με τον εαυτό Του (Β' Κορινθίους 5:19-20). Μια παράφραση από τον Μπεν Κάμπελ Τζόνσον:

*Ο Θεός ήταν μέσα στον Χριστό και αγκάλιαζε τον κόσμο
για να τους φέρει στον εαυτό Του.
Δεν έχει πλέον λίστα με τις αμαρτίες των ανθρώπων,
αλλά έχει φυτέψει μέσα μας την επιθυμία Του να είμαστε μαζί.*
Β' Κορινθίους 5:19, Τζόνσον

Τι Είπαμε Μέχρι Τώρα;

Είμαστε φτιαγμένοι σύμφωνα με την εικόνα του Θεού για να λειτουργούμε μέσα σε σχέσεις, δημιουργημένοι να ζούμε γεμάτες ζωές που αγγίζουν τους άλλους.

Το τελικό στάδιο στο σχέδιο του Σατανά είναι να μας παρουσιάζει διάφορες μορφές «ψευδοπληρότητας» σε μια προσπάθεια να μας χωρίσει από την αγάπη του Πατέρα (και να ανατρέψει τον σκοπό της αγάπης του Πατέρα για μας).

Οι ορφανοί συμβιβάζονται με τα υποκατάστατα της γεμάτης ζωής: τα πάθη, τα υλικά αγαθά, τα αξιώματα, και τη δύναμη. Είναι όλα εθιστικά σαν ναρκωτικά.

Κάθε πειρασμός που αντιμετωπίζουμε εκμεταλλεύεται μια επιθυμία που μας έδωσε ο Θεός, ώστε να μας κάνει να αμφιβάλλουμε για το αν είμαστε αληθινοί γιοι.

Οι γιοι ζουν μέσα στην πληρότητα της αγάπης του Πατέρα και ξέρουν ότι η δύναμη του Χριστού αναπαύεται επάνω μας όταν το κίνητρό μας δεν είναι ούτε η αδυναμία, ούτε η δύναμή μας, αλλά η απόλυτη υπακοή στον Πατέρα.

Οι γιοι έχουν μέσα τους τη συνείδηση της μελλοντικής αιωνιότητας, και αυτό τους προστατεύει από τις παρορμήσεις του παρόντος.

ΠΡΟΣΕΥΧΗ

Abba, η έλξη που νιώθω προς τους εθισμούς της «ψευδοπληρότητας» δείχνει ότι δεν Σε εμπιστεύομαι πραγματικά ή δεν καταλαβαίνω πώς πραγματικά με βλέπεις. Θέλω να τρέξω κοντά Σου, Πατέρα, και ξέρω ότι αμέσως θα αρχίσεις να τρέχεις κοντά μου. Αλλά τα ψέματα μου φαίνονται πολύ αληθινά, και έχω την εντύπωση ότι όλη μου η ζωή αποδεικνύει ότι τα ψέματα είναι αληθινά. Σου ζητώ να αφαιρέσεις το πέπλο από τα μάτια μου. Έλα, Άγιο Πνεύμα. Πες μου την αλήθεια μέσα στο πνεύμα μου. Γέμισέ με με όλο το πλήρωμα του Θεού (Κολοσσαείς 2:9-1, 3:19). Αμήν.

Δρ. Κέρι Γουντ με την Δρ. Τσίκι Γουντ

ΓΙΑ ΟΜΑΔΙΚΗ ΣΥΖΗΤΗΣΗ

1) Αναφέρετε κάποια εδάφια της Βίβλου που δείχνουν ότι δημιουργηθήκαμε για να ζούμε πλήρεις:

2) Ποιος είναι ο κύριος στόχος του Σατανά όταν επιστρατεύει τους πειρασμούς; Μήπως είναι κάτι περισσότερο από την αμαρτία;

3) Μπορείτε να δώσετε παραδείγματα από τη δική σας ζωή, όπου τα πάθη, τα υλικά αγαθά, τα αξιώματα ή η δύναμη αντικατέστησαν την πραγματική πληρότητα που υπάρχει μόνο στον Θεό;

4) Πόσο διαφορετική θα ήταν η ζωή σου εάν δεν φοβόσουν καθόλου τι σκέφτονται οι άλλοι για σένα ή εάν δεν ένιωθες την ανάγκη να αποδείξεις τίποτα σε κανέναν;

ΟΧΤΩ

Μεταμόρφωση:
Όταν Γίνεσαι Άλλος Άνθρωπος

Αν θέλουμε να εκπροσωπούμε τον Ιησού σε όλο το μεγαλείο Του, θα πρέπει να μας συμβεί κάτι εξίσου μεγαλειώδες.

Όπως είδαμε μέχρι τώρα στην πορεία προς το ορφανό πνεύμα, ο απώτερος στόχος του εχθρού είναι να σε κάνει να πιστέψεις ότι είσαι ολομόναχος και παλεύεις μόνος σου. Ο Σατανάς θέλει να πιστέψεις ότι ο Θεός σε εγκατέλειψε και σου φόρτωσε την ευθύνη να γίνεις κάτι στη ζωή σου. «Πρέπει να το κάνεις μόνος σου. Δεν πρόκειται να το κάνει κανένας άλλος για σένα». Από ποιον προέρχονται αυτές οι εισηγήσεις; Από τον πατέρα του ψεύδους που τυφλώνει τα μάτια μας ώστε να μη βλέπουμε ποιοι είμαστε μέσα στον Θεό και ποια είναι η φύση της αγάπης του Θεού για μας. Με μεγάλη ευκολία βλέπουμε την επιτυχία, τη φήμη και τη δύναμη ως ελκυστικές λύσεις για να νιώσουμε πλήρεις. Ο ορφανός αναλώνει τη ζωή του μέσα σε απομιμήσεις –στα πάθη, τα υλικά αγαθά, τα αξιώματα και τη δύναμη– προσπαθώντας να ναρκώσει τον πόνο των «κενών θερμίδων», να αποδείξει ότι είναι κάποιος και ότι έχει ένα σπίτι. Ένα τραγούδι που χαρακτηρίζει κάθε ορφανό, είναι αυτό με το οποίο οι Rolling Stones έβγαλαν εκατομμύρια, «I can't get no satisfaction...» (Δεν βρίσκω ικανοποίηση πουθενά).

Ήρθε, όμως, ένας Γιος στο προσκήνιο και μας είπε: «Ο Πατέρας μου ξέρει τι χρειάζεστε. Κι αν ζητήσετε πρώτα τη βασιλεία Του και τη δικαιοσύνη Του, όλα τα υπόλοιπα θα σας προστεθούν». Τα πιο ένδοξα καλά νέα είναι ότι υπάρχει ένας Πατέρας που μας αγαπάει και θέλει να μας φροντίσει στην εντέλεια. Ο Πατέρας θέλει να είσαι πλήρης. Και άνοιξε τον δρόμο για να μπορείς να είσαι πλήρης και να μη σου λείπει τίποτε.

Σκέψου το Εξής

Όταν ο Παύλος προσεύχεται για την εκκλησία της Εφέσου (και για μας), προσεύχεται να γνωρίσουμε βιωματικά την αγάπη και την πληρότητα του Πατέρα. Δεν εννοεί να γεμίσουμε με απλή, διανοητική γνώση, αλλά με τον ίδιο τον Θεό:

Προσεύχομαι για σας, ώστε στερεωμένοι γερά μέσα στην αγάπη, να μπορέσετε (μαζί με όλους τους Χριστιανούς) να συλλάβετε πόσο πλατιά και βαθιά και μακριά και ψηλή είναι η αγάπη του Χριστού, και να τη γνωρίσετε προσωπικά· αυτή την αγάπη που ξεπερνάει το μυαλό μας. Είθε να γίνετε πλήρεις, να γεμίσει όλο το είναι σας με τον ίδιο τον Θεό!

Εφεσίους 3:18-19 (Τ. Μ. Φίλιπς)

Ο Γιος Κυβερνά με Αποκάλυψη

Νομίζω πως αναλύσαμε πολύ διεξοδικά τη σκοτεινή πλευρά αυτής της μάχης. Είδαμε ότι η ανθρωπότητα σύρεται μακριά από την τέλεια αγάπη του Πατέρα, μέσα από την απομόνωση, τα ψέματα, τις απομιμήσεις της αγάπης και την ψευδοπληρότητα. Τώρα ήρθε η ώρα να πάμε στην απέναντι πλευρά και να δούμε με ποιους τρόπους έρχεται το Άγιο Πνεύμα και μας λυτρώνει από «το πνεύμα της δουλείας που μας κάνει να φοβόμαστε» (Ρωμαίους 8:15), και μας οδηγεί στην αλήθεια ότι «τώρα, είμαστε παιδιά του Θεού» (Α' Ιωάννη 3:1-3).

Στο Κεφάλαιο Ένα εξήγησα ότι η μεταμόρφωση είναι πάντα βιωματική, και το αιτιολόγησα: ο εχθρός εκμεταλλεύεται τις τραυματικές εμπειρίες μας, τις απογοητεύσεις και τις πληγές μας, ως σημεία εισόδου στο μυαλό μας, για να έχει πρόσβαση και να χτίζει τα οχυρά του. Με τον ίδιο τρόπο, το Άγιο Πνεύμα μας οδηγεί σε θεϊκές συναντήσεις, δηλαδή δυνατές εμπειρίες στην παρουσία του Θεού, που αντικαθιστούν τα ψέματα με την Αλήθεια. Για να σε προλάβω: Όχι, το Άγιο Πνεύμα ποτέ δεν θα αντέγραφε τις μεθόδους του εχθρού. Ο πλαστογράφος είναι πάντα ο Σατανάς, ο οποίος έχει καταλάβει πλέον ότι ο Θεός δουλεύει μέσα από δυναμικές προσωπικές συναντήσεις μαζί μας. Σκέψου τα στοιχεία που έχουμε στη διάθεσή μας: η Βίβλος είναι γεμάτη με ιστορίες αντρών και γυναικών που μεταμορφώθηκαν επειδή φανερώθηκε στη ζωή τους ο Θεός, τους μίλησε, τους έστειλε έναν άγγελο, τους έδωσε ένα όνειρο ή μια όραση. Είχαν, δηλαδή, τη δική τους βιωματική εμπειρία με τον Ζωντανό Θεό.

Μεταμόρφωση δια της Αποκάλυψης

Για να καταλάβεις πώς λειτουργεί το έργο της μεταμόρφωσης, σου δίνω το εξής κλειδί:

Ο άνθρωπος είναι πλασμένος σύμφωνα με την εικόνα του Θεού, ως πνευματική ύπαρξη φτιαγμένη να λειτουργεί μέσα σε σχέσεις. Πράγμα που σημαίνει, μεταξύ άλλων, ότι η δυναμική της ζωής μας πηγάζει από την εμπειρία μας, και όχι απλά από τη νοητική επεξεργασία μιας πληροφορίας. Μια από τις επιπτώσεις της πτώσης του ανθρώπου ήταν ότι η καρδιά του σκοτείνιασε, δηλαδή έγινε πνευματικά νεκρός (Εφεσίους 2:1-2), συνεπώς αναγκάστηκε να ζει με βάση το μυαλό του, αντί για το πνεύμα του. Όμως, η πληροφόρηση δεν είναι, και ούτε πρόκειται να γίνει ποτέ, μεταμόρφωση.

Καμία πληροφορία, από μόνη της, δεν μπορεί να μεταμορφώσει έναν άνθρωπο. Αν μπορούσε, οι πιο μορφωμένοι θα ήταν οι πιο γεμάτοι και πιο μεταμορφωμένοι άνθρωποι, πράγμα που όλοι ξέρουμε ότι δεν ισχύει.

Αυτό που πραγματικά μας μεταμορφώνει, είναι η αποκάλυψη από το Άγιο Πνεύμα. Είναι κάτι τόσο θεμελιώδες, που ο Ιησούς διακήρυξε ότι η Εκκλησία θα χτιστεί πάνω στην πέτρα μιας τέτοιας πνευματικής αποκάλυψης μέσα στην καρδιά του ανθρώπου· της αποκάλυψης ότι ο Ιησούς Χριστός είναι ο Γιος του Θεού (Ματθαίος 16:16-18). Ο Σατανάς, παρατηρώντας τον άνθρωπο, ανακάλυψε ότι μεταμορφωνόμαστε από τις προσωπικές εμπειρίες μας, και όχι από την απλή διανοητική μάθηση και λογική σκέψη. Οι προσωπικές εμπειρίες μας, είτε καλές είτε κακές, πυροδοτούν τα πιστεύω μας, απελευθερώνουν χημικές ουσίες στο αίμα μας και «κλειδώνουν» την αλήθεια που πιστεύουμε, μέσα σε όλη μας την ύπαρξη· στο πνεύμα, στην ψυχή και στο σώμα μας. Ο Σατανάς, ως καιροσκόπος που είναι, χρησιμοποιεί τα τραυματικά γεγονότα και τους φόβους που συνοδεύουν τις εμπειρίες μας, σαν Δούρειους Ίππους, είτε αυτά οφείλονται σε ανθρώπινες πράξεις, είτε υποκινούνταν από δαιμόνια.[28] Ο εχθρός δεν είναι καθόλου δημιουργικός. Το έναυσμα της μεταμόρφωσής σου είναι η προσωπική σου ιστορία με τον Θεό.

Δεν είναι άξιο απορίας το γεγονός ότι όσο πιο εγκεφαλικά λειτουργεί η Εκκλησία, τόσο πιο αδύναμη είναι να αντιμετωπίσει τις πνευματικές ανάγκες του κόσμου μας; Η επιμόρφωση στα θέματα της Αγίας Γραφής είναι περισσότερο διαθέσιμη σήμερα από οποιαδήποτε άλλη εποχή στην Ιστορία (με βιβλία, βίντεο, σεμινάρια κτλ.), αλλά η πληροφορία από

Δρ. Κέρι Γουντ με την Δρ. Τσίκι Γουντ

μόνη της δεν μπορεί να μεταμορφώσει κανέναν. Σου φαίνεται τυχαίο ότι ο Σατανάς δεν ενοχλείται όταν πηγαίνεις στην εκκλησία και ακούς ένα καλογραμμένο, καλοδομημένο κήρυγμα, αρκεί να μη συναντάς την παρουσία του Θεού με δύναμη; Είναι άραγε τυχαίο, ότι, γενικά, νιώθουμε πιο άνετα με κάτι που είναι υπό τον έλεγχό μας –να μιλάμε για τον Θεό— σε σχέση με κάτι που δεν μπορούμε να ελέγξουμε μια εμπειρία με τον Θεό;

Μελέτησε με προσοχή τα περιστατικά της Αγίας Γραφής που περιγράφουν τη διαδικασία της μεταμόρφωσης. Ας δούμε το ξεκάθαρο παράδειγμα της αρχέτυπης ιστορίας του Σαούλ, τον οποίο διάλεξε ο Θεός για να γίνει ο πρώτος βασιλιάς του Ισραήλ. Ο πρότερος βίος του ήταν γενικά άχρωμος και άσκοπος, μέχρι που συνάντησε τον Σαμουήλ, τον προφήτη του Θεού. Σ' αυτή την ιστορία, ο Σαμουήλ είναι σύμβολο του Αγίου Πνεύματος, που ρίχνει το λάδι του χρίσματος στο κεφάλι του ανυποψίαστου Σαούλ και τον χρίει βασιλιά. Ετοιμάσου να δεις την εμπειρία της συνάντησής του με το Άγιο Πνεύμα.

Αυτή η ιστορία από την Παλαιά Διαθήκη προμηνύει τη σημασία του Ρόλου του Abba. Καθώς τη διαβάζεις, θα δεις ότι το Πνεύμα του Θεού δουλεύει μέσα σου για να σε ελευθερώσει από την τυραννία της θλίψης, **την υπεροψία και την αυτοκατάκριση**· δηλαδή αυτά που σε εμποδίζουν να σταθείς στο αληθινό σου ύψος και να εκπληρώσεις το κάλεσμα του Θεού εδώ και τώρα: να κυβερνήσεις ως γιος και κόρη του Θεού.

Σαούλ: Η Εκπαίδευση ενός Βασιλιά

Αυτή η ιστορία είναι ταυτόχρονα δική σου (και δική μου). Είναι το ταξίδι της μεταμόρφωσής μας σε γιους. Το σχέδιο αυτού του ταξιδιού μάς δίνεται μέσα από την ιστορία του Σαούλ, γιου του Κεις, που χρίστηκε και κλήθηκε να βγει από την αφάνεια στη θέση του βασιλιά ένα ταξίδι που μοιάζει πάρα πολύ με το δικό μας ταξίδι, από την ορφανή ζωή στη ζωή ενός γιου. Την ιστορία αυτή μπορείς να τη βρεις στα κεφάλαια 10 και 11 του Α' Σαμουήλ. Υπογράμμισε, αν θέλεις, μια πολύ σημαντική φράση για το κοινό μας ταξίδι. Ο Σαμουήλ ο προφήτης, ως σύμβολο του έργου και του λόγου του Κυρίου, αδειάζει μια φιάλη με λάδι πάνω στο κεφάλι του Σαούλ, και λέει:

Δεν σε έχρισε ο Κύριος άρχοντα επάνω στην κληρονομιά του;
Α' Σαμουήλ 10:1

Ο ΡΟΛΟΣ του Abba

Το υπόβαθρο της ιστορίας αυτής, της επιλογής και στέψης του πρώτου βασιλιά του Ισραήλ, αρχίζει με έναν άνθρωπο τον οποίο ο Θεός βλέπει ως βασιλιά, αλλά αυτός αγνοεί παντελώς το καλό σχέδιο του Θεού γι' αυτόν. Στην πραγματικότητα, ο Σαούλ εμφανίζεται στη σκηνή της ιστορίας του θυμίζοντας περισσότερο τον Τζέθρο Μποντάιν από τη σειρά *Οι Βλάχοι του Μπέβερλι Χιλς*, ή τον αφελή Λιλ Άμπνερ της ομώνυμης σειράς κόμικ, ή τον Γκαστόν από την *Πεντάμορφη και το Τέρας*, παρά έναν ανερχόμενο ηγεμόνα. Ήταν ένας απλοϊκός, εύσωμος χωριάτης που όλη του τη ζωή τριγυρνούσε στη φάρμα του πατέρα του, χωρίς να έχει αναλάβει ποτέ κάποια πρωτοβουλία για τον σκοπό της ζωής του. Στο μεγάλο ντεμπούτο του στην ιστορία μας τον πετυχαίνουμε σε μια ανούσια αναζήτηση των γαϊδουριών του πατέρα του που χάθηκαν. Δεν θα τη λέγαμε και ποταπή αποστολή, αλλά σίγουρα όχι βαρυσήμαντη, αν σκεφτεί κανείς πόσο μικρή είναι η έκταση της γης του Κεις.

Σίγουρα δεν πρέπει να προσπεράσουμε το γεγονός ότι ο Κεις, ο πατέρας του Σαούλ, προέρχεται από τη μικρότερη οικογένεια της μικρότερης φυλής του Ισραήλ. Όλη η γενεαλογία και το υπόβαθρο του Σαούλ τονίζουν πόσο «ασήμαντος» είναι. Ο Θεός, όμως, ετοιμάζεται να δείξει στον λαό Του, οι οποίοι προτιμούν να έχουν βασιλιά από το να ακούν τη φωνή του Θεού, τι μπορεί να κάνει ο Θεός με λίγα ή πολλά.

Αυτός ο γιος μαζί με έναν υπηρέτη του πατέρα του ξεκινούν να ψάχνουν τα γαϊδούρια και διασχίζουν πέντε διαφορετικές περιοχές, μέχρι που ο Σαούλ λεει:

Έλα, και ας γυρίσουμε, μήπως ο πατέρας μου,
αφήνοντας τη φροντίδα των γαϊδουριών, συλλογίζεται για μας.
Α' Σαμουήλ 9:5

Από τα λόγια του είναι προφανές ότι ο Σαούλ θεωρεί πως είναι εξίσου σημαντικός στον πατέρα του με έναν από τους υπηρέτες του.

Ο υπηρέτης που είναι μαζί του, όμως, ο οποίος συμβολίζει το Άγιο Πνεύμα, βοηθάει, προσέχει και φροντίζει τον ανίδεο γιο, και μάλιστα, του δίνει την κατάλληλη συμβουλή για το επόμενο βήμα. Διότι, τη στιγμή που ο Σαούλ είναι έτοιμος να εγκαταλείψει το ψάξιμο, ο υπηρέτης στρέφει την προσοχή του στον άνθρωπο του Θεού.

*Δες, τώρα, σ' αυτή την πόλη υπάρχει ένας άνθρωπος του Θεού,
και ο άνθρωπος αυτός είναι ένδοξος· κάθε τι που θα πει γίνεται
οπωσδήποτε· ας πάμε, λοιπόν, εκεί· ίσως μάς φανερώσει τον
δρόμο μας, τον οποίο πρέπει να πάμε.*

Α' Σαμουήλ 9:6

Πριν ακόμα φτάσουν στην πόλη, ο Θεός έχει ήδη μιλήσει στον Σαμουήλ και τον έχει προετοιμάσει για τη συνάντησή τους. Ο Σαμουήλ, που έμαθε να ακούει τη φωνή του Θεού από το τότε που ήταν μικρό παιδί με τον Ηλεί στον Ναό στη Σηλώ, κάνει τις απαραίτητες ετοιμασίες για τη μύηση του Σαούλ. Ο Σαμουήλ συναντάει τον Σαούλ και του έχει φυλάξει μια μεγάλη μερίδα κρέατος. Άκου προσεκτικά τα λόγια του. Είναι πολύ σημαντικά στο ταξίδι κάθε γιου προς τη μεταμόρφωσή του. Ο Σαμουήλ του λέει:

*Δες αυτό που εναπέμεινε (που κρατήσαμε)· βάλ' το μπροστά σου,
φάε· επειδή, γι' αυτή την ώρα φυλάχθηκε για σένα.*

Α' Σαμουήλ 9:24

Κάθε γιος πρέπει να έχει αυτήν την αποκάλυψη: ότι ο Θεός έχει φυλάξει κάτι για εκείνον. Ο Θεός έχει κρατήσει μια κληρονομιά για σένα που γράφει το όνομά σου πάνω. Υπάρχει ένα κάλεσμα για σένα, ένα μονοπάτι για σένα, μια κληρονομιά που είναι δική σου. Δεν περιπλανιέσαι άσκοπα μέσα σε ξένες περιοχές, με την ελπίδα ότι θα πέσεις πάνω στη χρυσή ευκαιρία της ζωής σου. Αν ανοίξεις απλά την καρδιά σου σ' Αυτόν, το Άγιο Πνεύμα θα σε συνδέσει με τον λόγο του Κυρίου, που θα σου αποκαλύψει ποιος είσαι και τι είναι δικό σου. Είσαι γεννημένος για να είσαι βασιλιάς, και υπάρχει μια γη που σου ανήκει.

Ο Σαούλ, βέβαια, αρχίζει αμέσως να παραθέτει τις αμφιβολίες του, όπως κάνουμε όλοι μας. Επαναλαμβάνει τον μονόλογο που έπαιζε μέσα στο μυαλό του για όλη του τη ζωή:

Κάθε γιος πρέπει να έχει αυτήν την αποκάλυψη: ότι ο Θεός έχει φυλάξει κάτι για εκείνον.

*Δεν είμαι εγώ Βενιαμίτης, από τη μικρότερη
από τις φυλές τού Ισραήλ; Και η οικογένειά
μου η πιο μικρή από όλες τις οικογένειες
της φυλής τού Βενιαμίν; Γιατί, λοιπόν,
μιλάς έτσι σε μένα;*

Α' Σαμουήλ 9:21

Ο Σαμουήλ ενημερώνει τον Σαούλ ότι θα ξαναμιλήσουν το επόμενο πρωί. Και καθώς ο Σαμουήλ (που συμβολίζει το έργο του Αγίου Πνεύματος) ρίχνει το λάδι του χρίσματος πάνω στο κεφάλι του ανυποψίαστου, ανίδεου γιου, του εξηγεί και τη βαρύτητα αυτής της στιγμής:

> *Δεν σε έχρισε ο Κύριος άρχοντα επάνω στην κληρονομιά του;*
> Α' Σαμουήλ 10:1

Παρεμπιπτόντως, να ξέρεις ότι το Άγιο Πνεύμα θέλει να σου εξηγήσει τα γεγονότα της ζωής σου, ώστε να μη σου ξεφύγει αυτό που ετοιμάζει ο Θεός:

> *[Το Άγιο Πνεύμα] θα σας οδηγήσει σε όλη την αλήθεια.*
> Κατά Ιωάννη 16:13

Τα Βήματα της Μεταμόρφωσης

Στη συνέχεια, ο Σαμουήλ δίνει στον Σαούλ πολύ συγκεκριμένες οδηγίες για πέντε σταθμούς που θα συναντήσει στον δρόμο προς τη μεταμόρφωσή του. (Το ότι έχεις το χρίσμα να βασιλεύεις δεν σημαίνει απαραίτητα ότι είσαι έτοιμος να βασιλεύσεις). Πολύ συνοπτικά, αυτές οι οδηγίες είναι μια εξατομικευμένη διαδικασία για την απελευθέρωση του Σαούλ από τα προσωπικά του οχυρά και μια εκ νέου ρύθμιση της νοοτροπίας του, από ορφανό σε γιο. Θα δεις ότι αυτή η διαδικασία απεικονίζει τον τρόπο με τον οποίο το Άγιο Πνεύμα οδηγεί κάθε πρόθυμο πιστό στην προσωπική του μεταμόρφωση.

> *Αφού αναχωρήσεις από μένα σήμερα, θα βρεις δύο ανθρώπους κοντά στον τάφο τής Ραχήλ, προς το συνοριακό σημείο τού Βενιαμίν στη Σελσά... Και καθώς θα προχωρήσεις από εκεί, θάρθεις μέχρι τη βελανιδιά τού Θαβώρ, και εκεί θα σε βρουν τρεις άνθρωποι, που ανεβαίνουν στον Θεό στη Βαιθήλ, ο ένας φέρνοντας τρία κατσίκια, και ο άλλος φέρνοντας τρία ψωμιά, και ο άλλος φέρνοντας ένα ασκί κρασί· και θα σε χαιρετήσουν και θα σου δώσουν δύο ψωμιά, τα οποία θα δεχθείς από τα χέρια τους. Ύστερα απ' αυτά, θα πας στο βουνό τού Θεού, όπου*

*είναι η φρουρά των Φιλισταίων· και όταν πας εκεί στην πόλη, θα συναντήσεις μία ομάδα από προφήτες, που θα κατεβαίνουν από τον ψηλό τόπο, με ψαλτήρι, και τύμπανο, και αυλό, και κιθάρα μπροστά απ' αυτούς, και θα προφητεύουν. Και θάρθει επάνω σου το Πνεύμα τού Κυρίου, και θα προφητεύσεις μαζί τους, **και θα μεταβληθείς σε άλλον άνθρωπο**.*

Α' Σαμουήλ 10:2-6

Αυτό που εντυπωσιάζει όλους όσους μελετάμε τις ιστορίες του Θεού, είναι ότι ο Σαούλ, μόλις χρίστηκε βασιλιάς από τον προφήτη, μπήκε κατευθείαν σε εντατικά μαθήματα «Πώς να Είμαι Βασιλιάς». Τον Σαούλ μπορεί να τον διάλεξε ο Θεός, αλλά σ' αυτή τη φάση δεν διαθέτει ακόμα κανένα ίχνος βασιλικής νοοτροπίας. Χρειάζεται κάποιες θεϊκές συναντήσεις μέχρι να μπορέσει να λειτουργήσει αποτελεσματικά ως βασιλιάς σύμφωνα με την εξουσία που του δόθηκε. Ομοίως και εμείς: Κάθε πιστός λαμβάνει ένα βασιλικό χρίσμα διαμέσου του Πνεύματος που κατοικεί μέσα του, αλλά χρειάζεται κάποιες συναντήσεις στην παρουσία του Θεού που θα τον οδηγήσουν σε μια προσωπική μεταμόρφωση. Η σωτηρία μας μάς ετοιμάζει για τον ουρανό, αλλά δεν μας ετοιμάζει αυτόματα ως γιους του Θεού που θα ξέρουμε πώς να «βασιλεύσουμε με ζωή διαμέσου τού ενός Ιησού Χριστού» (Ρωμαίους 5:17).

Τα Βήματα για να Γίνεις Βασιλιάς με τον Θεό και να Οδηγείς τον Λαό του Θεού:

1. Ο Τάφος της Ραχήλ: Πρέπει να αντιμετωπίσεις τα συναισθηματικά δεσμά του παρελθόντος σου, για να μπορέσεις να προχωρήσεις στο μέλλον.

Σημείωσε τον πρώτο σταθμό που πρέπει να κάνει ο Σαούλ στον Τάφο της Ραχήλ στη Σελσά. Σ' αυτό το μέρος, η πρόκληση θα είναι να εστιάσει την προσοχή του στο μέλλον και να ξεχάσει το παρελθόν. Τα χαμένα γαϊδούρια βρέθηκαν, τώρα στρέψε την προσοχή σου σ' αυτά που βρίσκονται μπροστά. Ο τάφος

> Κάθε πιστός λαμβάνει ένα βασιλικό χρίσμα διαμέσου του Πνεύματος που κατοικεί μέσα του, αλλά χρειάζεται κάποιες συναντήσεις στην παρουσία του Θεού που θα τον οδηγήσουν σε μια προσωπική μεταμόρφωση.

της Ραχήλ θύμιζε σε κάθε Εβραίο την ανείπωτη θλίψη που ένιωσε ο Ιακώβ όταν έθαψε τη γυναίκα που υπεραγαπούσε. Εντωμεταξύ, η λέξη «Σελσά» σημαίνει *σκιά ή παραπλάνηση*.

Ίσως ακούγεται ασαφές, αλλά το σίγουρο είναι ότι πρέπει να συμβεί μια συναισθηματική αποκοπή μέσα μας με τη δύναμη του Πνεύματος, για να μπορέσουμε να αφήσουμε πίσω το παρελθόν μας. Θα 'λεγε κανείς ότι μια τέτοια αποστολή (να κυνηγάς τα χαμένα γαϊδούρια του πατέρα σου) δεν είναι δύσκολο να την αφήσεις πίσω σου, κι όμως, φαίνεται ότι ο Σαούλ ανησυχούσε πολύ για το τι θα σκεφτεί ο πατέρας του αν δεν γυρίσει πίσω ούτε ο γιος του, ούτε τα γαϊδούρια του. Αν το σκεφτείς, όλοι είμαστε εθισμένοι σε ασχολίες που δεν είναι παραγωγικές. Σκέψου την εμμονή μας να τσεκάρουμε διαρκώς τα email μας, τα μέσα κοινωνικής δικτύωσης ή το χρηματιστήριο. Αν θέλουμε να ζούμε και να λειτουργούμε σαν βασιλιάδες, πρέπει να σπάσουμε κάποια παλιά μοτίβα συμπεριφοράς.

Ένα από τα πρώτα πράγματα που κάνει το Άγιο Πνεύμα όταν θέλει να ετοιμάσει τους γιους Του για το έργο της Βασιλείας, είναι να μας ελευθερώσει από την πλάνη της πολυάσχολης ζωής, η οποία δεν έχει κανένα ουσιαστικό, αιώνιο αποτέλεσμα. Ο Παύλος μας προειδοποιεί ότι τα έργα μας, αν δεν πηγάζουν από τον σκοπό της Βασιλείας, θα κατακαούν σαν τα ξύλα, το χορτάρι και τα καλάμια. Πρέπει να νιώσουμε τη θλίψη που έρχεται όταν κάνουμε περιτομή στην καρδιά μας χάρη του σκοπού του Θεού. Θυμάσαι τον πλούσιο νέο που έφυγε από την πρόσκληση του Ιησού θλιμμένος; Πόσους ανθρώπους του Θεού έχεις γνωρίσει, που κάποια στιγμή έμπλεξαν μέσα στις μέριμνες του κόσμου και δεν προχώρησαν ποτέ πέρα από τον Τάφο της Ραχήλ; Ανταποκρινόμαστε στη φωνή του Θεού και αφιερώνουμε τη ζωή μας σ' Αυτόν, αλλά μετά έρχονται οι φίλοι, οι δουλειές, ο χαρακτήρας μας ή οι συνήθειές μας που συνεχώς μας τραβούν προς τα πίσω.

Ο Παύλος λέει στον νεαρό Τιμόθεο:

> *Κανένας στρατευόμενος δεν εμπλέκεται στις βιοτικές υποθέσεις, για να αρέσει σ' αυτόν που τον στρατολόγησε.*
> Β' Τιμόθεο 2:4

Αυτό σε κάθε άνθρωπο εφαρμόζεται με διαφορετικό τρόπο, γιατί έχουμε διαφορετικά χαρίσματα και καλέσματα. Είναι επικίνδυνο να ερμηνεύεις τι σημαίνει «εμπλέκομαι στις βιοτικές υποθέσεις» με βάση

Δρ. Κέρι Γουντ με την Δρ. Τσίκι Γουντ

Ακούμε τη φωνή Του και υπακούμε σ' αυτό που ακούσαμε. Αυτή είναι η βασική προτεραιότητα στο έργο της μεταμόρφωσης. το κάλεσμα και την ιστορία της ζωής κάποιου άλλου. Για όλους, όμως, ισχύει ένα πράγμα: η μεταμόρφωση της ζωής μας ξεκινάει όταν ανταποκρινόμαστε στην πρόσκληση του Θεού για ολοκληρωτική αφιέρωση στην κυριότητα του Χριστού — που σημαίνει ότι ακούμε τη φωνή Του και υπακούμε σ' αυτό που ακούσαμε. Αυτή είναι η βασική προτεραιότητα στο έργο της μεταμόρφωσης.

Ας κάνουμε μια παύση, και ας ζητήσουμε από τον Κύριο να μας μιλήσει για το πού βρισκόμαστε ως προς αυτό. Μήπως γυρίζεις πίσω σε κάτι από τα παλιά; Μήπως είσαι συναισθηματικά δεμένος σε κάτι που επηρεάζει την καρδιά σου; Το Άγιο Πνεύμα θέλει να απελευθερώσει μέσα σου την κραυγή προς τον Abba και να σου μιλήσει για σένα και για το χρίσμα που έχεις ως γιος. Θέλεις να Του μιλήσεις γι' αυτό τώρα;

Selah, παύση — σταμάτα για λίγο και σκέψου το.

2. Η Βελανιδιά του Θαβώρ: Πρέπει να έχεις επικοινωνία και σχέσεις με άλλους για να μείνεις προσγειωμένος στο κάλεσμά σου και να έχεις καθαρό μυαλό.

Το δεύτερο βήμα στην πορεία του Σαούλ μέχρι «να μεταβληθεί σε άλλον άνθρωπο» ήταν να πάει στη βελανιδιά που ήταν στην Κοιλάδα του Θαβώρ. Εκεί θα συναντήσει τρεις ανθρώπους· ο ένας θα μεταφέρει τρία κατσικάκια (κρέας), ο άλλος τρία καρβέλια ψωμί, και ο άλλος κρασί.

«Θαβώρ» σημαίνει *αλαζονικός ή στα ύψη*. Καλέ μου φίλε και φίλη, ξέρεις ποια είναι η αντίδραση της ορφανής καρδιάς όταν ο Θεός την καλέσει να ηγηθεί στην κληρονομιά Του; Δύο είναι τα σενάρια: είτε ένα πνεύμα απόρριψης (δηλαδή θα τρέξει να κρυφτεί), είτε ένα πνεύμα υπερηφάνειας (δηλαδή θα νιώθει υπερβολικά σημαντικός). Αυτός ο σταθμός στα «ύψη» μάλλον μας δείχνει ότι ο Σαούλ θα χρειαστεί βοήθεια για να μην «πάρουν τα μυαλά του αέρα». Πώς καλλιεργεί μέσα μας μια ταπεινή καρδιά το Άγιο Πνεύμα;

Αυτή η ιστορία, η οποία μας δόθηκε ως παράδειγμα, μας δείχνει ότι για να μη παραφουσκώσουμε από υπερηφάνεια μόλις ανακαλύψουμε την εξουσία που έχουμε, η καλύτερη προστασία είναι η κοινωνία μας με ανθρώπους του Θεού. Ο Σαούλ πρόκειται να συναντήσει τρία άτομα που πηγαίνουν προς τη Βαιθήλ, «τον οίκο του Θεού», για να λατρεύσουν τον Θεό. Κάθε ένας απ' αυτούς θα κουβαλάει ένα σημαντικό κομμάτι για τη λατρεία... όχι, όχι κιθάρες, ούτε Βίβλους, ούτε ηχοσυστήματα, αλλά κρέας, ψωμί και κρασί. Αυτά τα τρία μέσα στον Λόγο του Θεού πάντα συμβολίζουν γεύματα σε στενό κύκλο και βαθιά επικοινωνία. Εμείς, στη Βόρεια Αμερική, δυσκολευόμαστε να το κατανοήσουμε, γιατί ζούμε στην κουλτούρα του «γρήγορου φαγητού», όπου η στενή αλληλεπίδραση μεγάλης διάρκειας γύρω από ένα τραπέζι φαγητού είναι κάτι ανήκουστο.

Μήπως υπάρχουν κάποια πράγματα από τον Θεό που δενμπορούμε να τα λάβουμε απευθείας από τον ουρανό, αλλά πρέπει να τα δεχθούμε από τα χέρια άλλων πιστών, μέσα από τη σχέση μας μαζί τους;

Δεν σκοπεύω να αναλύσω την ιστορία αλληγορικά λέξη-λέξη, αλλά πρέπει να σημειώσουμε ότι για τον Ιησού, φαγητό-κρέας ήταν να κάνει το θέλημα του Πατέρα (Κατά Ιωάννη 4:34)· ο άρτος της ζωής ήταν και είναι Αυτός (Κατά Ιωάννη 6:35)· και το νέο κρασί για το οποίο μιλούσε ο Ιησούς ήταν το αναζωογονητικό έργο του Αγίου Πνεύματος (Μάρκος 2:22).

Τολμώ να πω ότι το επόμενο σημαντικό στάδιο στο έργο της μεταμόρφωσης στη ζωή ενός πιστού, απαιτεί τη συναναστροφή του με άλλους πιστούς που «ανεβαίνουν στο όρος του Θεού για να Τον λατρεύσουν». Στην ιστορία μας, ο Σαούλ λαμβάνει τη ρητή εντολή «να δεχθεί από τα χέρια τους (τα σύμβολα της λατρείας/κοινωνίας)». Μήπως υπάρχουν κάποια πράγματα από τον Θεό που δεν μπορούμε να τα λάβουμε απευθείας από τον ουρανό, αλλά πρέπει να τα δεχθούμε από τα χέρια άλλων πιστών, μέσα από τη σχέση μας μαζί τους; Στην προς Εβραίους 6:12 λέει να γίνουμε «μιμητές αυτών που με πίστη και μακροθυμία κληρονομούν τις υποσχέσεις». Σίγουρα το έχεις ξανακούσει: Κάποια πράγματα μεταδίδονται, δεν διδάσκονται. Άρα, η ταπεινή καρδιά σφυρηλατείται μέσα από τις σχέσεις που μας κρατούν προσγειωμένους στην αλήθεια και την πραγματικότητα.

Εσύ έχεις δυνατές σχέσεις με ανθρώπους που «ανεβαίνουν στον οίκο του Θεού για να Τον λατρεύσουν»; Ποια είναι η άποψή σου για τις σχέσεις μεταξύ των πιστών; Μήπως συμφωνείς με το χιουμοριστικό ρητό: «Εσένα, Κύριε, σ' αγαπώ. Τα παιδιά Σου, όμως, δεν τα αντέχω»; Μήπως εκνευρίζεσαι όταν είσαι κάτω από την εξουσία άλλων; Μήπως το σύνθημα της ζωής σου είναι, «Καλύτερα μόνος μου»; Δεν αντιλέγω ότι μπορείς να ζήσεις και έτσι, αλλά η μαρτυρία που έχουμε από τον Λόγο του Θεού είναι ότι η ζωή σου μεταμορφώνεται μόνο μέσα στο πλαίσιο της συσχέτισής σου με άλλους, εκεί που μαθαίνουμε να δίνουμε τον εαυτό μας, πολλές φορές χωρίς να ακούμε ένα ευχαριστώ.

Κύριε, μήπως θέλεις να μου μιλήσεις γι' αυτό, πώς να ανοίγω την καρδιά μου και τη ζωή μου σ' αυτούς που «ανεβαίνουν μαζί μου στο όρος του Θεού»; Μπορείς να με βοηθήσεις να βρω τα αδέρφια μου που θα με βοηθήσουν να αποφύγω «τα ύψη» του εγωισμού και των σφαλμάτων; Selah — παύση για περισυλλογή.

3. Η Φρουρά των Φιλισταίων: Πρέπει να αποδεχθείς την ταυτότητά σου ως άντρας ή γυναίκα της Βασιλείας του Θεού, και να είσαι έτοιμος να αντισταθείς στην εναντίωση και τις κατηγορίες.

Η τρίτη αποστολή στην εντατική εκπαίδευση του Σαούλ ήταν να διασχίσει τη φρουρά των Φιλισταίων στη Γαβαά. Εκεί βρισκόταν ένα φυλάκιο του κατοχικού στρατού των Φιλισταίων, πράγμα που έκανε την περιοχή τρομακτική. Σκέψου λίγο τους αντιπαθητικούς, φαντασμένους Φιλισταίους που δεν έχαναν ευκαιρία να παρενοχλούν και να εκφοβίζουν τους Ισραηλίτες που περνούσαν από εκείνο το σημείο ελέγχου. Ένα τέτοιο μέρος προσπαθείς να το αποφύγεις πάση θυσία. Κι όμως, λόγω της γεωγραφικής θέσης του, ήταν αδύνατο να το αποφύγει ο Σαούλ.

Αντιμετώπισες τη θλίψη και τους δισταγμούς σου στον τάφο της Ραχήλ· έκανες θεϊκές διασυνδέσεις με τους φίλους σου που ανεβαίνουν στο όρος του Θεού για να Τον λατρεύσουν και μετά απ' όλα αυτά, τι έρχεται; Η Φρουρά των Φιλισταίων συμβολίζει τον εκφοβισμό και τις κατηγορίες που θα συναντήσεις και αφορούν στο παρελθόν σου, στα χαρίσματά σου, στην πνευματικότητά σου. Με απλά λόγια, σ' αυτό το σημείο θα συνειδητοποιήσεις μια και καλή τη νέα σου ταυτότητα ως γιος του Θεού. Στην εβραϊκή κουλτούρα υπάρχει αυτή η έννοια ως *Μπαρ Μιτσβά* και έχει να κάνει με «την ενηλικίωση, τη στιγμή που αναλαμβάνεις τις ευθύνες

Κάθε άνδρας και γυναίκα που έχει καλεστεί από τον Θεό, θα κληθεί να αντιμετωπίσει τον κατήγορο των αδερφών, αυτόν που εξαπολύει μέσα σου σκέψεις αναξιότητας που σε παραλύουν ή λόγια συκοφαντίας από τους γύρω σου.

σου μέσα από τον Λόγο του Θεού». Είναι η στιγμή που γίνεσαι αυτός που καλέστηκες να είσαι.

Η αλήθεια είναι ότι κάθε άνδρας και γυναίκα που έχει καλεστεί από τον Θεό, θα κληθεί να αντιμετωπίσει τον κατήγορο των αδερφών, αυτόν που εξαπολύει μέσα σου σκέψεις αναξιότητας που σε παραλύουν ή λόγια συκοφαντίας από τους γύρω σου. Για πολλούς άντρες είναι η ενοχλητική σκέψη ότι «Δεν είμαι αρκετά πνευματικός. Δεν είμαι τόσο πνευματικός όσο η γυναίκα μου» ή «Εξακολουθώ να έχω σκέψεις που δεν είναι άγιες». Αυτά είναι απόπειρες του κατήγορου των αδερφών να σε πείσει να ακυρώσεις τον εαυτό σου. (Παρεμπιπτόντως, μη συγχέεις τη θρησκευτικότητα με την πνευματικότητα. Καλείσαι να ζήσεις ως άνθρωπος του Πνεύματος, όχι της θρησκείας.)

Τη στιγμή μιας δυνατής συνάντησης με τον Θεό νιώθουμε πολύ έντονα το κάλεσμα του Θεού για τη ζωή μας — ίσως σε μια συνάθροιση λατρείας ή σε ένα χρισμένο μήνυμα, όπου το Πνεύμα του Θεού μιλάει στην καρδιά μας. Αλλά στη μοναχικότητα της επόμενης μέρας, αρχίζουμε να έχουμε αμφιβολίες για το αν μπορούμε πραγματικά να σταθούμε στο ύψος ενός τέτοιου καλέσματος. Για πολλές γυναίκες είναι όλα αυτά, μαζί με τη σκέψη «Εγώ δεν έχω καμία ευκαιρία να προσφέρω κάτι». Να είσαι σίγουρη, αδελφή μου, ότι ο Θεός δεν σου έδωσε χαρίσματα χωρίς να έχει ανοίξει πόρτες ευκαιρίας για να διακονήσεις με αυτά τα χαρίσματα σε άλλους.

Όπως φαίνεται, ο Σαούλ είχε σοβαρό πρόβλημα μ' αυτό, διότι όταν έφτασε η μέρα της στέψης του και ήρθε η στιγμή να βάλουν το στέμμα στο κεφάλι του, ήταν άφαντος! Αναγκάστηκαν να ρωτήσουν τον Κύριο για να τους πει πού βρισκόταν ο Σαούλ. Τελικά τον βρήκαν να κρύβεται στην κουζίνα που ήταν τα φαγητά και οι ετοιμασίες για την τελετή (Α' Σαμουήλ 10:22). Αυτό θα πει εντυπωσιακός ηγέτης. Τόσο φοβισμένος, που δεν πήγε στην ίδια του την ορκωμοσία!

Ποιος είναι, λοιπόν, ο ρόλος του Abba και γιατί είναι τόσο σημαντικός; Το Πνεύμα του Θεού εργάζεται μέσα σου φωνάζοντας προς τον Θεό «Αββά, Πατέρα». Αυτό είναι το μόνο πράγμα που μπορεί να σε ελευθερώσει από **την τυραννία της θλίψης, της υπεροψίας και της αυτοκατηγορίας**, που σε εμποδίζουν να σταθείς στο ύψος της πραγματικής σου ταυτότητας και να εκπληρώσεις το κάλεσμα του Θεού, δηλαδή να βασιλεύσεις ως γιος και κόρη του Θεού εδώ και τώρα.

Δρ. Κέρι Γουντ με την Δρ. Τσίκι Γουντ

Θέλεις να είσαι άνθρωπος του Πνεύματος; Θα αφήσεις το Άγιο Πνεύμα να χτίσει μέσα σου τη σιγουριά και την πεποίθηση ότι είσαι γιος, ότι έχεις εξουσία, ότι έχεις μια αποστολή στη Βασιλεία Του; Μήπως υπάρχουν στη ζωή σου πράγματα που σε φοβίζουν και έχεις την τάση να κρύβεσαι απ' αυτά μέσα στην κουζίνα ή αυτόματα να λες στον Θεό ότι κάποιος άλλος θα τα κατάφερνε καλύτερα; Τι θέλει να σου πει γι'αυτό ο Κύριος τώρα; Ίσως πρέπει να γράψεις τις σκέψεις σου στα περιθώρια του βιβλίου και να ακούσεις τη φωνή Του για ένα-δυο λεπτά. Selah — παύση.

Και ενώ νόμιζες ότι τα εντατικά μαθήματα τελείωσαν...

Υπάρχουν δύο ακόμα πολύ σημαντικές συναντήσεις για τον Σαούλ, προτού ξεκινήσει να βασιλεύει ως ο πρώτος βασιλιάς του Ισραήλ.

4. Οι Προφήτες που Γυρίζουν από τη Λατρεία: Πρέπει να κάνεις το βήμα μέσα στην υπερφυσική διακονία.

Αφότου ξεπέρασε τον εκφοβισμό των Φιλισταίων, ο Σαούλ συνάντησε τους Προφήτες που κατέβαιναν από τους ψηλούς τόπους. Οι προφήτες ήταν στην παρουσία του Θεού, λάτρευαν και προφήτευαν. Αυτή είναι η υπερφυσική διακονία. Αυτή είναι ζωή μέσα στο Πνεύμα. Είναι κάτι περισσότερο από μια εκστατική, χαρισματική εμπειρία. Μας δίνει την εικόνα μιας ομάδας ανθρώπων που μοιράζονται τους ηγετικούς ρόλους, σε αντίθεση με την εικόνα ενός ατόμου μόνο στην κορυφή η οποία επικρατεί στην εποχή μας. Οι προφήτες προφητεύουν και το ίδιο πνεύμα που είναι πάνω τους, έρχεται πάνω στον Σαούλ. Κι όταν έρχεται πάνω στον Σαούλ το Πνεύμα, συμβαίνουν δύο πράγματα — ας τα σημειώσουμε.

Πρώτον, ο Σαούλ αρχίζει να προφητεύει. Είναι η πρώτη φορά που ο Σαούλ προφητεύει δια του Πνεύματος (εκτός αν υπήρξαν προηγούμενες εμπειρίες που δεν μας αναφέρει η Βίβλος). Αρχίζει να μαθαίνει πώς να ζει και να κινείται στο επίπεδο του υπερφυσικού.

Δεύτερον, πήρε τη θέση του μέσα στην ομάδα των υπερφυσικών **ανθρώπων** και «μεταβλήθηκε σε άλλον άνθρωπο». Αυτή είναι η ουσία, ο στόχος, ο σκοπός του Αγίου Πνεύματος: να σε γεμίσει με τον εαυτό Του τόσο πολύ, και η μεταμόρφωσή σου να είναι τόσο εμφανής, ώστε οι άνθρωποι να λένε ότι άλλαξες ριζικά και έγινες ένας τελείως διαφορετικός άνθρωπος. Ήταν τόσο προφανές αυτό που συνέβη στον Σαούλ, που ο κόσμος έβγαλε ένα τραγούδι και έλεγαν, «Δεν είναι και ο Σαούλ ανάμεσα στους προφήτες;».

Αυτό δεν θέλεις και εσύ; Αυτό δεν θέλουμε όλοι; Να γίνουμε άνθρωποι που εκπροσωπούμε τον Ιησού σε όλο Του το μεγαλείο με τη δύναμη του Πνεύματος; Ναι, η μάθηση είναι καλή και απαραίτητη. Ναι, η καλλιέργεια του χαρακτήρα μας είναι καλή και απαραίτητη. Ναι, η καλλιέργεια της προσωπικότητάς μας είναι χρήσιμη. Αλλά όλα αυτά μπορούν να γίνουν σε κάποιο βαθμό με τη δύναμη της ανθρώπινης θέλησης. Το Άγιο Πνεύμα έχει σταλθεί μέσα στην καρδιά σου για να κάνει αυτό που δεν μπορείς να κάνεις εσύ: να σε μεταμορφώσει από μέσα προς τα έξω. Ας Του ζητήσουμε να έρθει και να συνεχίσει να έρχεται κοντά μας.

Έπειτα έρχεται το τελευταίο στάδιο. Και δεν θυμίζει καθόλου γιορτή.

5. Τα Γάλγαλα: Πρέπει να αποκόψεις τη σάρκα.

Η τελευταία οδηγία που έδωσε ο προφήτης στον Σαούλ ήταν να κατέβει στα Γάλγαλα και να περιμένει να τον συναντήσει εκεί (Α' Σαμουήλ 10:8). Ποια η σημασία αυτού του σταθμού; Τα Γάλγαλα ήταν το μέρος στο οποίο πήγε ο Αβραάμ και η οικογένειά του για να περιτμηθούν. Η περιτομή τους ήταν ένα σημάδι της διαθήκης τους. Τα Γάλγαλα έμειναν στην Ιστορία ως «το μέρος που αποκόβεται η σάρκα», και ο λαός Ισραήλ πολλές φορές ανανέωσε τη δέσμευσή του προς τον Θεό στα Γάλγαλα. Ο Παύλος φέρνει το θέμα της περιτομής στα μέτρα του πιστού της Καινής Διαθήκης, περιγράφοντάς το ως το έργο του αγιασμού που κάνει το Άγιο Πνεύμα:

> *Και πατέρας όσων είναι με την περιτομή, όχι μόνον σ' εκείνους που έχουν κάνει την περιτομή, αλλά και σ' εκείνους που περπατούν στα ίχνη τής πίστης τού πατέρα μας Αβραάμ, εκείνης που είχε καθώς βρισκόταν με την ακροβυστία.*
> Ρωμαίους 4:12

> *Επειδή, εμείς είμαστε η περιτομή, αυτοί που λατρεύουμε τον Θεό με το πνεύμα, και καυχώμαστε στον Ιησού Χριστό, και χωρίς να έχουμε την πεποίθηση στη σάρκα.*
> Φιλιππησίους 3:3

Δρ. Κέρι Γουντ με την Δρ. Τσίκι Γουντ

Το Πνεύμα του Θεού θέλει να σφραγίσει τη συνείδησή σου ανεξίτηλα με την αλήθεια ότι είσαι γιος Του και έχεις τη χάρη Του.

Και ξανά:

Στον οποίο περιτμηθήκατε, με αχειροποίητη περιτομή, όταν ξεντυθήκατε το σώμα των αμαρτιών τής σάρκας διαμέσου τής περιτομής τού Χριστού.

Κολοσσαείς 2:11

Σ' αυτόν τον τελικό σταθμό του έργου του Πνεύματος δεν πηγαίνουμε μία φορά και ξεμπερδεύουμε. Τα Γάλγαλα είναι ένα μέρος στο οποίο θα επιστρέφουμε ξανά και ξανά για να επιβεβαιώσουμε εκ νέου την υποταγή μας στον Θεό και τη θέση της εξουσίας μας ως γιοι Του. Ο συγγραφέας της επιστολής προς Εβραίους το περιγράφει σαν ένα είδος προπόνησης – «χάρη στη συνεχή χρήση, έχουν τα αισθητήρια γυμνασμένα, στο να διακρίνουν το καλό και το κακό» (Εβραίους 5:14). Το έργο του Αγίου Πνεύματος μας φέρνει καθημερινά πίσω σ' αυτό το μέρος για να δηλώνουμε ότι δεν έχουμε καμία πεποίθηση στη σάρκα, αλλά οι ζωές μας είναι μια συνεχής λατρεία του Θεού στο Πνεύμα. Σ' αυτό το μέρος ελευθερωνόμαστε από τη βασανιστική αίσθηση αναξιότητας και τη συνείδηση της αμαρτίας. Το Πνεύμα του Θεού θέλει να σφραγίσει τη συνείδησή σου ανεξίτηλα με την αλήθεια ότι είσαι γιος Του και έχεις τη χάρη Του.

Ποτέ Δεν Θα Ξεπεράσουμε την Ανάγκη μας για Αγιασμό

Το ήξερες ότι όσο μεγαλώνεις, ο μεγαλύτερος πειρασμός σου θα είναι να εμπιστεύεσαι πιο πολύ την εμπειρία σου απ' ότι το Πνεύμα του Θεού για το έργο της ανανέωσης μέσα σου; Αυτή είναι η τάση του ανθρώπου, όπως βλέπουμε στη ζωή του βασιλιά Σαούλ, του Δαυίδ, του Σολομώντα και πολλών άλλων: ξεκινάμε πολύ καλά στην αρχή, αλλά σιγά σιγά βάζουμε την εμπιστοσύνη μας σ' αυτά που μάθαμε. Όπως λέει ένας σοφός ποιμένας, «Ο μεγαλύτερος κίνδυνος στη διακονία είναι ότι μπορούμε να μάθουμε πώς να το κάνουμε».

Γιατί να μη γίνουμε σαν τον Απόστολο Παύλο, που σε προχωρημένη ηλικία είπε:

Για να γνωρίσω αυτόν, και τη δύναμη της ανάστασής του, και την κοινωνία των παθημάτων του, συμμορφούμενος με τον θάνατό του.

Φιλιππησίους 3:10

Δυστυχώς, ο βασιλιάς Σαούλ στη συνέχεια της ζωής του θα αποτύχει σ' αυτό ακριβώς το σημείο. Θα κάνει το λάθος που κάνουν πολλοί: θα θεωρήσει ότι η εξοικείωσή του με τον Θεό τού χαρίζει κάποια περιθώρια ελευθερίας στη σάρκα. Υπάρχουν δύο άγκυρες που πρέπει να ρίξουμε μέσα στο μυαλό μας μια για πάντα: έχουμε το χρίσμα να βασιλεύουμε στο Πνεύμα και να βασιλεύουμε ανάμεσα στους εχθρούς μας (Ψαλμός 110:2), αλλά για να μάθουμε να λειτουργούμε μέσα σ' αυτό το χρίσμα, απαιτείται μια διαδικασία.

Τι Είπαμε Μέχρι Τώρα

Ο στόχος του Κυρίου είναι να μας φέρει ξανά στη θέση που έχουμε ως γιοι Του — ως αρχηγοί στην κληρονομιά του Κυρίου, δηλαδή στους ανθρώπους που ο Κύριος έκλεξε για να είναι η κληρονομιά Του.

Το λάδι του χρίσματος δείχνει ξεκάθαρα τον ρόλο και το έργο του Αγίου Πνεύματος στην πορεία της μεταμόρφωσής μας. Αυτός που μας μεταμορφώνει σύμφωνα με τον σκοπό του Κυρίου είναι το Άγιο Πνεύμα.

Μετά το χρίσμα, έρχεται μια σειρά από συναντήσεις που θα μας μεταμορφώσουν, και στοχεύουν να βάλουν μέσα μας μια πυξίδα και να ρυθμίσουν τη συνείδησή μας προς τη ζωή και το κάλεσμά μας ως βασιλιάδες.

Ο ρόλος του *Abba* είναι να έρχεται με το Άγιο Πνεύμα και να σε ελευθερώνει από την τυραννία της θλίψης, της υπεροψίας και της αυτοκατηγορίας που σε εμποδίζουν να εκπληρώσεις το κάλεσμα του Πατέρα και να βασιλεύσεις διαμέσου του Γιου Του.

Αν υπάρχει μια πορεία που σε οδηγεί στο ορφανό πνεύμα, όπως υποστήριξα στα Κεφάλαια Πέντε και Έξι, δεν είναι λογικό να υπάρχει και μια πορεία που οδηγεί στο πνεύμα του γιου; Αν μπορούμε να διδαχθούμε ένα πράγμα από τους σταθμούς της προετοιμασίας του Σαούλ, είναι ότι θα πρέπει να προχωράμε βήμα-βήμα με μεγαλύτερο

Δρ. Κέρι Γουντ με την Δρ. Τσίκι Γουντ

θάρρος ως γιοι του Θεού που ζούνε μέσα στη λιακάδα της χάρης του Πατέρα.

Τι σημαίνει, λοιπόν, να μεταμορφώνεται κάποιος; Ελπίζω να πρόσεξες ότι δεν σου έδωσα μια λίστα με το τι πρέπει και τι δεν πρέπει να κάνεις, ούτε σε κατσάδιασα για να προσπαθήσεις περισσότερο. Ο ρόλος του *Abba* έχει να κάνει με αυτό που εργάζεται το Άγιο Πνεύμα μέσα σου, καθώς συγχρονίζει το πνεύμα, την ψυχή και το σώμα σου[29] με την εικόνα του Γιου του Πατέρα.

ΠΡΟΣΕΥΧΗ

Abba, βλέπω ότι ήξερες τι ακριβώς χρειαζόταν ο Σαούλ, ήξερες κάθε βήμα για τη μεταμόρφωσή του. Παίρνω θάρρος επειδή ξέρω ότι το Άγιο Πνεύμα με οδηγεί προς την πλήρη αποκατάστασή μου από κάθε κουσούρι που μου άφησε το ορφανό πνεύμα. Μήπως θέλεις να ασχοληθείς με την υπερηφάνεια μέσα μου, την αίσθηση κατωτερότητας, την αυτοκατηγορία ή οποιοδήποτε σφάλμα από το παρελθόν μου; Άγιο Πνεύμα, Σε εμπιστεύομαι και ξέρω ότι θα μου μιλήσεις την κατάλληλη στιγμή — παραδίδομαι στο σχέδιο που έχεις για να με εκπαιδεύσεις ως γιο Σου, για να εκπληρώσω το έργο του Πατέρα έχοντας την καρδιά του Πατέρα. Αμήν.

Στα επόμενα κεφάλαια, θα δούμε αναλυτικά ποια είναι η προοδευτική πορεία που μας οδηγεί στην καρδιά ενός αληθινού γιου.

ΓΙΑ ΟΜΑΔΙΚΗ ΣΥΖΗΤΗΣΗ

1) Είδαμε την τελετή χρίσης του Σαούλ και την πορεία μέχρι τη στέψη του (Α' Σαμουήλ 10 και 11). Τι έμαθες από όλα αυτά για τη διαδικασία της δικής μας μεταμόρφωσής σε αληθινούς γιους;

2) Ποιοι ήταν οι σταθμοί των προσωπικών συναντήσεων που έπρεπε να ζήσει ο Σαούλ προτού μπορέσει να βασιλεύσει;

3) Ποιο από αυτά τα τρία —την τυραννία της θλίψης, της υπεροψίας ή της αυτοκατηγορίας— συναντάς πιο συχνά στο προσωπικό σου ταξίδι;

4) Σε τι κατάσταση είναι οι σχέσεις που έβαλε ο Θεός στη ζωή σου αυτήν την εποχή και με ποιους τρόπους φέρνεις τον εαυτό σου μπροστά στον Κύριο ώστε «να αποκόβεις τη σάρκα σου» (αγιασμός);

ΕΝΝΙΑ

Η Πορεία προς την Καρδιά ενός Αληθινού Γιου

Είθε ο Θεός τής ειρήνης... να σας κάνει τέλειους (πλήρως ώριμους) σε κάθε αγαθό έργο, για να εκτελείτε το θέλημά Του, ενεργώντας μέσα σας το ευάρεστο μπροστά του, διαμέσου τού Ιησού Χριστού.

Εβραίους 13:20-21

Εφόσον υπάρχει μια προοδευτική πορεία που οδηγεί στο ορφανό πνεύμα, είναι αναμενόμενο ότι θα υπάρχει μια προοδευτική πορεία που οδηγεί αντίστοιχα στον τρόπο ζωής και συνείδησης που χαρακτηρίζει έναν αληθινό γιο. Πράγμα που αποδεικνύεται και από την προειδοποίηση του Παύλου:

Να μη συμμορφώνεστε με τούτο τον αιώνα, αλλά να μεταμορφώνεστε διαμέσου τής ανακαίνισης του νου σας.

Ρωμαίους 12:2

Με άλλα λόγια, υπάρχει μια διαδικασία που πρέπει να ακολουθήσουμε για να ευθυγραμμίσουμε τη νοοτροπία μας με τη νέα μας ταυτότητα και να ζήσουμε στο θέλημα του Θεού, που είναι να είμαστε αληθινοί γιοι Του.[30]

- Η ιστορία του Σαούλ (από το προηγούμενο κεφάλαιο) και οι συγκεκριμένες οδηγίες που έλαβε για «τα επόμενα βήματά του» (η προετοιμασία του για να μπορεί να βασιλεύσει), συμβολίζουν τον τρόπο που το Άγιο Πνεύμα ενορχηστρώνει την πορεία της ζωής μας ώστε να ζούμε συνειδητά ως γιοι. Τα βήματα πολύ συνοπτικά:
- Η Τυραννία της Θλίψης: Αντιμέτωπος με τα Συναισθηματικά Δεσμά του Παρελθόντος
- Η Υπεροψία: Τα Ύψη
- Η Αυτοκατηγορία: Η Γαβαά και η Φρουρά των Φιλισταίων
- Η Ανάβαση στο Όρος του Θεού: Η Σχέση και η Επικοινωνία με Άλλους σε Κρατά Προσγειωμένο.

Δρ. Κέρι Γουντ με την Δρ. Τσίκι Γουντ

Η προσωπική σου μεταμόρφωση ποτέ δεν ξεκινάει από το ποιος είσαι και τι κάνεις, αλλά από το Ποιος είναι ο Θεός.

• Ένα Βήμα στην Υπερφυσική Διακονία: Αρχίζεις να προφητεύεις.

• Ο Συνεχής Αγιασμός: Η Αποκοπή της Σάρκας – Τα γυμνασμένα αισθητήρια που διακρίνουν το καλό και το κακό (Εβραίους 5:14).

Ας δούμε με ποιον τρόπο το Άγιο Πνεύμα αρχίζει να ξαναχτίζει την ταυτότητά μας ως γιους του Θεού:

Τα Δώδεκα Βήματα

1. Οι Προσδοκίες που Εκπληρώνονται από τον Θεό: Όταν εναποθέτουμε όλες τις προσδοκίες μας αποκλειστικά στον Θεό.

Το ορφανό πνεύμα ξεκινά με τις ανεκπλήρωτες προσδοκίες μας από διάφορες μορφές εξουσίας. Η καρδιά του γιου ξεκινά από μια βασική αποκάλυψη: πόσο υπέροχος, θαυμάσιος και πιστός είναι ο Θεός. Το Άγιο Πνεύμα έρχεται για να ξεριζώσει τον φόβο που έχει φωλιάσει μέσα μας από τις υποσχέσεις που αθέτησαν και την απόρριψη που μας μετέδωσαν σημαντικά πρόσωπα εξουσίας για μας. Για να το πετύχει, στρέφει την προσοχή μας στις υποσχέσεις Του και έπειτα, αποκαλύπτει τον Πατέρα ως τον Θεό που τηρεί τις υποσχέσεις Του (δηλαδή, τον Θεό που τηρεί τη διαθήκη Του)· τον Θεό που αποκαλεί τον εαυτό Του «πιστό», στον οποίο δεν υπάρχει ούτε μια σκιά μεταβολής (Ιάκωβος 1:17). Ο Θεός διακινδυνεύει την ίδια Του την ύπαρξη καθώς μας δίνει τη μία υπόσχεση μετά την άλλη, για να μας αποδείξει ότι είναι ο Μόνος που μπορούμε να εμπιστευθούμε απόλυτα.[31]

Αυτό να το θυμάσαι, σε παρακαλώ. Η προσωπική σου μεταμόρφωση ποτέ δεν ξεκινάει από το ποιος είσαι και τι κάνεις, αλλά από το Ποιος είναι ο Θεός. Όλα ξεκινούν από την άπειρη, άφθονη αγάπη του Θεού.

Θα ήταν αδύνατο να συμπεριλάβω ένα δείγμα των υποσχέσεων του Θεού σ' αυτό το βιβλίο· υποσχέσεις που είναι συνυφασμένες σαν ιστός, ή μάλλον... δεμένες σαν ναυτικό σχοινί από την πρώτη μέχρι την τελευταία σελίδα της Αγίας Γραφής. Για την ακρίβεια, τα εδάφια της Παλαιάς Διαθήκης πολύ συχνά περιγράφονται ως «υποσχέσεις» (δες Ρωμαίους 9:4, 15:8, Β' Κορινθίους 7:1, Γαλάτες 3:16). Ας δούμε κάποια σημεία:

Η βουλή μου θα σταθεί, και θα εκτελέσω ολόκληρο το θέλημά μου· ο οποίος κράζω στο αρπακτικό πουλί από ανατολάς, τον άνδρα τής θέλησής μου από γη μακρινή· ναι, μίλησα, και θα κάνω να γίνει· βουλεύθηκα, και θα το εκτελέσω.

Ησαΐας 46:10-11

Επειδή, όλες οι υποσχέσεις τού Θεού είναι σ'αυτόν το Ναι, και σ'αυτόν το Αμήν, προς δόξαν τού Θεού μέσα από μας.

Β' Κορινθίους 1:20

Διαμέσου των οποίων δωρήθηκαν σε μας οι πιο μεγάλες και πολύτιμες υποσχέσεις, ώστε διαμέσου αυτών να γίνετε κοινωνοί θείας φύσης...

Β' Πέτρου 1:4

Αν, λοιπόν, ο Θεός μας προσκαλεί να Τον γνωρίσουμε μέσα από κάθε υπόσχεση που μας δίνει και τηρεί με πιστότητα, ποια πρέπει να είναι η δική μας αντίδραση;

Υψώνω τα μάτια μου ΠΑΝΩ ΑΠΟ τα βουνά, από πού θάρθει η βοήθειά μου; Η βοήθειά μου έρχεται από τον Κύριο, ο οποίος δημιούργησε τον ουρανό και τη γη.

Ψαλμός 121:1-2[32]

Πρόσεξε ότι τα μάτια του ψαλτωδού δεν είναι στις καταστάσεις του, ούτε στα ελαττώματα των ηγετών γύρω του (παρότι ο Δαυίδ είχε άπειρες τέτοιες αφορμές). Τα μάτια του ήταν στον Θεό. Όταν η προσοχή μας είναι στον εαυτό μας και στις αποτυχίες όσων είναι γύρω μας, μας πιάνει κατάθλιψη. Άρχισε, όμως, να δοξάζεις και να λατρεύεις Αυτόν που δεν θα σε απογοητεύσει ποτέ, και θα δεις τη χαρά να χτυπάει την πόρτα σου!

2. Η Αποκάλυψη ότι ο Θεός Μας Αποδέχεται μέσα στον Αγαπητό Του.

Το επόμενο βήμα της πορείας προς το ορφανό πνεύμα ήταν ότι εκλαμβάνουμε τις αποτυχίες των σημαντικών ανθρώπων της ζωής μας

Δρ. Κέρι Γουντ με την Δρ. Τσίκι Γουντ

ως απόρριψη προς εμάς. Αντίστοιχα, το μονοπάτι που μας οδηγεί στην καρδιά του γιου είναι η αποκάλυψη ότι ο Θεός μας αποδέχεται χάρη στον Αγαπημένο Του, δεν μας απορρίπτει. Ο καλός μας φίλος, ο Γουές Πίνκαμ λέει, «Ο Πατέρας μας δεν σε απορρίπτει — σε ανακατευθύνει». Ο λόγος που μας αποδέχεται ο Πατέρας δεν έχει καμία σχέση με τη συμπεριφορά μας ή κάποια προσωπική μας αρετή που ικανοποιεί τις απαιτήσεις Του. Η αποδοχή Του για μας βασίζεται αποκλειστικά και μόνο στην αγάπη του Πατέρα για τα δημιουργήματά Του και στην προθυμία του Γιου να γίνει ένας από μας με την ενσάρκωσή Του.

Δεν μας είναι εύκολο να αντιληφθούμε το βάθος της αποδοχής Του, και αυτό οφείλεται στην άγνοια μιας μεγάλης αλήθειας σχετικά με τη ενσάρκωσή Του: ο Κοσμικός Χριστός, που ήταν μαζί με τον Πατέρα πριν από τους αιώνες, δέχτηκε να δεσμεύσει τον εαυτό Του με τον άνθρωπο για πάντα, καθώς πήρε ανθρώπινη μορφή για πάντα. Όπως λέει ο Τρέβορ Χαρτ, «Ο Θεός δέσμευσε τον εαυτό Του με την ανθρωπότητα για όλη την αιωνιότητα».[33]

Με αυτόν τον τρόπο ο Ιησούς μπορεί να είναι «το Αρνίο που σφάχτηκε από τη δημιουργία του κόσμου» (πριν από τους αιώνες) και ταυτόχρονα, να βρίσκεται στον θρόνο αυτή τη στιγμή ως ο Αμνός που φέρει στο σώμα Του νωπά τα σημάδια της σφαγής (Αποκάλυψη 5:6). Δεν άφησε στην άκρη την ανθρώπινη φύση Του ούτε μια στιγμή, γι' αυτό και είναι ο Αρχιερέας που εξακολουθεί να μπορεί να νιώσει τις αδυναμίες μας (Εβραίους 4:15). Όταν θα Τον δούμε στον Ουρανό, θα δούμε τα σημάδια από τα καρφιά στα χέρια Του και το τρύπιο πλευρό Του, όπως τα είδαν και οι μαθητές στο αναστημένο Του σώμα.

Ουσιαστικά, δεν μπορεί να υφίσταται η ζωή μας «μέσα στον Χριστό» και «μέσα στο Πνεύμα», αν η ενσάρκωση του Χριστού, η ένωσή Του με την ανθρωπότητα, δεν κρατήσει για πάντα. Μπορεί να σου ακούγεται πολύ βαθύ και θεολογικό, αλλά μη γελιέσαι. Η αποδοχή του Πατέρα για σένα χάρη του Αγαπητού Του δεν είναι σίγουρη επειδή προσπαθείς πολύ σκληρά γι' αυτή. Είναι εγγυημένη —και δίνεται γενναιόδωρα— μόνο μέσα από την ενσάρκωση του Γιου, «του Ανθρώπου που κάθισε για πάντα στα δεξιά του Θεού» (Εβραίους 10:12).

Όλα αυτά τα συνειδητοποιούμε χάρη στο Άγιο Πνεύμα, που είναι «πνεύμα σοφίας και αποκάλυψης» μέσα στο πνεύμα μας. Αυτή ακριβώς ήταν η προσευχή του Παύλου (Εφεσίους 1:17-23), ο οποίος ζήτησε από τον Θεό να κάνει αυτό το έργο μέσα στους πιστούς της Εφέσου. Προσεύχεται να γνωρίσουμε μέσα στο πνεύμα μας:

- Την ελπίδα της πρόσκλησής Του
- Ότι εμείς, οι άγιοί Του, είμαστε η ένδοξη κληρονομιά που ο Ίδιος διάλεξε
- Ποιο είναι το υπερβολικό μέγεθος της δύναμής Του που δουλεύει μέσα μας διαμέσου του Αγίου Πνεύματος.

Όλα αυτά ο Θεός τα απελευθέρωσε μέσα μας διαμέσου του Χριστού όταν Τον ανέστησε από τους νεκρούς και τον κάθισε στην ψηλότερη θέση εξουσίας.

Μ' αυτόν τον τρόπο, ο Θεός γεννάει μέσα σου τη συνείδηση ότι σε έχει ήδη αποδεχθεί και ήδη σ' αγαπάει. Δεν υπάρχει λόγος να παλεύουμε να κερδίσουμε την αποδοχή κανενός. Όπως γεννήθηκες με κάποια συγκεκριμένα σωματικά χαρακτηριστικά, έτσι κι όταν αναγεννήθηκες, η αποδοχή του Θεού ήρθε συνημμένη με σένα. Αυτό είναι το πακέτο της προσφοράς! Το Άγιο Πνεύμα θέλει να σου μάθει και να σου δείξει αυτήν την πραγματικότητα, όχι να σε κάνει να προσπαθείς να τη φτάσεις.

3. Η Επαναφορά της Εμπιστοσύνης μέσα από Τη Δύναμη της Συγχώρεσης.

Είδαμε ότι ο Σατανάς εκμεταλλεύεται το αίσθημα της απόρριψης που νιώθουμε από τα λάθη των γονιών μας, για να καταστρέψει την εμπιστοσύνη μας προς όλους. Τι κάνει, λοιπόν, το Άγιο Πνεύμα μέσα από την *κραυγή προς τον Abba*; Μας οδηγεί ξανά στο σημείο να μπορούμε να εμπιστευθούμε· πρώτα, καθώς γνωρίζουμε τον Θεό ως τον πιο αξιόπιστο, που πάντα τηρεί τις υποσχέσεις Του· και δεύτερον, καθώς μας φέρνει αντιμέτωπους με τη δύναμη της συγχώρεσης.

Εφόσον ήδη μιλήσαμε για το κομμάτι των υποσχέσεων, ας ρίξουμε μια ματιά στη σύνδεση ανάμεσα στην απλόχερη συγχώρεση που λαμβάνουμε, και την απλόχερη συγχώρεση που μπορούμε να δίνουμε.

...δωρεάν πήρατε, δωρεάν να δώσετε.

Ματθαίος 10:8

Μπορούμε να αντλούμε από τη δύναμη του Πνεύματος που μας δόθηκε δωρεάν, και μ' αυτή να συγχωρούμε. Αυτή η δύναμη πηγάζει κατευθείαν από τη χάρη που λάβαμε όταν ο Θεός συγχώρησε εμάς τους ίδιους. Όσοι άνθρωποι δεν έχουν δεχθεί αυτή τη συγχώρεση, το θεωρούν πολύ δύσκολο να συγχωρήσουν τους άλλους (γιατί η συγχώρεση δεν είναι μια φυσική πράξη, αλλά υπερφυσική). Οι πληγωμένοι άνθρωποι πληγώνουν τους άλλους, οι διαλυμένοι άνθρωποι διαλύουν, και όσοι δέχθηκαν συγχώρεση, τη δίνουν απλόχερα. Η εμπιστοσύνη είναι έργο του Πνεύματος, αλλά η δική μας δουλειά σ' αυτή τη συνεργασία είναι να συγχωρούμε και να ευλογούμε. Το πήρα αυτό το μάθημα, αφού πρώτα μου έγινε πάθημα.

Το Δίκαννο της Συγχώρεσης Είναι ένα Δύσκολο Μάθημα

Στην ώριμη ηλικία των είκοσι πέντε ετών, έγινα υπεύθυνος ποιμένας μιας εκκλησίας που αριθμούσε πενήντα χρόνια λειτουργίας (να προσευχόμαστε για όσους είναι σε τέτοιες θέσεις). Κάποια στιγμή, ένας κύριος, μεγαλύτερός μου στην ηλικία, άσκησε έντονη κριτική εναντίον μου δημόσια (και είμαι σίγουρος ότι σε πολλά δεν είχε κι άδικο). Μετά από λίγες μέρες, η σκληρότητα των κατηγοριών του άρχισε να με επηρεάζει και ένιωσα ένα τείχος πικρίας να χτίζεται μέσα μου. Τότε, ο Κύριος άρχισε να μου μιλάει για το όπλο της συγχώρεσης και της εσωτερικής θεραπείας, που είναι, στην πραγματικότητα, δίκαννο. Το πρώτο βήμα ήταν να επιλέξω να συγχωρήσω και να απελευθερώσω αυτόν που με έβλαψε. Πράγμα που είχα ήδη κάνει: «Πατέρα, τον απελευθερώνω. Τον συγχωρώ. Δεν κρατώ τα λόγια του εναντίον του, και Σου ζητώ να τον συγχωρέσεις» (Ιωάννη 20:23). Το δύσκολο ήταν να τραβήξω τη σκανδάλη για τη δεύτερη «κάννη».

Το δεύτερο σκέλος της συγχώρεσης δεν έχει να κάνει τόσο με αυτόν που έβλαψε κάποιον, όσο με τη θεραπεία του ατόμου που πληγώθηκε. Ο Ιησούς μίλησε στην καρδιά μου μέσα από το Κατά Λουκά 6:28:

Να ευλογείτε εκείνους, που σας καταρώνται· και να προσεύχεστε για εκείνους που σας βλάπτουν.

Αμέσως κατάλαβα τι μου έλεγε: ο μόνος τρόπος για να θεραπευτούν τα συναισθήματά μου από αυτή την πληγή, ήταν να κάνω το βήμα να προσευχηθώ και να ευλογήσω αυτόν τον άνθρωπο. Ήξερα ότι μπορούσα να το κάνω, γιατί το είχαν κάνει πολλοί άλλοι για μένα στο παρελθόν.

Είναι ένα πολύ δυνατό στοιχείο στην ανοικοδόμηση της εμπιστοσύνης σου, η οποία είναι απαραίτητη στην πορεία προς τη συνείδηση σου ως γιος. Κάθε φορά που κάνεις το βήμα και ευλογείς όσους σε πλήγωσαν, το Άγιο Πνεύμα θεραπεύει τα συναισθήματά σου και ταυτόχρονα, ξαναχτίζει την ικανότητά σου να εμπιστεύεσαι και πάλι ως γιος του Θεού. Πολλοί πιστοί είναι κολλημένοι σ' αυτό ακριβώς το σημείο. Έχω συναντήσει νέους και παλιούς πιστούς που έχουν μείνει πολύ πίσω στην πνευματική τους αύξηση. Μετά από λίγη διερεύνηση, ανακάλυψα ότι αρνούνται να προσευχηθούν και να ευλογήσουν κάποιον που τους έχει πληγώσει. Τρώνε το παραμύθι του εχθρού, «Πρέπει να τον αγαπώ, αλλά δεν χρειάζεται να τον συμπαθώ κιόλας». Τις περισσότερες φορές, χωρίς να το παραδέχονται, προτιμούν να μην ξαναβρεθούν ποτέ στο ίδιο μέρος, παρά να ταπεινωθούν και να συμφιλιωθούν. Η ασυγχωρησία είναι ένας δολοφόνος μέσα στο σώμα του Χριστού.

Κάθε φορά που κάνεις το βήμα και ευλογείς όσους σε πλήγωσαν, το Άγιο Πνεύμα θεραπεύει τα συναισθήματά σου και ταυτόχρονα, ξαναχτίζει την ικανότητά σου να εμπιστεύεσαι και πάλι ως γιος του Θεού.

4. Ένα Πνεύμα Πίστης που έρχεται από τη βιωματική ακοή του Λόγου του Θεού.

Δεν υπάρχει πιο αποτελεσματικό συστατικό στη νέα μας ζωή με τον Θεό που να μας μεταμορφώνει από ορφανούς σε γιους, από αυτό: το να ακούμε τη φωνή του Πατέρα για μας.

Ο Σατανάς εκμεταλλεύεται τις εμπειρίες από την παιδική ηλικία μας που τις εκλάβαμε ως εγκατάλειψη και έλλειψη, και έτσι εγκαθιστά μέσα μας ένα πνεύμα φόβου. Το Άγιο Πνεύμα αντικαθιστά αυτό τον φόβο με μια τολμηρή πίστη που πηγάζει από το άκουσμα της φωνής του Θεού μέσα στο πνεύμα σου. Και από πού, νομίζεις, του ήρθε η ιδέα του Σατανά να παγιδεύει τις ψυχές των ανθρώπων (το μυαλό, τη θέληση και τα συναισθήματά τους) χρησιμοποιώντας τις τραυματικές τους εμπειρίες ως πόρτες εισόδου; Επειδή, προφανώς, είδε πώς μεταμορφώνονται οι άνθρωποι όταν συναντούν τον Θεό και ακούν τη φωνή Του!

Δεν υπάρχει πιο αποτελεσματικό συστατικό στη νέα μας ζωή με τον Θεό που να μας μεταμορφώνει από ορφανούς σε γιους, από το να ακούμε τη φωνή του Πατέρα για μας.

Δρ. Κέρι Γουντ με την Δρ. Τσίκι Γουντ

Ο Παύλος λέει στους πιστούς στη Ρώμη ότι η πίστη δεν είναι κάτι που φτιάχνεις μόνος σου ή προσεύχεσαι και το αποκτάς. Είναι αυτό που παράγεται όταν ακούς τη φωνή του Θεού μέσα στο πνεύμα σου:

Η πίστη είναι διαμέσου τής ακοής· η δε ακοή (αυτού του είδους η ακοή, με το πνεύμα σου) διαμέσου τού λόγου (ρήμα) τού Θεού.

Ρωμαίους 10:1

Ξέρω ότι ακούγεται υπερβολικά απλοϊκό, αλλά όταν μιλάει ο Θεός, δημιουργεί αυτό που λέει. Τα λόγια Του δεν είναι συμβουλές. Με τα λόγια Του δημιουργεί πίστη μέσα στην καρδιά μας, γιατί τα λόγια Του εμπεριέχουν και αυτο-αναπαράγουν τη δύναμη που τα εκπληρώνει.

Όταν ο Πατέρας μίλησε από τον ουρανό στη βάπτιση του Ιησού στον ποταμό Ιορδάνη και είπε, *Αυτός είναι ο Γιος μου ο αγαπητός, στον οποίο ευαρεστούμαι*, ήταν σαν μια ένεση αλήθειας στη συνείδηση του Ιησού (της αλήθειας ότι είναι γιος), η οποία θα Τον κρατούσε δυνατό μέσα στους πειρασμούς της ερήμου που ακολουθούσαν. Χρειάζεσαι κάτι περισσότερο από συμβουλευτική, κάτι περισσότερο από ένα ακόμα σεμινάριο, κάτι περισσότερο από «Έξι Βήματα για να Πετύχεις». Χρειάζεσαι έναν λόγο από τον Θεό.

Έχω να σου δείξω, από την προσωπική μου εμπειρία, τουλάχιστον δέκα μέρη στα οποία συνάντησα τον Θεό, άκουσα τη φωνή Του και άλλαξε όλη η ζωή μου. (Και είναι πολύ καλή άσκηση: θυμήσου το προσωπικό σου ταξίδι και γράψε τις τοποθεσίες και τις φορές που «συνάντησες τον Θεό».) Όταν κάποτε είχα πιάσει πάτο στη ζωή μου, ο Πατέρας μίλησε μέσα στο πνεύμα μου δια του Αγίου Πνεύματος και μου είπε «Κέρι, αν Με αφήσεις (το Άγιο Πνεύμα δηλαδή) να γίνω ο καλύτερος φίλος σου, θα έχεις ό,τι χρειαστείς όταν το χρειαστείς, θα ξέρεις ό,τι πρέπει να ξέρεις όταν πρέπει να το ξέρεις.»

Αυτός ο λόγος (και πολλοί άλλοι) δημιούργησαν μέσα μου την πίστη στην προμήθεια του, η οποία μέχρι σήμερα δεν έχει ξεθωριάσει. Η φωνή του Θεού, από το Πνεύμα Του στο δικό μας, είναι το μόνο πράγμα που δημιουργεί μέσα μας πίστη και αντικαθιστά τον φόβο που μας σέρνει ξανά και ξανά στη δουλεία (Ρωμαίους 8:15). Ο Θεός δεν σου μιλάει απλά για να απαντήσει στις ερωτήσεις σου ή για να σου δώσει πληροφορίες. Σου μιλάει για να σε μεταμορφώσει και να βάλει στα χέρια σου ένα ξίφος μάχης.

Αυτό είναι ένα σημείο-κλειδί στην πορεία σου προς τη συνείδηση ενός γιου: άκουσες τη φωνή του Πατέρα (ίσως με έναν ψίθυρο, μια εσωτερική μαρτυρία, μια εικόνα ή με κάποιον άλλο από τους πολλούς τρόπους Του), και τώρα κρατάς αυτό που σου είπε ως μάχαιρα και ασπίδα σου, δηλαδή, χρησιμοποιείς τον λόγο Του για να αποκρούεις τα πυρωμένα βέλη του ορφανού πνεύματος.

> *...πάρτε στα χέρια σας την ασπίδα τής πίστης, με την οποία θα μπορέσετε να σβήσετε όλα τα πυρωμένα βέλη τού πονηρού... και τη μάχαιρα του Πνεύματος, που είναι ο λόγος τού Θεού (που σου μίλησε).*
> Εφεσίους 6:16-17

Τι σου έχει μιλήσει ο Θεός; Έχει γίνει αυτός ο λόγος ένα επιθετικό όπλο στα χέρια σου ενάντια στα ψέματα του εχθρού; Έχει γίνει μάχαιρα που βγαίνει από το στόμα σου; Πολεμάς τις μάχες σου βασιζόμενος σ' αυτόν τον λόγο;

5. Η Ευαλωτότητα ενός γιου που νιώθει απόλυτη ασφάλεια και απόλυτη εμπιστοσύνη.

Θέλω να δεις με προσοχή το ολοκληρωμένο, ενιαίο κέντημα της σωτηρίας και της μεταμόρφωσής μας που υφαίνει το Άγιο Πνεύμα μέσα μας με τον Λόγο Του: πρώτα μας μαθαίνει να εμπιστευόμαστε τα λόγια Του, και μετά να ζούμε με αλληλεξάρτηση (νούμερο 4, 5 και 6 στα βήματα της πορείας μας ως γιοι). Το βλέπουμε ξεκάθαρα στην προς Εβραίους 13:5-6:

> *Επειδή, **αυτός (ο Κύριος) είπε**: «Δεν θα σε αφήσω ούτε θα σε εγκαταλείψω»· ώστε, εμείς, παίρνοντας θάρρος, να λέμε: «Ο Κύριος είναι βοηθός μου, και δεν θα φοβηθώ, τι θα μου κάνει ένας άνθρωπος».*
> Εβραίους 13:5-6

Ο Θεός μας μιλάει ως γιους Του και μας λέει, *Δεν θα σε αφήσω ούτε θα σε εγκαταλείψω ποτέ — Είμαι μαζί σου και είμαι με το μέρος σου.* Αυτά τα λόγια δημιουργούν μια νέα πίστη μέσα μας. Γεννούν την καρδιά ενός γιου μέσα μας. Ρυθμίζουν εκ νέου τον σκληρό δίσκο της προδομένης εμπιστοσύνης μας, της ανασφάλειας, της αίσθησης εγκατάλειψης και του φόβου μας. Το πνεύμα της πίστης μας δίνει τη δύναμη να μιλάμε (Β' Κορινθίους 4:13), γι' αυτό και μπορώ να λέω με θάρρος αυτό που μου μίλησε ο Θεός: «Ο Κύριος είναι βοηθός μου, δεν θα φοβηθώ, τι θα μου κάνει ένας άνθρωπος!»

Το ορφανό πνεύμα στηρίζεται στην αυτοπροστασία γιατί είναι κλειστό απέναντι σε όλους. Η αυτοπροστασία είναι η πιο χαρακτηριστική ικανότητα των ορφανών. Ο Ιησούς, όμως, ως τέλειος Γιος, εμπιστεύθηκε την ασφάλειά Του στα χέρια του Πατέρα Του. Αντλούσε την πληρότητα και την ταυτότητά Του από κάπου αλλού. Οι ουρανοί ήταν ανοιχτοί γι' Αυτόν και Του δόθηκε το Πνεύμα χωρίς μέτρο. Ζούσε γεμάτος με τον απεριόριστο Θεό, γι' αυτό μπορούσε να δίνει τον εαυτό Του απλόχερα σε όλους. Έδινε τον εαυτό Του κάθε μέρα, κι αυτό δεν ήταν ένα κόλπο για να κάνει επίδειξη ως Θεός. Έδινε τη ζωή Του και έζησε έχοντας «δούλου μορφή» όλη Του τη ζωή, όχι μόνο πάνω στον σταυρό όταν είπε, *Πατέρα, στα χέρια Σου παραδίδω το πνεύμα μου*. Αυτό ήταν κάτι που έκανε κάθε μέρα με τη δύναμη του Αγίου Πνεύματος. Έλεγε μόνο ό,τι άκουγε τον Πατέρα να λέει. Έκανε μόνο ό,τι έβλεπε τον Πατέρα να κάνει. Και όλα αυτά τα έκανε καθώς ενέδιδε και εμπιστευόταν απόλυτα το Πνεύμα που κατοικούσε μέσα Του.

Ο ιδρώτας του Ιησού που έγινε θρόμβοι αίματος στον κήπο της Γεθσημανή, δεν έγινε από τη σκληρή Του προσπάθεια να κάνει το σωστό. Ήταν η μεγαλύτερη ένδειξη ότι ήταν ένας γιος που ένιωθε απόλυτη ασφάλεια και εμπιστοσύνη γιατί ήξερε ότι ο Πατέρας Του είναι μαζί Του και με το μέρος Του. Ζούσε με τον Λόγο του Πατέρα Του· τρεφόταν με φαγητό που οι μαθητές Του δεν είχαν μάθει ακόμα. Ναι, επάνω στον σταυρό ο βασανισμός έφτασε βαθιά μέσα στην ψυχή Του (στα συναισθήματά Του), γι' αυτό και ξέσπασε φωνάζοντας, *Γιατί με εγκατέλειψες;*. Αλλά ο πραγματικός εαυτός Του (το πνεύμα Του, δια του Αγίου Πνεύματος) ποτέ δεν αμφέβαλε — Πατέρα, στα χέρια Σου παραδίδω το πνεύμα μου.

Εσύ και εγώ καλούμαστε να ζήσουμε σ' αυτό το επίπεδο πληρότητας με το Πνεύμα Του, εκεί που η φωνή του Πατέρα αντηχεί μέσα μας· εκεί που η αγάπη του Θεού είναι τόσο ξεχυμένη μέσα στις καρδιές μας δια του Αγίου Πνεύματος (Ρωμαίους 5:5), ώστε μας δίνει τη δύναμη να ανοίγουμε την καρδιά μας, ξέροντας ότι ρισκάρουμε να πληγωθούμε ξανά. Παραδίδουμε όλη την ύπαρξή μας μέσα στα χέρια του Θεού και ανακαλύπτουμε ότι υπάρχει ένα μέρος μέσα στον Πατέρα όπου μπορούμε να ζούμε χωρίς να φοβόμαστε κάτι, χωρίς να πρέπει να αποδείξουμε κάτι, χωρίς να έχουμε κάτι να χάσουμε.

«Εγώ είπα... ώστε εσείς παίρνοντας θάρρος να λέτε...»

Ο ΡΟΛΟΣ του Abba

Το πνεύμα του γιου είναι ένα αλληλεξαρτημένο πνεύμα που στηρίζεται στις σχέσεις.

6. Από το ανεξάρτητο πνεύμα στο αλληλεξαρτημένο πνεύμα.

Το ορφανό πνεύμα γεννάει την τάση να στηριζόμαστε στον εαυτό μας και να κυνηγάμε την ανεξαρτησία μας. Ενώ το πνεύμα του γιου είναι ένα αλληλεξαρτημένο πνεύμα που στηρίζεται στις σχέσεις. Όσο περισσότερο πλησιάζουμε στη ζωή του Πατέρα, του Γιου και του Αγίου Πνεύματος μέσα από την *κραυγή προς τον Abba*, τόσο περισσότερο καταλαβαίνουμε ότι δεν είμαστε φτιαγμένοι για να ζούμε απομονωμένοι και να προσπαθούμε να πετύχουμε μόνοι μας. Θυμήσου ότι μία απ' τις οδηγίες στον Σαούλ ήταν να πάει να συναντήσει μια ομάδα προσκυνητών που κατέβαιναν από το όρος του Θεού —να έχει επικοινωνία με άλλους και σχέσεις που θα τον κρατούν προσγειωμένο— και ίσως αυτό το βήμα να συνδέεται με τη μελλοντική αποτυχία του Σαούλ ως βασιλιά. Είναι πολύ εύκολο να την πατήσεις με την ιδέα του ατομικισμού όταν σε έχουν χρίσει βασιλιά. Όμως, ο ίδιος ο Θεός βασιλεύει μέσα από μία Τριαδική σχέση — πρέπει να μάθουμε και εμείς να βασιλεύουμε μέσα από τις σχέσεις μας.

Το Άγιο Πνεύμα δίνεται μεμονωμένα στον καθένα μας, αλλά με απώτερο στόχο να μας οδηγήσει μέσα σε μια κοινωνία πιστών. Το πνεύμα μας μένει κλειστό όταν υπάρχει έλλειψη εμπιστοσύνης, έλλειψη πίστης, έλλειψη της αγάπης του Θεού, έλλειψη θεραπείας στην ψυχή μας, και απόρριψη της χάρης του Θεού. Η ασυγχωρησία κρατάει το πνεύμα μου κλειστό απέναντι στους άλλους. Είναι προφανές ότι δεν θα θέλουμε να μιλήσουμε ή να συναντήσουμε κάποιον που δεν έχουμε συγχωρέσει. Όταν, όμως, είμαι γεμάτος με το Πνεύμα, όλοι μου φαίνονται καλύτεροι, ο κόσμος μού φαίνεται πιο όμορφος και απολαμβάνω τη συναναστροφή μου με άλλους. Ο Θεός είναι Θεός σχέσεων, άρα όταν είμαστε γεμάτοι απ' Αυτόν, οδηγούμαστε σε υγιείς σχέσεις. Όσο πιο ατομικιστές γινόμαστε, τόσο πιο πολύ απομακρυνόμαστε από τον Θεό.

Η σπουδαία μεταφορική εικόνα του Παύλου για το Σώμα, διαπερνάει σαν μαχαίρι τη ρίζα της απομόνωσης και της ανεξαρτησίας. Λέει πολύ απλά ότι:

Δεν μπορεί το μάτι να πει στο χέρι: Δεν σε έχω ανάγκη.
Α' Κορινθίους 12:21

Έχεις βαπτιστεί μέσα στη ζωντανή κοινωνία του Πατέρα, του Γιου και του Αγίου Πνεύματος — το ίδιο ισχύει για όλους όσους είναι μέσα στον Χριστό και συμμετέχουν σ' αυτή την Τριαδική σχέση. Άρα, ούτε εσύ ούτε εγώ έχουμε την επιλογή να ζούμε με ασυγχωρησία ή να απομονωνόμαστε από τα άλλα μέλη του Σώματος.

Ο Ιησούς λέει:

Μη μπεις καν στον κόπο να προσφέρεις τη λατρεία σου στον Θεό, αν πρώτα δεν λύσεις (όσο καλύτερα μπορείς) τα θεματάκια που έχεις με τον αδελφό σου.
Ματθαίος 5:24, σε παράφραση

Ο Ιωάννης λέει:

Όποιος δεν αγαπάει τον αδελφό του, που τον είδε, τον Θεό που δεν τον είδε, πώς μπορεί να τον αγαπάει;
Α' Ιωάννη 4:20

Τι Είπαμε Μέχρι Τώρα;

Το πρώτο μισό της πορείας μας από την ορφανή καρδιά στην καρδιά ενός γιου, είναι κάπως έτσι:

1. Προσδοκίες που εκπληρώνονται από τον Θεό: Όταν εναποθέτουμε όλες τις προσδοκίες μας αποκλειστικά στον Θεό.
2. Η αποκάλυψη ότι ο Θεός μας αποδέχεται μέσα στον Αγαπητό Του.
3. Η επαναφορά της εμπιστοσύνης μέσα από τη δύναμη της συγχώρεσης. Αυτή η συγχώρεση περιλαμβάνει ένα διπλό έργο· πρώτα επιλέγουμε να συγχωρήσουμε, και έπειτα μαθαίνουμε να κάνουμε το βήμα να προσευχόμαστε και να ευλογούμε αυτούς που συγχωρούμε.
4. Ένα πνεύμα πίστης που έρχεται από τη βιωματική ακοή του Λόγου του Θεού.
5. Η επαναφορά της ευαλωτότητάς μας μέσα σε απόλυτη ασφάλεια καιεμπιστοσύνη.
6. Η μεταμόρφωσή μας από ανεξάρτητους, αυτοδύναμους ατομικιστές, σε ανθρώπους που δίνουν και παίρνουν μέσα σε μια κοινωνία.

ΠΡΟΣΕΥΧΗ

Abba, Εσύ ήδη διακήρυξες ότι είμαι ελεύθερος από τη νοοτροπία του ορφανού και με έχεις μεταμορφώσει σε γιο. Εσύ είπες όλα αυτά που είπες, ώστε να μπορώ με θάρρος να πω το ίδιο και εγώ. Συμφωνώ μαζί Σου. Συμφωνώ ότι είμαι η δικαιοσύνη του Θεού εν Χριστώ. Συμφωνώ ότι έχω μεταφερθεί από το βασίλειο του σκότους μέσα στο βασίλειο της απεριόριστης αγάπης Σου. Συμφωνώ και διακηρύττω με θάρρος ότι είμαι πλέον γιος του Υψίστου Θεού, και αρχίζω να απολαμβάνω την κληρονομιά μου ως γιος διαμέσου του Ιησού Χριστού και του Αγίου Πνεύματος που ζει μέσα μου. Σε ευχαριστώ που συνεχίζεις να με μεταμορφώνεις από δόξα σε δόξα διαμέσου του Πνεύματος του Κυρίου. Αμήν.

Δρ. Κέρι Γουντ με την Δρ. Τσίκι Γουντ

ΓΙΑ ΟΜΑΔΙΚΗ ΣΥΖΗΤΗΣΗ

1) Τι μαθαίνουμε από την προς Εβραίους 13:5-6 για τον δικό μας ρόλο στη διαδικασία της μεταμόρφωσής μας;

2) Ποιες είναι οι δύο όψεις της συγχώρεσης («το δίκαννο») που είναι απαραίτητες για τη συναισθηματική και πνευματική μας θεραπεία;

3) Ποιο από τα έξι βήματα προς την καρδιά του γιου νιώθεις ότι είναι το πιο δύσκολο για σένα;

ΔΕΚΑ

Η Πορεία προς την Καρδιά ενός Αληθινού Γιου Συνεχίζεται

Η ζωή ενός γιου δεν έχει πίεση, αλλά απόλαυση. Δεν στηρίζεται στις επιδόσεις του, αλλά στην παρουσία Του.

Προτού ολοκληρώσουμε τα βήματα της πορείας ενός γιου, θα πρέπει να σημειώσουμε ότι και οι δύο διαδρομές (προς την ορφανή καρδιά και προς την καρδιά ενός γιου) δεν είναι απαραίτητο ότι ακολουθούν πάντα την αριθμητική σειρά των βημάτων όπως τα αναφέρουμε. Διότι προφανώς υπάρχουν διαφορετικές πνευματικές και ψυχολογικές συσχετίσεις. Δεν ισχυρίζομαι ότι το Άγιο Πνεύμα ακολουθεί κατά γράμμα μια συγκεκριμένη πορεία με κάθε άνθρωπο για να τον επαναφέρει στην καρδιά του γιου. Η ζωή ενός γιου δεν είναι ένας προορισμός στον οποίο πρέπει να φτάσεις, ούτε μια βαθμίδα την οποία πρέπει να κατακτήσεις. Δεν χρειάζεται να προσπαθείς να «αποκτήσεις» κάτι. Απλά προσκαλείς την παρουσία Του. Αυτός έρχεται σε σένα. Η ζωή του γιου είναι μια σχέση με τον Θεό, μια σχέση που δυναμώνει καθώς ζεις με το Άγιο Πνεύμα, που είναι το Πνεύμα της Υιοθεσίας. Βέβαια, η συντριβή της ανθρωπότητας είναι καθολικό φαινόμενο με πολλά κοινά σημεία, συνεπώς η θεραπεία της μπορεί να είναι μια πορεία με πολλά κοινά σημεία.

Στο προηγούμενο κεφάλαιο μιλήσαμε για τις προσδοκίες μας που εκπληρώνονται, την αποδοχή μας χάρη του Αγαπητού Του, την επαναφορά της εμπιστοσύνης μας με τη δύναμη της συγχώρεσης, το ανανεωμένο πνεύμα της πίστης, τη δύναμη της ευαλωτότητας και της ασφάλειας, και την καλλιέργεια ενός αλληλεξαρτημένου τρόπου ζωής μέσα από τις σχέσεις μας.

Μια έκφραση αυτού του τρόπου ζωής (αλληλεξάρτησης και σχέσεων), είναι ο σεβασμός και η τιμή. Αυτό είναι και το επόμενο βήμα της πορείας μας προς την καρδιά ενός γιου.

Δρ. Κέρι Γουντ με την Δρ. Τσίκι Γουντ

Τα Δώδεκα Βήματα Συνεχίζονται

7. Δείχνουμε τιμή και σεβασμό στα χαρίσματα, τα καλέσματα και τις διαφορές των άλλων.

Αυτό που ξέρει να κάνει καλά το ορφανό πνεύμα, είναι να χειραγωγεί και να ελέγχει τις σχέσεις του, ενώ το πνεύμα ενός πραγματικού γιου είναι μη χειριστικό και τιμά τους γύρω του. Ο κόσμος δεν κατανοεί αυτήν την αλήθεια, γι' αυτό και θεωρούν ότι ηγετική ικανότητα είναι να κάνεις τους άλλους να κάνουν αυτό που θες εσύ. Πολλές φορές θέτουμε κανόνες στις εκκλησίες ή στις οργανώσεις μας από φόβο μήπως ξαναζήσουμε κάποια προβλήματα ή ξεφύγουν από τον έλεγχό μας άνθρωποι και καταστάσεις. Στόχος μας είναι να φροντίσουμε όλοι να σκέφτονται και να συμπεριφέρονται ομοιόμορφα. Ένας φίλος μου ποιμένας λέει, «Οι κανόνες φτιάχνονται για να κοιμούνται ήσυχοι οι υπεύθυνοι». Οι εκκλησίες και οι επιχειρήσεις μας προσηλώνονται είτε στους κανονισμούς μας, είτε στις σχέσεις μεταξύ μας: οι αυστηροί κανόνες ισοδυναμούν με ελλιπείς σχέσεις, και οι χαλαροί κανόνες δείχνουν ότι οι σχέσεις είναι δυνατές. Η ομοιομορφία καταστρέφει την ατομική δημιουργικότητα. Όπου υπάρχει έμφαση στην αξία των στενών σχέσεων, εκεί υπάρχει τιμή και σεβασμός στα χαρίσματα, τα καλέσματα και τις διαφορές κάθε ανθρώπου.

Ο Θεός είναι Αυτασφαλής και Μη Χειριστικός

Σκέψου πόσο μη χειριστικός είναι ο Θεός που μας αγαπάει. Δημιούργησε τον άνθρωπο, τον εξουσιοδότησε, του ανέθεσε την ευθύνη να κυριαρχήσει σε όλον τον πλανήτη, και έπειτα, είδε τον Αδάμ και την Εύα να παραιτούνται από την εξουσία τους και να την παραδίδουν στον ύπουλο σφετεριστή που ο Ίδιος είχε διώξει με τις κλωτσιές από τον ουρανό.

> **Το πνεύμα ενός πραγματικού γιου είναι μη χειριστικό και τιμά τους γύρω του.**

Σκέψου πόσο μη χειριστικός είναι ο Θεός: σεβόμενος απόλυτα την ελεύθερη βούληση του ανθρώπου (τη δική Του εικόνα στον άνθρωπο), μας άφησε να δώσουμε τα κλειδιά του πλανήτη στον Σατανά και μάλιστα, να φύγουμε μακριά Του. Είναι αδιανόητο και ασύλληπτο για μας πόσο ασφαλής και σίγουρος είναι ο Θεός, ώστε να μας αφήνει να εξοργιζόμαστε μαζί Του, να Τον βρίζουμε με σφιγμένες γροθιές, κι Αυτός να μην κλονίζεται από τίποτα. Δεν έχει κανένα συναισθηματικό κενό μέσα Του που να χρειάζεται να γεμίσει. Είναι πλήρης, γεμάτος αγάπη και πάντα στραμμένος προς τους άλλους. Δεν χωράει καμία ανασφάλεια μέσα Του. Αντίθετα, οι δικές μας πληγές και ανασφάλειες μας κάνουν να θέλουμε να χειραγωγούμε τους άλλους, να αποφεύγουμε τον διάλογο και να απειλούμε όποιον πιστεύει κάτι διαφορετικό από μας.

Όσο πιο σίγουρος είσαι για το ποιος είσαι, τόσο λιγότερο θα αναστατώνεσαι μ' αυτούς πόυ σκέφτονται διαφορετικά από σένα.

Οι Γιοι είναι Αυτασφαλείς και Μη Χειριστικοί

Καθώς το Άγιο Πνεύμα χτίζει μέσα σου την ταυτότητα ενός γιου, τη σιγουριά ότι είσαι ασφαλής μέσα στη σχέση του Πατέρα και του Γιου, αρχίζεις να γίνεσαι πιο συγκροτημένος, πιο ήρεμος μέσα στο πνεύμα σου. Γίνεσαι κατά μάνα, κατά Κύρη, κατά γιο και θυγατέρα! Ανακαλύπτεις ότι δεν υπάρχει λόγος να υπερασπίζεσαι τον Θεό και την αλήθεια Του — ούτε ο Ίδιος δεν ασχολείται με την υπεράσπιση του εαυτού Του. Είναι χαρά Του να απολαμβάνει τη διαφορετικότητα της πολύπλευρης φύσης Του, όπως εκφράζεται μέσα από την ανθρωπότητα. Τον ενδιαφέρει περισσότερο να είμαστε σωστοί στις σχέσεις μας, από το να έχουμε δίκιο. Συνεπώς, οι γιοι είναι χαλαροί, δεν νιώθουν ότι απειλούνται από τις αντίθετες γνώμες. Όσο πιο σίγουρος είσαι για το ποιος είσαι, τόσο λιγότερο θα αναστατώνεσαι μ' αυτούς που σκέφτονται διαφορετικά από σένα.

Άκου την ήρεμη φωνή του Ιησού όταν απαντά στις ανακριτικές ερωτήσεις του Ρωμαίου κυβερνήτη:

«Δεν ξέρεις ότι έχω εξουσία να σε θανατώσω ή να σου χαρίσω τη ζωή;» Ο Ιησούς του απαντά ήρεμα: Δεν έχεις καμία εξουσία επάνω μου, παρά μόνο ό,τι σου έδωσε ο Πατέρας μου.

Ιωάννη 19:10-11, σε παράφραση

Όλοι οι αξιωματικοί ήταν σε σύγχυση διότι ο Ιησούς δεν έκανε καμία προσπάθεια να υπερασπιστεί τον εαυτό Του — «σαν άφωνο πρόβατο μπροστά σ' εκείνον που το σφάζει, έτσι δεν άνοιξε το στόμα Του». Έζησε και πέθανε χωρίς να φοβάται κάτι, χωρίς να πρέπει να αποδείξει κάτι, χωρίς να έχει κάτι να χάσει. Ήταν σίγουρος μέσα στην αγάπη του Πατέρα Του... και το ίδιο μπορούμε να είμαστε και εμείς.

Μπορείς να εμπιστευθείς το Άγιο Πνεύμα; Μπορείς να δεχθείς ότι άλλοι άνθρωποι είναι σε διαφορετικά σημεία στην πορεία τους με τον Θεό απ' ότι εσύ; Μπορείς να εμπιστευθείς το Άγιο Πνεύμα ότι θα τους οδηγήσει στην πνευματική ωριμότητα, όπως κι εσένα; Όλοι είμαστε σ' αυτή τη διαδικασία και συνεχώς μεγαλώνουμε με τον Θεό, όχι επειδή κάποιοι τα καταφέρνουμε καλύτερα από τους άλλους, αλλά επειδή το Άγιο Πνεύμα δεν το βάζει κάτω.

Πιστός είναι εκείνος ο οποίος σας καλεί, ο οποίος και θα το εκτελέσει.
Α' Θεσσαλονικείς 5:24

8. Οικειότητα στις Σχέσεις μέσα από την Επικοινωνία (Κοινωνία).

Το ορφανό πνεύμα συμβιβάζεται με επιφανειακές σχέσεις, ενώ το πνεύμα του γιου μαθαίνει τι σημαίνει οικειότητα, να δίνεις και να παίρνεις. Στην Καινή Διαθήκη αυτός ο τρόπος ζωής φαίνεται στην επικοινωνία (κοινωνία) της πρώτης Εκκλησίας. Ένα από τα πιο ριζοσπαστικά χαρακτηριστικά για την κουλτούρα της εποχής της πρώτης Εκκλησίας, ήταν η πρωτοφανής αγάπη που είχαν ο ένας για τον άλλο. Ο Λουκάς αναφέρει ότι οι πιστοί ζούσαν ενωμένοι και ήταν ιδιαίτερα γενναιόδωροι:

Η καρδιά και η ψυχή τού πλήθους, εκείνων που πίστεψαν, ήταν μία· και ούτε ένας δεν έλεγε ότι είναι δικό του κάτι από τα υπάρχοντά του, αλλά είχαν τα πάντα κοινά.
Πράξεις 4:32

Η κραυγή της ψυχής κάθε ανθρώπου είναι η αμοιβαία γνωριμία με άλλους μέσα από μια βαθιά, στενή σχέση. Ο Θεός μας, ως Θεός σχέσεων, μας κατασκεύασε με αυτήν την ανάγκη, να γνωρίζουμε τους άλλους και να μας γνωρίζουν βαθιά — να έχουμε κάποιον που μας ξέρει καλά, «απ' την καλή και απ' την ανάποδη», και παρ' όλα αυτά μας αποδέχεται ολοκληρωτικά και μας αγαπάει. Έτσι είσαι φτιαγμένος να ζεις και αυτό είναι το έργο του Αγίου Πνεύματος — αυτός είναι ο Ρόλος του *Abba*. Όλοι είμαστε απόλυτα αγαπημένοι και απόλυτα αποδεκτοί γιοι του Πατέρα. Όσο πιο πολύ το πιστεύουμε με το πνεύμα μας, τόσο θα αποβάλλουμε τον φόβο ότι είμαστε ελλιπείς, ότι δεν κάνουμε αρκετά, ότι δεν έχουμε τα προσόντα. Και τότε θα είμαστε ελεύθεροι να είμαστε ο εαυτός μας και να δίνουμε τον εαυτό μας σε άλλους.

Είχα την ευκαιρία να υπηρετήσω ανθρώπους και ως ποιμένας και ως καθηγητής για αρκετά χρόνια, και έτσι ρωτήθηκα άπειρες φορές από νέους και νέες σχετικά με «το μυστικό» για μια πετυχημένη διακονία. Συνήθως απαντώ με κάτι που μου μίλησε το Άγιο Πνεύμα πριν από χρόνια. Μου το είπε ως εξής:

Μάθε ποιος είσαι και τι έχεις να δώσεις.
Τίμησε το ποιος είσαι και αυτό που έχεις να δώσεις.
Έπειτα, δώσε αυτό που είσαι και αυτό που έχεις,
σε όσους δέχονται αυτό που είσαι και αυτό που δίνεις.

Προφανώς, το κλειδί για όλα αυτά είναι «διαμέσου του Πνεύματος». Μόνο εφόσον γεμίζουμε από το Πνεύμα και μένουμε γεμάτοι ως γιοι Του σε συνεχή κοινωνία μαζί Του, θα μπορούμε να μάθουμε ποιοι πραγματικά είμαστε και τι έχουμε να δώσουμε. Μόνο τότε θα μπορούμε να ζούμε με τη σιγουριά ενός αληθινού γιου, και θα μπορούμε να δίνουμε τον εαυτό μας απλόχερα στους άλλους. Αυτό μας δείχνει πόσο σημαντικό είναι να ξέρουμε από Ποιον πηγάζει η ταυτότητά μας ως γιοι.

9. Οι Γιοι Αντλούν τις Σκέψεις και τις Επιθυμίες τους από το Πνεύμα.

Ένα από τα μεγαλύτερα οφέλη της ζωής ενός γιου, είναι ότι το Άγιο Πνεύμα έχει την ελευθερία να μεταμορφώνει τα «θέλω» του πιστού από τα ψέματα της ορφανής καρδιάς, στη γεμάτη ζωή μέσα στον Θεό. Αυτό δεν γίνεται με το να βομβαρδίζεις το μυαλό με «καλές» και «άγιες» σκέψεις, παρότι είναι σίγουρα προτιμότερο από το να καταπίνεις κακές και ανόσιες σκέψεις. Πρόκειται, όμως, για μια διαδικασία που ξεκινάει από μέσα προς τα έξω: το Άγιο Πνεύμα που κατοικεί μέσα σου, «κατεβάζει» το θέλημα και τους σκοπούς του Θεού μέσα στο πνεύμα σου. Αυτός ο συγχρονισμός της καρδιάς σου με την καρδιά του Θεού, είναι το θέμα του επόμενου βιβλίου της τριλογίας με τίτλο, *Η Διαμόρφωση από τον Abba*. Θα αρκεστώ μόνο σε μια πρόταση: ο Θεός δεν φόρτωσε σε μας το βάρος να ανακαλύψουμε τις σκέψεις Του, ούτε μας έριξε ένα τεράστιο βιβλίο από τον ουρανό για να βγάλουμε άκρη μόνοι μας τι θέλει να πει.

Η αλήθεια είναι ότι μετακόμισε ο Ίδιος μέσα μας — ήρθε να κατοικήσει μέσα μας, ώστε να μας διδάσκει, να μας οδηγεί και να μας κατευθύνει σε όλη την αλήθεια και να μας δείχνει όσα πρόκειται να γίνουν (δες κατά Ιωάννη 14 και 16). Όλα τα ψέματα που μας κάνουν επιρρεπείς στα πάθη μας, στα υλικά αγαθά, στα αξιώματα και στη δύναμη, αντικαθίστανται, διαμέσου του Πνεύματος της Αλήθειας, με τη συνείδηση ότι μέσα στον Χριστό έχω «τα πάντα». Μην κάνεις, όμως, το λάθος που κάνει η Δυτική μας νοοτροπία, να θεωρήσεις ότι το παν είναι να αποκτήσεις περισσότερη διανοητική γνώση. Το αντίδοτο για κάθε πειρασμό που μπορεί να σου πετάξει ο εχθρός, είναι να γεμίζεις μ' Αυτόν — όχι να ξέρεις πολλά.

Σκέψου πόσο δύσκολο θα ήταν για τον εχθρό να σε πειράξει αν ήσουν πλήρης, απόλυτα ικανοποιημένος και δεν χρειαζόσουν τίποτα άλλο σε κανέναν τομέα της ζωής σου. Ξέρεις για ποιον λόγο λένε να μην πηγαίνεις στο σούπερ-μάρκετ όταν πεινάς; Γιατί ό,τι δεις, θα το βάλεις στο καλάθι σου! Και τα περισσότερα δεν θα είναι και πολύ υγιεινά. Αν, όμως, είσαι χορτάτος, δεν θα σε ωθεί η πείνα σου, αλλά η σοφία και οι στρατηγικοί στόχοι σου.

Το Άγιο Πνεύμα συνεχώς δείχνει τον Ιησού, και ο Ιησούς με τη σειρά Του, μας γεμίζει με το Πνεύμα Του. Εμείς ψάχνουμε ποια τεχνική, «καλή πρακτική» και ανθρώπινη ιδέα μπορεί να μας βοηθήσει, αντί να κάνουμε απλά αυτό που έκανε ο Ιησούς: να γεμίζουμε και μένουμε γεμάτοι με το Πνεύμα. Όσο πιο γεμάτοι είμαστε με το Πνεύμα, τόσο λιγότερο χώρο θα έχουμε για να μας δελεάζει οποιαδήποτε άλλη εναλλακτική.

10. Μαθαίνουμε να ζούμε με το Υπερχείλισμα της Πληρότητας του Πνεύματος.

Οι γιοι δεν συμβιβάζονται με καμία ψευδοπληρότητα, αλλά μαθαίνουν να ζουν με κάθε λόγο που βγαίνει συνεχώς από το στόμα του Πατέρα (Ματθαίος 4:4). Τα λόγια Του είναι πνεύμα και ζωή, δηλαδή η ζωή του Ίδιου του Θεού. Όπως λέει και ο Γ.Ε. Βάιν, «η ζωή στο επίπεδο του Θεού». Καλούμαστε να τρεφόμαστε με Αυτόν, με το Πρόσωπό Του, όπως με το καθημερινό μας ψωμί (Ιωάννης 6:38).

Ο Ιησούς δεν μας χλεύαζε όταν έλεγε:

Αν δεν φάτε τη σάρκα Μου, και δεν πιείτε το αίμα Μου, δεν έχετε μέσα σας ζωή.

Η πληρότητα στο πνεύμα είναι σαν να έχεις μια φωτιά μέσα σου.

Ιωάννης 6:53

Το αντίθετο, μάλιστα, έστρεφε την προσοχή μας σε μια προσωπική και στενή σχέση μαζί Του, με ένα Πρόσωπο, όχι απλά με κανόνες και αρχές που αναλύονται με το μυαλό.

Η πληρότητα στο πνεύμα είναι σαν να έχεις μια φωτιά μέσα σου. Θυμάσαι τους μαθητές που περπατούσαν στον δρόμο προς Εμμαούς; Ήταν μαζί με τον Ιησού, και αμέσως μετά είπαν:

Δεν καιγόταν μέσα μας η καρδιά μας, όταν μας μιλούσε στον δρόμο, και μας εξηγούσε τις γραφές;

Λουκάς 24:32

Βλέπεις τώρα ότι αν ο Χριστιανισμός μας φτάνει μόνο μέχρι το συναισθηματικό ή λογικό επίπεδο, θα μας οδηγήσει σε υποσιτισμό και λιμοκτονία;

Ο άνθρωπος είναι πλασμένος να ζει γεμάτος, να αγαπάει γεμάτος, να δουλεύει γεμάτος, και να παίζει γεμάτος. Ο μόνος λόγος που χρειάστηκε να φτιάξουμε συστήματα διαχείρισης της αμαρτίας και θρησκευτικά περιοριστικά μέτρα, είναι επειδή αγνοήσαμε το απλό σχέδιο του Θεού να μας γεμίζει με τον εαυτό Του. Η εντολή της Καινής Διαθήκης είναι να γεμίζουμε με το Πνεύμα (Εφεσίους 5:18). Για τον Πέτρο, το πιο ξεκάθαρο σημάδι ότι οι μη Εβραίοι μπολιάστηκαν στο έργο της σωτηρίας, ήταν ότι γέμισαν με το Πνεύμα (Πράξεις 15:8). Και ο Παύλος μας λέει ότι ο τρόπος για να θανατώνουμε τα έργα της σάρκας είναι «διαμέσου του Πνεύματος» (Ρωμαίους 8:13). Και ο μόνος τρόπος για να έχουμε γνήσιο πάθος για αυτούς που χάνονται και για το δίκιο των περιθωριοποιημένων, είναι να παραμένουμε γεμάτοι. Οποιοσδήποτε άλλος τρόπος αποτελεί πολιτική ατζέντα.

Η πραγματική ελευθερία σχετικά με τις ορέξεις μας, δεν είναι να γίνουμε αρκετά δυνατοί για να τις κουμαντάρουμε ή να ελέγχουμε κάθε

Δρ. Κέρι Γουντ με την Δρ. Τσίκι Γουντ

μας σκέψη· είναι να Τον αφήσουμε να αντικαταστήσει τις σκέψεις μας με τις δικές του διαμέσου του Πνεύματος (Φιλιππησίους 2:12-13). Είναι το Πνεύμα του *Abba* που...

> ... που δημιουργεί και διενεργεί μέσα σας και το να θέλετε (το «θέλω») και το να ενεργείτε (τη δύναμη να κάνετε), σύμφωνα με αυτό που Τον ευαρεστεί.
>
> Φιλιππησίους 2:13 (AMP)

Είναι χίλιες φορές καλύτερο να αντικαταστήσεις τα ψέματα της ορφανής καρδιάς διαμέσου του Πνεύματος της πληρότητας, από το να αγωνίζεσαι με τη δύναμη της θέλησής σου. Αν παλεύεις να αναλάβεις τα ηνία της πνευματικής σου ζωής με τη δύναμη της θέλησής σου, μάλλον δεν έχεις ανακαλύψει ακόμα το μυστικό «του καλού ζυγού». Ο ζυγός Του είναι καλός γιατί δεν γίνεται «με δύναμη, ούτε με (ανθρώπινη) ισχύ, αλλά δια του Πνεύματος του Κυρίου». Στο επόμενο βιβλίο, *Η Διαμόρφωση από τον Abba*, θα μιλήσουμε για το πώς γεμίζουμε και πώς μένουμε γεμάτοι με τον Πνεύμα, σε ένα κεφάλαιο που έχει τίτλο «Τι Γλώσσα Μιλάει το Πνεύμα ενός Αληθινού Γιου».

11. Οι Γιοι Μιλάνε την Αλήθεια με Αγάπη και Λατρεύουν με Πνεύμα και Αλήθεια.

Τα στάδια εξέλιξης του ορφανού πνεύματος γεννούν έναν τρόπο ζωής και ένα λεξιλόγιο γεμάτο αυταπάτες. Οι ορφανοί μαθαίνουν να εκλογικεύουν τα δεσμά τους και να τα βαφτίζουν ελευθερία. Ο Σατανάς είναι ειδικός στον επαναπροσδιορισμό των όρων· αλλά η εξέλιξη της πορείας ενός γιου είναι μια πορεία μέσα στο φως και την αλήθεια, γιατί οι γιοι αγκαλιάζουν τη διαφάνεια και την ειλικρίνεια στην καρδιά και στην ψυχή τους. Οι γιοι μαθαίνουν να ομολογούν τα λάθη τους και να ζουν στο φως. Οι γιοι συνειδητοποιούν ότι ο μόνος τρόπος για να μπορέσει ο Σατανάς να τους κρατήσει δεμένους, είναι αν αυτοί κρύβουν κάτι στο σκοτάδι. Μόλις το φέρουν στο φως, παύει να έχει δύναμη επάνω τους. Οι γιοι μαθαίνουν ότι το ναι τους είναι ναι, και το όχι τους είναι όχι (επικοινωνούν χωρίς να εξαπατούν).

> **Είναι πολύ καλύτερο να αντικαταστήσεις τα ψέματα της ορφανής καρδιάς διαμέσου του Πνεύματος της πληρότητας, από το να αγωνίζεσαι με τη δύναμη της θέλησής σου.**

Ο ΡΟΛΟΣ του Abba

Το Ευαγγέλιο για «Αλλήλους»

Η ζωή ενός γιου είναι μια ζωή αποδοχής και υπέρχειλης αγάπης μέσα στον Τριαδικό κύκλο. Ο Πατέρας ευλογεί τον Γιο, ο Γιος ευλογεί το Πνεύμα, το Πνεύμα ενώνει τον Πατέρα και τον Γιο με δεσμούς αγάπης, και εμάς, τους γιους του Θεού, το Άγιο Πνεύμα μας ελκύει μέσα σ' αυτή τη ζωή της ευλογίας, καθώς μας δίνει τη δύναμη να εφαρμόσουμε τα πενήντα οχτώ «αλλήλους» που αναφέρονται στην Καινή Διαθήκη. Δίνουμε τους εαυτούς μας ο ένας στον άλλο με αγάπη, καθώς παρηγορούμε ο ένας τον άλλο, αγαπάμε ο ένας τον άλλο, βαστάζουμε ο ένας τα βάρη του άλλου... και όλα αυτά με την άφθονη δύναμη του Πνεύματος. (Για περισσότερα, δες το βιβλίο *Το Θεμέλιο του Abba*).

Τι θεωρείς ότι είναι η λατρεία μας, παρά η συμμετοχή μας σ' αυτόν τον Τριαδικό κύκλο αποδοχής και αγάπης; Ο Πατέρας εκχέει δύναμη, σοφία, ευλογία, τιμή και δόξα πάνω στους γιους και τις κόρες Του διαμέσου του Πνεύματος. Και εμείς γεμίζουμε τόσο, ώστε Του ανταποδίδουμε με τη λατρεία μας — και ψάλλουμε:

Άξιος είσαι, Κύριε και Θεέ μας, να πάρεις τη δόξα
και την τιμή και τη δύναμη.

Αποκάλυψη 4:11

Η λατρεία που είδε ο Απόστολος Ιωάννης στον ουρανό πριν από δύο χιλιάδες χρόνια, εξακολουθεί να συμβαίνει αυτή τη στιγμή, καθώς η οικογένεια του Θεού, και στον ουρανό και στη γη, ευλογεί τον Κύριο. Αυτό εννοούσε ο Ιησούς όταν είπε στη Σαμαρείτισσα:

Ο Θεός είναι πνεύμα· και εκείνοι που Τον προσκυνούν με
πνεύμα και με αλήθεια πρέπει να Τον προσκυνούν.

Ιωάννης 4:24

Και παρεμπιπτόντως, οι γιοι δεν είναι φοβισμένα ανθρωπάκια χαμηλών τόνων. Είναι ελεύθεροι να δοξάζουν τον Θεό με έναν νέο τρόπο ζωής. Όποτε συναντάς ανθρώπους γεμάτους με το Πνεύμα, θα τους δεις να εκφράζουν τη λατρεία και την ευχαριστία τους στον Θεό αυθόρμητα και απρόσκοπτα. Είναι το πιο λογικό επακόλουθο της πνευματικής απόλαυσης και πληρότητας.

Δρ. Κέρι Γουντ με την Δρ. Τσίκι Γουντ

12. Οι Γιοι Ζουν με τη Δύναμη του Πνεύματος — τη Ζωή του Τριαδικού Θεού.

Οι γιοι του Θεού δεν ζουν καταπιεσμένοι. Οι γιοι του Θεού είναι στραμμένοι προς τους άλλους, γενναιόδωροι, απλόχεροι και αυξάνονται συνεχώς σε χάρη (ακόμα περισσότερη ελευθερία) και στη βιωματική γνώση του Κυρίου. Οι γιοι του Θεού οδηγούνται από το Πνεύμα του Θεού (Ρωμαίους 8:14) και ασχολούνται με τις υποθέσεις του Πατέρα. Αυτό σημαίνει ότι έχουμε φτάσει σε ένα σημείο μαζί με τον Θεό, που δεν χρειάζεται να ξοδεύουμε άπειρο χρόνο για να έρθουμε στα συγκαλά μας (αν και αυτή η διαδικασία είναι συνεχής όσο ζούμε εδώ). Μέσα στον Θεό υπάρχει αφθονία — ένα υπερχείλισμα πληρότητας, δικαιοσύνης, ειρήνης και χαράς που έρχεται όταν ζούμε μέσα και διαμέσου του Πνεύματος, ο Οποίος διαρκώς μας βεβαιώνει ότι είμαστε αληθινοί γιοι.

Θα επαναλάβω κάτι για να δώσω ένα παράδειγμα σχετικά με τον τρόπο που το Άγιο Πνεύμα μας δίνει αυτή τη βεβαιότητα. Θυμάμαι μια μέρα που προσευχόμουν και ο Κύριος μου μίλησε πολύ αυστηρά και με πολλή αγάπη. Ήταν ξεκάθαρα ένας λόγος διόρθωσης. Ήμουν ποιμένας εδώ και τριάντα χρόνια, αλλά συνέχεια πάλευα να κάνω κάτι ακόμα. Εκείνη τη μέρα, λοιπόν, άκουσα το Άγιο Πνεύμα να ψιθυρίζει στο πνεύμα μου: «Κέρι, σταμάτα να παλεύεις να τελειοποιήσεις τον εαυτό σου, και άρχισε απλώς να δίνεις αυτό που σου έδωσα». Μέσα από αυτή τη συνάντηση μαζί Του, ο Κύριος σημάδεψε το πνεύμα μου με τα λόγια που έγραψα νωρίτερα σ' αυτό το κεφάλαιο.

Μάθε ποιος είσαι και τι έχεις να δώσεις.
Τίμησε το ποιος είσαι και αυτό που έχεις να δώσεις.
Έπειτα, δώσε αυτό που είσαι και αυτό που έχεις,
σε όσους δέχονται αυτό που είσαι και αυτό που δίνεις.

Το Άγιο Πνεύμα έχει να σου πει πάρα πολλά πράγματα. Τα λόγια Του θα σε γεμίσουν, θα σε αλλάξουν, και θα επαναφέρουν τον σκληρό δίσκο σου. Όσο περισσότερο δίνεις, τόσο περισσότερο θα σου μιλάει.

Μια Ζωή με Αφθονία

Ο φόβος κάθε ορφανού είναι ότι «Μπορεί να μην αποδεχθούν αυτό που είμαι ή αυτό που έχω» και η αλήθεια είναι ότι δεν είναι παράλογος. Αν οι άνθρωποι απέρριψαν τον Ιησού και αυτό που τους έδινε, να είσαι σίγουρος ότι θα απορρίψουν και εσένα. Αλλά δεν χρειάζεται να ζεις μ' αυτόν τον φόβο. Δεν θα πρέπει να σε απασχολεί, γιατί για κάθε άνθρωπο που δεν δέχεται αυτό που είσαι και αυτό που έχεις, υπάρχει πλήθος κόσμου που πεινάει και διψάει γι' αυτό που φέρνεις στο τραπέζι. Μείνε γεμάτος με το Πνεύμα, οδηγήσου από το Πνεύμα και απλά δώσε τον εαυτό σου στους άλλους. Και ποτέ δεν θα σου λείψει αυτό που χρειάζεσαι.

Αυτός είναι ο Ρόλος του *Abba* — το έργο του Αγίου Πνεύματος, που με διαβεβαιώνει ότι είμαι γιος. Δεν προσπαθώ να γίνω — αυτός είμαι. Άρα, κάθε φορά που δίνω αυτό που μου έδωσε ο Θεός, γυρίζω και τι να δω; Το ντουλάπι μου ξαναγέμισε μυστηριωδώς! Είμαι μέσα σ' Αυτόν, Αυτός είναι μέσα σε μένα, και δεν Του λείπει τίποτε.

Σκέψου το Εξής

Ό,τι κι αν νομίζεις ότι κάνει το Άγιο Πνεύμα μέσα σου και μέσα στον κόσμο σου, να ξέρεις ότι κάνει κάτι πολύ μεγαλύτερο. Ο Κλαρκ Πίνοκ διευρύνει τους ορίζοντές μας για το έργο του Αγίου Πνεύματος με πολύ όμορφο τρόπο. Δες τι λέει:

Το Άγιο Πνεύμα απλώνει τα χέρια Του στα δημιουργήματά Του, μας πιάνει και μας φέρνει σπίτι, στην αγάπη του Θεού. Το Πνεύμα είναι η απρόσμενη δύναμη της δημιουργικότητας του Θεού, Αυτός που άπλωσε τον κόσμο με έκσταση και έκρυψε μέσα του τον απόηχο της θεϊκής σχέσης, για να μη σταματήσει ποτέ να προχωράει το σχέδιο του Θεού... Το Πνεύμα ολοκληρώνει τα σχέδια του Θεού προς την κατεύθυνση της νέας δημιουργίας και της ένωσης με τον Θεό, μέσα από το ταξίδι της ζωής του Ιησού Χριστού... Το Άγιο Πνεύμα είναι η έκσταση που θέτει σε εφαρμογή την αφθονία του Θεού και ενεργοποιεί κάθε προσφορά του εαυτού μας. Σύμφωνα με το Σύμβολο της Νίκαιας και Σύμβολο της Πίστεως, Αυτός είναι «ο Κύριος, ο ζωοποιός».[34]

Δρ. Κέρι Γουντ με την Δρ. Τσίκι Γουντ

Τι Είπαμε Μέχρι Τώρα;

Το προοδευτικό έργο του Πνεύματος ξεκινά με την επαναφορά των προσδοκιών μας και τις προδομένης εμπιστοσύνης μας και κλείνει με την πληρότητα που ωθεί τους γιους και τις κόρες να ζήσουν απόλυτα ελεύθεροι μέσα στην ευλογία του Πατέρα. Όλα όσα κατέστρεψε και διαστρέβλωσε μέσα μας ο Σατανάς στην πορεία προς το ορφανό πνεύμα, το Άγιο Πνεύμα τα αποκαθιστά μέσα από την *κραυγή προς τον Abba*. Η πορεία είναι κάπως έτσι:

1. Προσδοκίες που εκπληρώνονται από τον Θεό: Όταν εναποθέτουμε όλες τις προσδοκίες μας αποκλειστικά στον Θεό.
2. Η αποκάλυψη ότι ο Θεός μας αποδέχεται μέσα στον Αγαπητό Του.
3. Η επαναφορά της εμπιστοσύνης μέσα από τη δύναμη της συγχώρεσης.
4. Ένα πνεύμα πίστης που έρχεται από τη βιωματική ακοή του Λόγου του Θεού.
5. Η επαναφορά της ευαλωτότητάς μας μέσα σε απόλυτη ασφάλεια και εμπιστοσύνη ως γιοι.
6. Η μεταμόρφωσή μας από το ανεξάρτητο πνεύμα στο αλληλεξαρτημένο.
7. Δείχνουμε τιμή και σεβασμό στα χαρίσματα, τα καλέσματα και τις διαφορές των άλλων.
8. Οικειότητα στις Σχέσεις μέσα από την Επικοινωνία (Κοινωνία).
9. Αντλούμε τις Σκέψεις και τις Επιθυμίες μας από το Πνεύμα.
10. Μαθαίνουμε να ζούμε με το Υπερχείλισμα της Πληρότητας του Πνεύματος.
11. Μιλάμε την Αλήθεια με Αγάπη και Λατρεύουμε με Πνεύμα και Αλήθεια.
12. Ζούμε με τη Δύναμη του Πνεύματος — τη Ζωή του Τριαδικού Θεού.

Όλα όσα κατέστρεψε και διαστρέβλωσε μέσα μας ο Σατανάς στην πορεία προς το ορφανό πνεύμα, το Άγιο Πνεύμα τα αποκαθιστά μέσα από την κραυγή προς τον Abba.

Σου φαίνεται πολύ καλό για να είναι αληθινό; Η αλήθεια είναι ότι ο Ιησούς ήρθε ως γιος για να μας δείξει πώς μπορεί να είναι η ζωή μας, εδώ και τώρα, διαμέσου του Αγίου Πνεύματος μέσα μας — και έζησε μ' αυτόν τον τρόπο ανάμεσά μας. Αν σου φαίνεται αδύνατο να γίνει αυτό, είναι γιατί είναι αδύνατο για μας, αλλά όχι για τον Θεό. Αυτό είναι το έργο του Αγίου Πνεύματος σε όσους Του δίνουν χώρο να το κάνει καθημερινά, να τους μιλάει και να δουλεύει μέσα τους. Το ερώτημα παραμένει: Πώς μπορούμε να συνεργαστούμε μαζί Του; Θα κλείσουμε με μια πολύ δυνατή σκέψη στο τελευταίο κεφάλαιο, μιλώντας για το πώς γινόμαστε από ορφανοί... κληρονόμοι.

ΠΡΟΣΕΥΧΗ

Abba, πώς μπορώ να εκφράσω το βάθος της ευγνωμοσύνης μου για την άπειρη και ξέφρενη αγάπη Σου! Μαζί με τον Παύλο, λέω «Ω, βάθος πλούτου και σοφίας και γνώσης Θεού! Πόσο ανεξερεύνητες είναι οι κρίσεις του, και ανεξιχνίαστοι οι δρόμοι του! Επειδή, "ποιος, γνώρισε τον νου τού Κυρίου; Ή, ποιος έγινε σύμβουλός του; Ποιος, πρώτος, έδωσε κάτι σ' αυτόν, για να του γίνει ανταπόδοση;"». Σε ευχαριστώ, Άγιο Πνεύμα, γιατί μας τα αποκαλύπτεις όλα αυτά τώρα που είμαστε γιοι. Επειδή, απ' Αυτόν, και διαμέσου Αυτού, και σ' Αυτόν είναι τα πάντα· σ' Αυτόν ανήκει η δόξα στους αιώνες. Αμήν.

Δρ. Κέρι Γουντ με την Δρ. Τσίκι Γουντ
ΓΙΑ ΟΜΑΔΙΚΗ ΣΥΖΗΤΗΣΗ

1) Σε ποιο από τα δώδεκα βήματα νιώθεις ότι έχεις κάνει την περισσότερη πρόοδο και σε ποιο τη λιγότερη μέχρι τώρα;

2) Σου είναι εύκολο να βλέπεις τους άλλους να είναι σε διαφορετικό επίπεδο με τον Θεό απ' ότι εσύ;

3) Νιώθεις ότι ακόμα προσπαθείς να γίνεις κάτι άλλο, ή νιώθεις ότι ο Θεός σου δείχνει ποιος είσαι ήδη μέσα σ' Αυτόν;

4) Μήπως νιώθεις ότι σε κάποιο βαθμό πρέπει να υπερασπίζεσαι τον Θεό — να παλεύεις για το «σωστό»;

ΕΝΤΕΚΑ

Οι Ορφανοί Γίνονται Κληρονόμοι

Ο καλός Πατέρας μας πάντα σου δίνει αυτό που σου ζητάει να δώσεις. Αν νιώθεις ότι σου ζητάει κάτι που δεν έχεις στα χέρια σου, άρχισε να κοιτάς γύρω σου· είναι σίγουρα κάπου κοντά σου.

Χρειαζόμαστε ένα σημείο εκκίνησης, κάποια βασικά πρώτα βήματα για να είμαστε σίγουροι ότι είμαστε σε καλό δρόμο, χωρίς να πάρουμε πάνω μας το βάρος να πετύχουμε κάτι. Ας πούμε, μια βασική αλήθεια της φύσης του Θεού, είναι ότι ο Θεός έχει τα πάντα και δεν χρειάζεται τίποτε. Άρα, ποτέ δεν θα σου ζητήσει να δώσεις κάτι που δεν σου το έχει ήδη δώσει. Ένας άλλος τρόπος για να πούμε το ίδιο πράγμα, είναι αυτό που μου είπε κάποτε ο Κύριος, όταν είχα φτάσει σε πολύ χαμηλό σημείο στη ζωή μου: «Κέρι, θα έχεις πάντα ό,τι χρειαστείς, όταν το χρειαστείς». Ο Θεός θα μου προμηθεύσει αυτό που μου ζητάει. Προτού σου δώσω τα πέντε βήματα που κάνουν τον ορφανό, κληρονόμο, θέλω να σε πάω πίσω στο σημείο μιας καθοριστικής αλλαγής στο σωτήριο έργο του Θεού — συγκεκριμένα, στο σημείο της αλλαγής από την Παλαιά Διαθήκη στην Καινή.

Η Επαναφορά των Γιων

Στο 4° κεφάλαιο του Μαλαχία, τα τελευταία λόγια της παλιάς διαθήκης μας δίνουν ελπίδα, αλλά και μια σοβαρή προειδοποίηση καθώς προχωράμε στην καινούργια διαθήκη:

Προσέξτε, εγώ θα σας στείλω τον Ηλία τον προφήτη, πριν έρθει η ημέρα τού Κυρίου, η μεγάλη και επιφανής· αυτός θα επαναφέρει την καρδιά των πατέρων προς τα παιδιά, και την καρδιά των παιδιών προς τους πατέρες τους, μήποτε έρθω και πατάξω τη γη με ανάθεμα.

Μαλαχίας 4:5-6

Δρ. Κέρι Γουντ με την Δρ. Τσίκι Γουντ

Κάθε φορά που διάβαζα αυτά τα εδάφια, αναρωτιόμουν, μα γιατί τον Ηλία; Σκεφτόμουν ότι ο Ηλίας κατέβασε φωτιά από τον ουρανό πάνω στους προφήτες του Βάαλ και είχε πνεύμα αναζωπύρωσης και δύναμης, και υπέθετα ότι χρειαζόμαστε αυτό το πνεύμα αναζωπύρωσης και δύναμης και στην καινούργια διαθήκη. Αλλά, δεν νομίζω ότι εννοούσε αυτό. Στην πραγματικότητα, και μέσα από τον Αβραάμ («στο σπέρμα σου», στον ενικό γιατί εννοούσε τον Ιησού), και μέσα από τον Ηλία, ο Θεός έσπειρε στη γη αυτό που ήθελε να θερίσει από τη γη. Μέσα από τον Αβραάμ, ο Θεός έσπειρε μια γενεαλογία που θα έφερνε τον Χριστό στη γη. Μέσα από τον Ηλία, έσπειρε το πνεύμα ενός πατέρα, μέσα από το οποίο ο Κύριος θα επαναφέρει τους γιους στο σπίτι του Πατέρα.

Επειδή, παιδί γεννήθηκε σε μας, Γιος δόθηκε σε μας.
Ησαΐας 9:6

Γιατί ο Πατέρας έδωσε έναν Γιο; Διότι πάντα δίνει πρώτος αυτό που περιμένει να πάρει. Δεν το ζητάει επειδή Του λείπει, αλλά επειδή αυτό που ζητάει είναι η εκπλήρωση της επιθυμίας του Πατέρα. Η μεγαλύτερη χαρά του Πατέρα είναι να μας βλέπει γεμάτους ως γιους, να φανερώνουμε την καρδιά Του. Μας ψάχνει με τα μάτια Του μέσα από τον καθρέφτη Του ενώ οδηγάει, μέχρι να σηκωθούμε όρθιοι στην πίσω θέση του κάμπριο!

Επιλέγοντας έναν Υπερφυσικό Πατέρα

Είπε ότι θα στείλει τον προφήτη Ηλία, γιατί ο Ηλίας είχε το πνεύμα ενός πατέρα. Ο Ηλίας προσκαλούσε κοντά του γιους, και γινόταν μέντορας και πατέρας τους. Θυμάσαι τη στιγμή που κάλεσε τον Ελισσαιέ, και αυτός του είπε «Ας φιλήσω, παρακαλώ, τον πατέρα μου και τη μητέρα μου, και τότε θα σε ακολουθήσω»; Ο Ηλίας του απάντησε, «Πήγαινε, γύρνα πίσω· επειδή, τι σου έκανα;». Του έλεγε, με άλλα λόγια, «Σου δίνω μια ευκαιρία. Μπορείς να διαλέξεις έναν φυσικό πατέρα ή έναν υπερφυσικό πατέρα». Και ο Ελισσαιέ διέλυσε το άροτρό του, το έκαψε και ακολούθησε τον Ηλία. Όταν ο Ηλίας αναλήφθηκε στον ουρανό με ένα άρμα

«Σου δίνω μια ευκαιρία. Μπορείς να διαλέξεις έναν φυσικό πατέρα ή έναν υπερφυσικό πατέρα».

Ο ΡΟΛΟΣ του Abba

φωτιάς, θυμάσαι τι φώναζε ο Ελισσαιέ; Φώναζε, «Πατέρα μου, πατέρα μου!». Δεν γράφτηκε απλώς σε μια σχολή προφητών. Είχε γίνει γιος.

Η ίδια επιλογή είναι μπροστά σε σένα και μένα σήμερα. Μπορούμε να γραφτούμε στην αναζήτηση καλών πρακτικών, γνώσεων και δεξιοτήτων, ή μπορούμε να γίνουμε γιοι και να αποκτήσουμε όλα όσα έχει για μας ο Πατέρας. Ναι, φυσικά πιστεύω στην εκπαίδευση και στην απόκτηση γνώσης — πρέπει να μπορούμε να επικοινωνήσουμε σε όσο πιο ευρύ κοινό γίνεται. Αλλά, προτού γίνεις ηγέτης, ποιμένας, σύζυγος, γιατρός, δικηγόρος ή ευαγγελιστής, πρέπει να γίνεις γιος.

Τα ανησυχητικά λόγια με τα οποία κλείνει η Παλαιά Διαθήκη είναι η προσμονή όσων έρχονται στην Καινή — ο ερχομός ενός Γιου, ο οποίος θα τους προσκαλέσει όλους, να πάρουν τη θέση τους στην αγκαλιά του Πατέρα. Όχι σε ένα ορφανοτροφείο! Η θέση αυτή είναι για γιους. Αυτό δεν σημαίνει ότι θα αρπάξεις την περιουσία σου πρόωρα και θα τη σπαταλήσεις στα τρελά σου όνειρα, ούτε ότι θα αναλωθείς στα καθήκοντα της δουλειάς σου στα χωράφια του πατέρα. Μιλάω για μια θέση μέσα στο σπίτι του Πατέρα, εκεί που ανήκεις, εκεί που είσαι σπίτι σου. Η δόξα του Θεού είναι το μέρος που μένεις, όχι το μέρος που επισκέπτεσαι σε ειδικές περιστάσεις.

Ο Ηλίας είχε επάνω του αυτό το χρίσμα, να μαζεύει και να μεγαλώνει γιους, και να τους μεταδίδει τη συνείδηση ότι είναι γιοι. Οι σχολές των προφητών του Ηλία λειτουργούσαν με αυτό το πατρικό πνεύμα, και αυτό ακριβώς είναι το πνεύμα του πατέρα που «θα επαναφέρει την καρδιά των πατέρων προς τα παιδιά, και την καρδιά των παιδιών προς τους πατέρες τους, μήποτε έρθει [ο Κύριος] και πατάξει τη γη με ανάθεμα» (Μαλαχίας 4:6). Το πνεύμα δυσπιστίας που επικρατούσε σε όλη τη γη ανάμεσα στον Πατέρα και τα παιδιά Του, αιφνιδιάστηκε από τον ερχομό ενός τέλειου, υπάκουου Γιου που έκανε μόνο αυτό που ήθελε ο Πατέρας Του. Αυτός ο Γιος ήρθε για να μας προσκαλέσει όλους να αποκαλούμε τον Πατέρα Του «Πατέρα μας», τον Abba Του, «Abba μας» (Ματθαίος 6:9). Αυτός ο Γιος υπάκουσε μέχρι θανάτου και μάλιστα σταυρικού, λέγοντας «Όχι το δικό μου θέλημα, αλλά το δικό Σου ας γίνει». Έπειτα, ο Πατέρας Τον ανέστησε από τους νεκρούς και έστειλε το Πνεύμα της Υιοθεσίας πάνω σε έναν πλανήτη γεμάτο ορφανούς, προσκαλώντας τους όλους να έρθουν σ' Αυτόν.

Και παρόλα αυτά, ο πατέρας του ψεύδους κατάφερε με τρομερή επιτυχία να κρατήσει τους γιους του Θεού μέσα στη νοοτροπία και τα συναισθήματα των ορφανών. Πώς γίνεται αυτό;

Δρ. Κέρι Γουντ με την Δρ. Τσίκι Γουντ

Εκεί που Όλοι Ξέρουν το Όνομά Σου

Η παλιά αμερικανική τηλεοπτική σειρά «Cheers» έμεινε στην ιστορία περισσότερο για το εμβληματικό τραγούδι των τίτλων αρχής, παρά για το χιούμορ ή την ποιότητα του περιεχομένου της — εν μέρει διότι το τραγούδι από μόνο του ταυτίστηκε με την ανάγκη κάθε καρδιάς να βρει ένα σπίτι: *Κάποιες φορές θες να βρεθείς εκεί που όλοι ξέρουν το όνομά σου / και πάντα χαίρονται που σε βλέπουν / θέλεις να πας εκεί που βλέπεις ότι όλοι έχουμε τα ίδια προβλήματα / θέλεις να βρεθείς εκεί που όλοι ξέρουν το όνομά σου.* Το σενάριο της σειράς (τόσο θλιβερό που καταντούσε αστείο) αφορούσε κάποιους μοναχικούς ανθρώπους που προτιμούσαν να πηγαίνουν στο μπαρ, παρά στο σπίτι. Φαντάσου πόσο άθλια ήταν η κατάσταση στα σπίτια τους!

Έχεις νιώσει ποτέ το ενοχλητικό συναίσθημα ότι δεν ανήκεις; Ότι δεν έχεις βρει την ομάδα που σου ταιριάζει, τους «ανθρώπους σου»; Ίσως αναρωτιέσαι πού μπορείς να ταιριάξεις — και περιτριγυρίζεσαι συνέχεια από αγνώστους. Ίσως έχεις την τάση να αλλάζεις συνέχεια δουλειές, εκκλησίες, σχέσεις... Η φωνή που κατηγορεί είναι η φωνή του ορφανού πνεύματος που θέλει να σε ξεριζώνει και να σε πηγαίνει από μέρος σε μέρος, ώστε να μη δεις ποτέ τον θερισμό των κόπων σου.

Το ορφανό πνεύμα θέλει να σε κάνει να ανταγωνίζεσαι στο μέρος που σε έθεσε ο Θεός. Το ορφανό πνεύμα δεν θα σε αφήσει ποτέ να ησυχάσεις σε ένα μέρος και να σπείρεις, πόσο μάλλον να απολαύσεις τον θερισμό σου, που είναι μια προκαταβολή της κληρονομιάς σου.

Το ορφανό πνεύμα θα σε κάνει, επίσης, να μισείς τα αμετάβλητα χαρακτηριστικά της ζωής σου. Αμετάβλητα χαρακτηριστικά είναι το φύλο σου, η οικογένεια στην οποία γεννήθηκες, η σειρά με την οποία γεννήθηκες εσύ και τα αδέρφια σου, τα σωματικά και νοητικά σου χαρακτηριστικά, η εθνικότητα, η φυλή και η ιστορική στιγμή που ζεις. Πολύ απλά, το ορφανό πνεύμα δεν πρόκειται να σε αφήσει να ησυχάσεις με τον εαυτό σου. Αν ζούμε πικραμένοι και παραπονούμενοι για αυτά τα αμετάβλητα χαρακτηριστικά μας, πάντα θα νιώθουμε προδομένοι και ότι είμαστε σε μειονεκτική θέση, και τελικά, θα ζούμε με μια διακριτική, αλλά μόνιμη, πικρία απέναντι στον Θεό. Εξάλλου, ποιος άλλος αποφάσισε ποια θα είναι «τα αμετάβλητα χαρακτηριστικά» μας;

> **Το ορφανό πνεύμα θα σε κάνει να μισείς τα αμετάβλητα χαρακτηριστικά της ζωής σου.**

Αν νιώθεις ότι κάπου τα έχεις ξανακούσει όλα αυτά, έχεις δίκιο. Μου θυμίζει την ιστορία κάποιου που καθόταν στο πίσω μέρος μιας εκκλησίας και άκουγε τον κήρυκα να επαναλαμβάνει όλα τα δεινά της ανθρωπότητας· κάποια στιγμή αγανάκτησε και φώναξε, «Πες μας τη λύση, κήρυκα. Τη λύση θέλουμε!». Τα καλά νέα είναι ότι υπάρχει λύση και ο Ιησούς ήρθε για να μας δείξει πώς να βγούμε απ' την κρίση... στη λύση. Ξέροντας πια ότι το πνεύμα του αληθινού γιου έρχεται με αποκάλυψη μέσα από τη διαδρομή της ζωής μας και της κραυγής προς τον *Abba*, ας δούμε κάποια πράγματα που μπορούμε να κάνουμε για να συνεργαστούμε μαζί Του στο έργο της μεταμόρφωσής μας.

Πέντε Βήματα για να Γίνουμε από Ορφανοί, Κληρονόμοι

1. Συγχώρησε τους ανθρώπους σε θέση εξουσίας που *παραποίησαν* την εικόνα της αγάπης του Πατέρα.

Δεν γίνεται να ξεκινήσεις από κάτι άλλο — αυτό είναι το πρώτο και αδιαπραγμάτευτο βήμα. Ξεκίνα από τους γονείς σου. Πολλοί δεν θέλουμε καν να το αγγίζουμε αυτό το θέμα· ούτε να το σκεφτόμαστε, ούτε να μιλάμε γι' αυτό. Δεν αντιλαμβανόμαστε την ανθρώπινη τάση μας να καλύπτουμε τους γονείς μας, «Έκαναν το καλύτερο που μπορούσαν». Πράγμα που κατά πάσα πιθανότητα ισχύει, αλλά δεν θεραπεύει τις πληγές και τις ουλές που κουβαλάμε κρυφά στα συναισθήματά μας. Τα κουκουλώσαμε, πήραμε τις αποφάσεις μας και νομίζουμε ότι το θέμα έληξε.

Για κάποιους από μας, ίσως ο ένας ή και οι δύο γονείς μας έχουν φύγει απ' τη ζωή, οπότε λέμε «Δεν μπορώ να το λύσω πλέον αυτό το θέμα». Κι όμως, μπορείς, γιατί η συγχώρεση είναι κάτι που κάνεις εσύ με την καρδιά σου. Αν το σχέδιο του εχθρού είναι να σε κρατήσει κολλημένο στα λάθη και στα ελαττώματα αυτών που αντιπροσώπευαν την αγάπη του Πατέρα στη ζωή σου, τότε το πρώτο βήμα για να ζήσεις σαν γιος, είναι να συγχωρήσεις όσους παραποίησαν την αγάπη του Πατέρα. Αυτό μάλλον ξεκινά από τους γονείς σου. Και είναι λογικό. Είναι οι άνθρωποι που σε αγάπησαν περισσότερο απ' όσο μπορείς να φανταστείς. Κάθε γονιός ξέρει ότι αγαπά το παιδί του παραπάνω απ' όσο μπορεί να τον αγαπήσει το παιδί, γιατί αυτό το παιδί βγήκε από τα σπλάχνα του. (Τα παιδιά μας δεν μπορούν να καταλάβουν την αγάπη μας γι' αυτά, μέχρι να κάνουν τα δικά τους παιδιά.)

Το πρώτο βήμα είναι να συγχωρήσεις τους ανθρώπους που είχαν μια θέση εξουσίας —έναν γονιό, έναν ποιμένα, έναν δάσκαλο— ή όποιον υπήρχε στη ζωή σου ως εκπρόσωπος της αγάπης του Θεού για σένα. Εξαιτίας της δικής τους συντριβής, εξαιτίας του δικού τους ορφανού πνεύματος, τα θαλάσσωσαν, και τώρα εσύ ζεις με τα δεσμά αυτού του τραύματος. Θέλω να σου θυμίσω ότι πολλές φορές οι άνθρωποι εξουσίας, οι γονείς μας, οι ποιμένες μας, οι ηγέτες μας, λειτουργούν με την κοινώς αποδεκτή ανθρώπινη σοφία, που ουσιαστικά είναι μια κοινωνικά αποδεκτή ερμηνεία των δικών τους πληγών. Δεν έχει καμία σχέση με την πραγματική εικόνα της αγάπης του Πατέρα, και γι' αυτό πρέπει να δεχθείς τη δύναμη να τους συγχωρέσεις.

2. Ζήτα συγγνώμη και επανόρθωσε για τις πληγές που προκάλεσες.

Ίσως πρέπει κι εσύ να ζητήσεις συγχώρεση και να επανορθώσεις. Ίσως πρέπει να πας στον γονιό σου και να παραδεχτείς: «Ήμουν μια κινούμενη κόλαση σ' αυτό το σπίτι». Εγώ προσωπικά, ως δεύτερος γιος στην οικογένεια, χρειάστηκε πολλές φορές να μιλήσω στους γονείς μου για συγκεκριμένα πράγματα και να τους πω:

«Τώρα καταλαβαίνω πόσο σας βασάνισα μικρός. Μου πήρε αρκετό καιρό για να συνειδητοποιήσω πόσο πολύ σας πλήγωσα. Δεν μου είχε περάσει απ' το μυαλό όταν έφυγα να σπουδάσω, ότι η μαμά είχε ανάγκη να μου μιλάει μια στο τόσο. Δεν σκέφτηκα ποτέ ότι η μαμά θα ήθελε να την πάρω ένα τηλέφωνο ή να της στείλω ένα γράμμα να της πω ότι μου έλειψε. Όταν έφυγα από το σπίτι, έφυγα για τα καλά! Πέρασε αρκετός καιρός για να καταλάβω πόσο επώδυνο ήταν αυτό για σας. Όταν τα δικά μου παιδιά έφυγαν για σπουδές, ήμουν ευγνώμων που αραιά και που, έπαιρνα ένα μήνυμα που έλεγε ότι τους λείπω και με αγαπάνε και ότι όλα είναι καλά.»

Ίσως είναι η ώρα να πας να τους βρεις και να ζητήσεις συγγνώμη. Ίσως πρέπει να ξεπληρώσεις τη ζημιά που έγινε με κάποιο τρόπο, επειδή το ορφανό σου πνεύμα στέρησε κάτι από κάποιον. Χρειάστηκε να ζητήσω συγγνώμη τόσο πολλές φορές, που πραγματικά νιώθω επαγγελματίας σ' αυτό. Και αυτό ίσως να μην αλλάξει ποτέ. Θέλω να θυμάσαι ότι ο Πατέρας δεν ζητάει να τιμωρηθείς, αλλά να είσαι υγιής. Όποιο κι αν είναι το τίμημα, αξίζει να το πληρώσεις για να νιώσεις την ευχαρίστηση του Πατέρα, να γίνεις υγιής και να απολαμβάνεις το χαμόγελο του Πατέρα στη ζωή σου.

3. Ζήσε σε Υποταγή: Πρέπει να αναγνωρίσουμε την ανάγκη μας να είμαστε γιοι και κόρες κάποιου.

Σε κάποιους κύκλους πιστών ακούγεται συχνά η έννοια των πνευματικών πατέρων και της αποστολικής διακονίας που σηκώνει ηγέτες στη Βασιλεία του Θεού. Θέλω να τονίσω ότι δεν μπορούν να υπάρξουν πατέρες, αν δεν υπάρχουν γιοι. Αν κανείς δεν θέλει να μάθει να υποτάσσεται σε κάποιον, δεν γίνεται να υπάρξουν πατέρες. Κάποιοι νομίζουν ότι λειτουργεί αντίστροφα. Φαίνεται πιο λογικό ότι πρώτα έρχονται οι πατέρες και μετά οι γιοι. Αλλά η πατρότητα δεν επιβάλλεται στους γιους. Ο γιος πρέπει να επιλέξει να υποταχθεί στο πνεύμα ενός πατέρα. Όταν επιλέγουμε να είμαστε γιοι, συνειδητοποιούμε ότι ο στόχος δεν είναι να γίνουμε σπουδαίοι ηγέτες, ο στόχος δεν είναι να γίνουμε σπουδαίοι μέντορες, ο στόχος δεν είναι καν να γίνουμε σπουδαίοι πνευματικοί πατέρες. Ο στόχος μου είναι να είμαι ένας γιος που πάντα ευαρεστεί τον Πατέρα. Τότε θα είμαστε πρόθυμοι και έτοιμοι να βρούμε κάποιον στον οποίο θα υποταχθούμε και θα τον βοηθήσουμε να εκπληρώσει την αποστολή που του έδωσε ο Πατέρας. Είτε στη δουλειά, είτε στο σπίτι, είτε στην εκκλησία, είτε στις σπουδές σου, θα δεις ότι η επιτυχία έρχεται όταν υποτάσσεις τον εαυτό σου ως γιος και βοηθάς κάποιον άλλο να πετύχει. Γιατί τότε η χαρά του Πατέρα σου είναι να σε υψώσει.

Αναφέρουμε πολύ συχνά το ρητό του συγγραφέα της επιστολής προς Εβραίους, ο οποίος είπε, «Αποβλέποντας στον Ιησού, τον αρχηγό και τελειωτή της πίστης μας...», και τονίζουμε ότι πρέπει να μιμούμαστε τον Ιησού. Λέμε το σύνθημα, «Τι θα έκανε ο Ιησούς στη θέση μου; (WWJD)». Γιατί να αποβλέπουμε στον Ιησού; Διότι όποτε Τον βλέπουμε, βλέπουμε έναν υπάκουο Γιο που δεν παίρνει ποτέ το βλέμμα Του από τον Πατέρα Του.

Σου έχει συμβεί να είσαι στο κέντρο της πόλης, που τα κτίρια είναι ψηλά, και να βλέπεις κάποιον να στέκεται στη γωνία και να κοιτάει ψηλά; Τι θα γίνει; Όλοι οι περαστικοί θα αρχίσουν να κοιτάνε ψηλά για να δουν τι στο καλό βλέπει αυτός ο άνθρωπος! Όταν αποβλέπουμε στον Ιησού, βλέπουμε έναν Γιο να κοιτάει ψηλά· το βλέμμα Του πάντα καρφωμένο στον Πατέρα· και Τον ακούμε να λέει:

> *Ο Πατέρας μου μέχρι τώρα εργάζεται, και εγώ εργάζομαι... όσα κάνει εκείνος, αυτά, παρόμοια, κάνει και ο Υιός.*
> Ιωάννης 5:17,19

Αυτό είναι το πνεύμα ενός αληθινού γιου.

4. Ντυμένος ταπεινοφροσύνη και υπομονή: Η καρδιά του γιου δεν είναι απλά μια θέση, είναι και σωστή στάση.

Όταν φτάσουμε στο σημείο όπου η σχέση μας με τον *Abba* δεν στηρίζεται στις προσπάθειες, στα έργα ή στην αξία μας, τότε θα λέμε όπως και ο Παύλος:

> *Όχι ότι είμαστε ικανοί να καταλάβουμε κάτι από μόνοι μας,*
> *σαν να προέρχεται από μας τούς ίδιους,*
> *αλλά η ικανότητά μας είναι από τον Θεό.*
> Β' Κορινθίους 3:5

Αυτό είναι η «ταπεινοφροσύνη» και είναι το αντίθετο της υπερηφάνειας. Η υπομονή είναι ένα επιπλέον παράγωγο της κραυγής του *Abba* μέσα μας — του έργου της καρδιάς του γιου στην καρδιά μας. Τα βασικά αγκίστρια που προσπαθεί ο εχθρός να χρησιμοποιήσει σε μένα είναι η ανυπομονησία και η υπερηφάνεια. Θέλω αυτό που θέλω να γίνει τώρα, θέλω να γίνει και θέλω να γίνει όπως το θέλω εγώ. Η κουλτούρα μας ενισχύει την ανυπομονησία. Όταν, όμως, ανακαλύψεις ότι είσαι γιος του Πατέρα και ότι τίποτα δεν γίνεται τυχαία στους γιους, τότε θα μπορείς να απολαμβάνεις το γεγονός ότι Αυτός εκπληρώνει το θέλημα και το σχέδιό Του στη ζωή σου. Ναι, είσαι πιστός. Ναι, είσαι καλός διαχειριστής όσων έβαλε ο Κύριος στο χέρι σου. Ναι, φροντίζεις σωστά αυτά που σου έδωσε. Αλλά, στην πραγματικότητα, όλα αυτά τα καταφέρνεις με τη δική Του δύναμη. Μα, θα μου πεις:

> *Με φόβο και τρόμο κατεργαζόμαστε τη δική μας σωτηρία.*
> Φιλιππησίους 2:12, σε παράφραση

Ναι, προφανώς, έχουμε αυτή την ευθύνη, αλλά το αμέσως επόμενο εδάφιο λέει ότι η δύναμη για το κάνουμε, έρχεται από τον Θεό (το Άγιο Πνεύμα) που εργάζεται μέσα μας:

[Όχι με τη δύναμή σας] επειδή, ο Θεός είναι που ενεργεί διαρκώς μέσα σας [σας δίνει την ενέργεια και δημιουργεί μέσα σας τη δύναμη και την επιθυμία] και το να θέλετε και το να ενεργείτε, σύμφωνα με την ευδοκία Του, αυτό που Του δίνει χαρά και ευχαρίστηση.

Φιλιππησίους 2:13 (ΑΜΡ)

Αν αναλάβουμε να τακτοποιήσουμε το βάθος της ζωής μας, ο Κύριος θα αναλάβει το εύρος της. Η υπομονή πηγάζει από το υπερχείλισμα του έργου του Πνεύματος μέσα μου, γιατί τότε καταλαβαίνω ότι δεν χρειάζεται να ανησυχώ για το πότε θα γίνει κάτι. Αν είμαι γιος Του και βάζω τη ζωή μου μέσα στα χέρια Του —και εστιάζω στο να Τον ευαρεστώ— τότε ο χρόνος Του θα είναι πάντα σωστός. Όλος ο αγώνας μου να κάνω κάτι, να πετύχω κάτι, το μόνο που καταφέρνει, είναι να γεννάει Ισμαήλ. Η ταπεινοφροσύνη και η υπομονή είναι η χαρακτηριστική στάση της καρδιάς των γιων, που ξέρουν ότι «ο Πατέρας μας ξέρει τι έχουμε ανάγκη, προτού το ζητήσουμε».

5. Καλλιέργησε την Παρουσία του Θεού, σαν να είναι η μοναδική πηγή οξυγόνου σου.

Είμαστε πλασμένοι για την Παρουσία του Θεού. Το πνεύμα μας αναζωογονείται μέσα στην Παρουσία Του. Σε τελευταία ανάλυση, η μόνη αισθητή διαφορά ανάμεσα σ' αυτούς που ξέρουν τον Θεό και αυτούς που δεν Τον ξέρουν, είναι η Παρουσία Του. Η παρουσία Του είναι χορτασμός — δικαιοσύνης, ειρήνης και χαράς μέσα στο Άγιο Πνεύμα. Πολλές φορές αρκούμαστε στην «εμπειρία» της Κυριακάτικης λατρείας, λες και ζούμε ακόμα στην Παλαιά Διαθήκη, λες και Τον συναντούμε μόνο όταν πάμε στον Ναό, ενώ η Παρουσία Του ήρθε και κατοίκησε μέσα μας. Καλούμαστε να καλλιεργούμε την Παρουσία του Θεού, από το πνεύμα μας προς το εξωτερικό περιβάλλον μας, με ψαλμούς και ύμνους και πνευματικές ωδές, τραγουδώντας και ψάλλοντας με την καρδιά μας στον Κύριο (Κολοσσαείς 3:16, Εφεσίους 5:19).

Μήπως οι πνευματικές πρακτικές είναι ουσιαστικά οι πόρτες μέσα από τις οποίες περνάει η Παρουσία του Θεού που ήδη ζει μέσα μας; Οι πνευματικές πρακτικές του Χριστιανισμού συνήθως διδάσκονται ως το

Μήπως οι πνευματικές πρακτικές είναι ουσιαστικά οι πόρτες μέσα από τις οποίες περνάει η Παρουσία του Θεού που ήδη ζει μέσα μας;

μέσο για να «πλησιάσει ο πιστός τον Θεό», λες και ο Θεός κρατάει τις αποστάσεις του από μας. Μήπως, όμως, η προσευχή, η λατρεία, η μελέτη του Λόγου, η κοινωνία των πιστών, η Θεία Κοινωνία και η νηστεία, δεν είναι η δική μας προσπάθεια να πλησιάσουμε τον Θεό, αλλά οι τρόποι για να καλλιεργούμε (να αναζωπυρώνουμε) την παρουσία Του και έπειτα να τη δίνουμε προς τα έξω;

Μόλις αρχίσουμε να εκλαμβάνουμε τις πνευματικές πρακτικές ως εναύσματα για να συναντάμε τον Θεό διαμέσου της φανέρωσης του Πνεύματος, δεν θα τις χρησιμοποιούμε πλέον για να εξαναγκάζουμε τον Θεό να μας δώσει μια απάντηση! Θα είναι απλώς τρόποι για να βυθιζόμαστε ακόμα περισσότερο μέσα σ' Αυτόν. Και έχω μάθει ένα πράγμα: ο πιο σίγουρος τρόπος και ο πιο σύντομος δρόμος για να μεταμορφωθεί ένας ορφανός σε γιο, είναι να ακούει τη φωνή του Πατέρα (δια του Πνεύματος). Οι πνευματικές πρακτικές μας φέρνουν στο σημείο όπου μπορούμε να ακούμε τον Πατέρα να μας λέει, *Είσαι ο αγαπημένος Μου γιος. Είσαι η αγαπημένη Μου κόρη· ευαρεστούμαι σε σένα!*

Έχουν γραφτεί και ειπωθεί πολλά για το πώς εξασκούμε την παρουσία του Θεού. Το μόνο που θα πω είναι ότι είναι αδύνατο για έναν πιστό να περπατάει στην αποκάλυψη ότι είναι γιος, χωρίς να ξέρει τη σημασία της παρουσίας του Θεού που κατοικεί μέσα του. Όσα έκανε ο Ιησούς, τα έκανε μέσα από αυτήν την παρουσία (Πράξεις 10:38), και με την ίδια παρουσία έχουμε τη δύναμη ως γιοι να κάνουμε «τα ίδια έργα» (Ιωάννη 14:12-14).

Βλέπεις ότι σ' αυτά τα πέντε βήματα υπάρχει αναγκαστικά μια ορισμένη σειρά; Η συγχώρεση, η επανόρθωση, η υποταγή και η ταπεινοφροσύνη είναι οι προάγγελοι· καλωσορίζουν και ενισχύουν την καλλιέργεια της Παρουσίας του Θεού, χωρίς να αντικαθιστά ή να αποκλείει το ένα το άλλο.

Γυρίζουμε στο Κόκκινο Κάμπριο και στην Πιο Κρίσιμη Ερώτηση

Ξεκινήσαμε αυτό το ταξίδι βλέποντας ένα κόκκινο κάμπριο και έναν χαρούμενο πατέρα που οδηγούσε σε μια από τις πιο γραφικές περιοχές της χώρας. Βρισκόμαστε στην ορεινή Ελλάδα κοντά στο Ζαγόρι και η εποχή είναι αρχή καλοκαιριού. Η διαδρομή που ακολουθεί το αμάξι διασχίζει ένα εκτενές φυσικό τοπίο, γεμάτο πλούσια βλάστηση και πράσινα βοσκοτόπια. Τα βουνά που φαίνονται δεξιά στο βάθος έχουν ακόμα χιονισμένες κορυφές, και στα αριστερά κυλάει ένα κρυστάλλινο ποτάμι με γάργαρο, καθαρό νερό από την πηγή. Κοπάδια βοοειδών βόσκουν ελεύθερα στα λιβάδια και εδώ και εκεί υπάρχουν σκόρπια κάποια αγροκτήματα.

Το ενδιαφέρον αυτής της προφητικής εικόνας, είναι ότι κάθε μέλος της οικογένειας κάνει κάτι διαφορετικό: Ο πατέρας οδηγάει με βαθιά ικανοποίηση και είναι φανερό ότι απολαμβάνει την ευκαιρία που έχει να φέρει την οικογένειά του σε ένα τόσο όμορφο μέρος. Η σύζυγος, όμως, είναι προσηλωμένη στο κινητό της, υπολογίζει την απόσταση, τη διαδρομή, τις επόμενες στάσεις. Είναι προσεκτική και ευσυνείδητη, αλλά σίγουρα δεν απολαμβάνει καθόλου την εκπληκτική θέα γύρω της.

Στο πίσω κάθισμα, είναι εμφανές ότι η μία κόρη υποφέρει, μάλλον από κάποιο ψυχικό τραύμα. Ίσως είχε μια τραυματική εμπειρία σε κάποιο ταξίδι της στο παρελθόν και γι' αυτό έχει παραλύσει από φόβο σ' αυτό το ταξίδι, και προσπαθεί να κάνει υπομονή μέχρι να φτάσουν στον προορισμό τους. Δεν βλέπει τίποτε γύρω της, ούτε τα βουνά, ούτε τα πράσινα λιβάδια, ούτε το κρυστάλλινο ποτάμι.

Στην άλλη μεριά, πίσω από τον πατέρα, κάθεται ο δεκαπεντάχρονος γιος, ο οποίος είναι αποκομμένος από την οικογένεια, φοράει τα ακουστικά του και έχει βυθιστεί στο βιντεοπαιχνίδι του. Το ταξίδι δεν ήταν δική του ιδέα, έχει «ξενερώσει» που πρέπει να πάει με τους δικούς του, και δεν έχει σηκώσει τα μάτια του από το παιχνίδι εδώ και ώρες, από το τότε που έφυγαν από το σπίτι.

Ανάμεσά τους, όμως, στα πίσω καθίσματα, βρίσκεται η οχτάχρονη κόρη που τη λένε Χαρά. Είναι όρθια με τα χέρια ψηλά, ο αέρας παίζει με τις ξανθές μπούκλες της καθώς κινείται το αμάξι και αυτή τσιρίζει από χαρά — θαυμάζει τα επιβλητικά βουνά και δείχνει γελώντας το κελαρυστό ποτάμι. Εδώ και ώρα απολαμβάνει το μαγευτικό τοπίο, και ρίχνει κλεφτές ματιές στον καθρέφτη ξανά και ξανά, ψάχνοντας τα μάτια του πατέρα της που χορταίνει με τη χαρά της.

Εσύ σε Ποια Θέση Κάθεσαι;

Το ερώτημα είναι: Αυτή τη στιγμή στη ζωή σου, σε όποιο σημείο της διαδρομής κι αν είσαι, σε ποια θέση κάθεσαι; Θα μου πεις,

Δρ. Κέρι Γουντ με την Δρ. Τσίκι Γουντ

Η μεγαλύτερη ελπίδα μου είναι ότι θα σε ξεσηκώσω, θα σε κάνω να σηκωθείς όρθιος στο πίσω κάθισμα και να σηκώσεις ψηλά τα χέρια σου.

«Καλά εντάξει, εγώ αν ήμουν σε ένα τόσο ωραίο μέρος, μόνο έξω θα κοιτούσα και θα απολάμβανα τη διαδρομή!». Αλλά, αυτό προσπαθώ να σου πω.

Ο Πατέρας σε έχει ήδη πάρει μαζί Του σε ένα πολύ όμορφο ταξίδι — φέρνει εκπληκτικά θαύματα στον δρόμο σου καθημερινά. Και το ερώτημα παραμένει: Μπορείς να τα δεις; Μήπως αναλώνεις την ενέργειά σου προσπαθώντας να ορίσεις τη διαδρομή και να γίνεις ο καπετάνιος της ζωής σου; Μήπως χάνεις τη δόξα αυτού που κάνει ο Θεός γύρω σου, επειδή ανησυχείς ότι ο οδηγός ίσως δεν έχει σκεφτεί τις λεπτομέρειες του ταξιδιού; Μήπως είσαι απ' αυτούς που συνέχεια προσπαθούν να φέρουν κάτι εις πέρας;

Ή ίσως έχεις λουφάξει στη ζωή σου, δεν ζεις και πολλά, δεν βλέπεις και πολλά —εξάλλου έχουν γίνει τόσα άσχημα πράγματα και μπορεί να γίνουν άλλα τόσα! Ο κόσμος είναι πολύ επικίνδυνος και έχει άπειρες προσωπικές ιστορίες και παραδείγματα για το πόσο χάλια μπορούν να πάνε τα πράγματα.

Ή μπορεί να σε βολεύει καλύτερα η θέση του αποκομμένου αδερφού. Μπορεί να σκέφτεσαι, «Έλεος, υπάρχουν και καλύτερα πράγματα να κάνω από το να χαζεύω ένα τοπίο. Μόνο οι αρτίστες και οι θρησκόληπτοι ασχολούνται με την ομορφιά και τα λούσα της. Ο άνθρωπος χρειάζεται αδρεναλίνη και αντικειμενικά δεδομένα».

Αυτό το βιβλίο ήταν ουσιαστικά μία πρόσκληση για σένα, να πλησιάσεις και να συνδεθείς με τον Πατέρα. Να συναντήσεις το βλέμμα Του και να δεις τι σημαίνει να σε καλεί στον δικό Του σκοπό. Η μεγαλύτερη ελπίδα μου είναι ότι θα σε ξεσηκώσω, θα σε κάνω να σηκωθείς όρθιος στο πίσω κάθισμα, να σηκώσεις ψηλά τα χέρια σου και να αρχίσεις να ζεις όλα αυτά που ετοίμασε για σένα ο Πατέρας — να αρχίσεις να γελάς ξανά, να κλαις ξανά, να ονειρεύεσαι ξανά. Μέχρι να γεμίσεις τόσο πολύ με το μεγαλείο Του, ώστε να μη μπορείς να το κρατήσεις άλλο για σένα· να πρέπει να πεις σε κάποιον γι' Αυτόν.

Σε ποια θέση κάθεσαι, λοιπόν; Έχω μιλήσει γι' αυτήν την προφητική εικόνα σε πάρα πολλά ακροατήρια και έχω κάνει σε όλους την ίδια ερώτηση — πού κάθεσαι; Και κάθε φορά έρχεται κάποιος στο τέλος και μου λέει, «Ξέρεις, νομίζω ότι δεν κάθομαι μόνο σε μια θέση». Κάποιοι μου είπαν, «Βασικά, νομίζω ότι κάθομαι λίγο-πολύ σε όλες τις θέσεις».

Ας κάνουμε, λοιπόν, μια άσκηση ως γιοι εδώ και τώρα. Είναι μια άσκηση για να μάθουμε να ακούμε τη φωνή του Πατέρα ως γιοι. Ζήτησέ Του να σου πει σε ποια θέση κάθεσαι *κυρίως*. Έχεις την τάση να θέλεις να έχεις τον έλεγχο στο μπροστινό κάθισμα, να προσπαθείς να κάνεις κάτι, να αναλύεις όλες τις πιθανότητες; Έχεις κάποια τραύματα μέσα σου, σε παραλύουν οι πληγές του παρελθόντος, η ντροπή για το παρελθόν ή οι φόβοι για το τι μπορεί να πάει στραβά; Είσαι αποκομμένος από τους άλλους, και απλά δίνεσαι σε ό,τι σου τραβάει την προσοχή, χωρίς να βλέπεις τίποτα απ' όσα κάνει ο Θεός γύρω σου; Νομίζω ότι θα σε βοηθήσει να προσευχηθείς:

Abba, Πατέρα μου, κάθε καλό και τέλειο δώρο έρχεται από Σένα. Οι σκέψεις Σου για μένα είναι όλες καλές και ξέρω ότι θέλεις να μου μιλάς ως γιο Σου. Μπορείς να μου πεις σε ποια θέση κάθομαι; Τι θέλεις να μου πεις αυτή τη στιγμή; Σε ακούω.

Ένα Πράγμα Ξέρω

Ξέρουμε ότι το ορφανό πνεύμα λέει, «Πρέπει να πετύχω, να έχω καλές επιδόσεις, να τα καταφέρω, να κερδίσω με το σπαθί μου τη θέση μου στην οικογένεια. Δεν ανήκω εδώ».

Αλλά, εφόσον διάβασες μέχρι εδώ, φίλε και φίλη μου, ξέρεις ότι κάτι έχει αρχίσει να αλλάζει μέσα σου. Τι έχει αλλάξει μέσα σου; Σε ποιο σημείο βρίσκεσαι; Βλέπεις τον εαυτό σου διαφορετικά σε σχέση με πριν; Ως προς τι;

Το πνεύμα του αληθινού γιου λέει, «Εδώ ανήκω. Δεν χρειάζεται να έχω υψηλές επιδόσεις για να με αγαπούν. Δεν χρειάζεται να προωθήσω τον εαυτό μου — ο Κύριος με έφτιαξε για έναν σκοπό και Αυτός θα με φέρει στον σκοπό που έχει για μένα. Είμαι γιος. Είμαι κόρη. Έχω έναν Πατέρα, έχω ένα σπίτι, έχω μια κληρονομιά, άρα το ντουλάπι μου δεν θα είναι ποτέ άδειο. Θα έχω πάντα ό,τι χρειαστώ, όταν το χρειαστώ. Ο Θεός μου έχει δώσει χαρίσματα για να τα δώσω απλόχερα στους άλλους. Μου έδωσε το Άγιο Πνεύμα Του, ο Οποίος «κατεβάζει» διαρκώς το θέλημα, τον σκοπό και την αποστολή του Πατέρα μέσα μου. Το Πνεύμα με συνδέει απευθείας με τη φωνή του Πατέρα. Ποτέ δεν θα είμαι μόνος μου ξανά. Ποτέ δεν χρειάζεται να τα βγάλω πέρα μόνος μου ξανά. Ποτέ δεν θα είμαι σε άγνοια ξανά. Θα ξέρω ό,τι πρέπει να ξέρω όταν το χρειαστώ, γιατί το Πνεύμα που κατοικεί μέσα μου με οδηγεί και με κατευθύνει σε όλη την αλήθεια και μου δείχνει όσα πρόκειται να γίνουν. Όσο γεμίζω με το Πνεύμα της Υιοθεσίας, δεν χρειάζεται να κρύβω κάτι, δεν έχω κάτι να χάσω, δεν φοβάμαι κάτι, δεν χρειάζεται να αποδείξω κάτι. Ακόμα και όταν οι καταστάσεις φαίνονται τρομακτικές, δεν θα μου λείψει τίποτε. Έχω μάθει, σε όποια κατάσταση και αν βρεθώ, είτε με λίγα είτε με πολλά, να ζω ανεξάρτητος από τις καταστάσεις μου. Ο Πατέρας ετοιμάζει ένα τραπέζι μπροστά μου απέναντι από τους εχθρούς μου».

Σου θυμίζουν τον εαυτό σου όλα αυτά; Να θυμάσαι ότι το Άγιο Πνεύμα έχει δεσμευτεί να τα κάνει όλα αυτά πραγματικότητα για σένα.

Τι Είπαμε Μέχρι Τώρα;

Ο Θεός μας δίνει τη χάρη να συγχωρήσουμε τους ανθρώπους που είχαν θέση εξουσίας και παραποίησαν την αγάπη του Πατέρα. Αυτό είναι πρώτο βήμα για να γίνουμε από ορφανοί, κληρονόμοι.

Όπως έκανε και ο Ηλίας με τον Ελισσαιέ, ο Θεός μας δίνει την ευκαιρία να διαλέξουμε φυσικούς ή υπερφυσικούς πατέρες, δηλαδή έναν φυσικό ή έναν υπερφυσικό τρόπο ζωής.

Όταν ζητάς συγγνώμη και επανορθώνεις για το κακό που έκανες σε όσους πλήγωσες, και παράλληλα, συγχωρείς όσους πλήγωσαν εσένα, ανοίγεις τον δρόμο στο Πνεύμα του Θεού για να επισπεύσει τη μεταμόρφωσή σου.

Στη Βασιλεία του Θεού που είναι μια βασιλεία σχέσεων, είναι σημαντικό να αναγνωρίζουμε την ανάγκη μας να είμαστε γιοι και κόρες σε κάποιους πνευματικούς πατέρες και μητέρες.

Επειδή ο Πατέρας μας ξέρει τι χρειαζόμαστε και πότε, η ζωή μας ως γιοι Του είναι ντυμένη με ταπεινοφροσύνη, υπομονή και προσηλωμένη ακοή.

ΠΡΟΣΕΥΧΗ

Αγαπημένε μου Abba, ξέρω ότι ποτέ δεν θα μου ζητήσεις κάτι που δεν μου έχεις ήδη δώσει. Σε ευχαριστώ που μου δίνεις αυτό που επιθυμείς, και που μου δίνεις τα μάτια να το δω όταν έρθει. Σε ευχαριστώ που είσαι πιστός να ολοκληρώσεις το έργο που ξεκίνησες μέσα μου και θα το ολοκληρώσεις μέχρι την ημέρα του Ιησού Χριστού (Φιλιππησίους 1:6). Μπορείς να συνεχίσεις να αντικαθιστάς όποιο κατάλοιπο του ορφανού πνεύματος υπάρχει μέσα μου (σκέψεις, μνήμες, επιθυμίες, νοοτροπίες) διαμέσου του Πνεύματος της Υιοθεσίας, του Αγίου Πνεύματος, που χτίζει βαθιά μέσα μου την καρδιά ενός γιου; Είμαι βέβαιος γι' αυτό: ό,τι έχω παραδώσει στα χέρια Σου, θα το διαφυλάξεις μέχρι την ημέρα που θα Σε δω (Β' Τιμόθεο 1:12). Abba, εγώ ανήκω σε Σένα. Σε αγαπώ. Και ζητώ η κραυγή μου προς Εσένα να δυναμώνει συνεχώς μέσα από την καρδιά μου, μέχρι την τελευταία μου πνοή. Αμήν.

Δρ. Κέρι Γουντ με την Δρ. Τσίκι Γουντ

ΓΙΑ ΟΜΑΔΙΚΗ ΣΥΖΗΤΗΣΗ

1) Γιατί είναι τόσο σημαντικό να συγχωρήσουμε τους ανθρώπους που είχαν θέση εξουσίας στη ζωή μας και παραποίησαν την αγάπη του Πατέρα;

2) Γιατί η υπομονή και η υποταγή είναι τόσο χαρακτηριστικοί δείκτες για το αν ζούμε ως αληθινοί γιοι;

3) Τι σχέση έχει η καλλιέργεια της Παρουσίας του Θεού με τη συνεχόμενη μεταμόρφωσή μας σε γιους; Πώς το καταλαβαίνεις;

4) Πού βλέπεις τον εαυτό σου τώρα μέσα στο κόκκινο κάμπριο;

Επίλογος

Η Καρδιά του Γιου:
Απ' το Βρέφος στο Απογαλακτισμένο Παιδί

Μια Πρακτική Εφαρμογή της Καρδιάς του Γιου

Η πιο συχνή ερώτηση που κάνουν οι πιστοί στους ποιμένες τους είναι, «Μπορείς να προσευχηθείς για να ξέρω το θέλημα του Θεού;». Το καταλαβαίνω απόλυτα, γιατί και εγώ έχω βρεθεί άπειρες φορές στην ίδια θέση, όπως και εσύ, να θέλω να ακούσω τι λέει ο Θεός για το επόμενο βήμα μου. Τι πρέπει να κάνω;

Κάποια στιγμή, η γυναίκα μου και εγώ νιώσαμε ότι πρέπει να μετακομίσουμε από το Χιούστον στο Ντάλας, και αρχίσαμε να προσευχόμαστε και να συζητάμε μεταξύ μας τι νιώθαμε από τον Κύριο γι' αυτό. Δεν είναι απλό πράγμα να πουλήσεις ένα σπίτι και να μετακομίσεις σε άλλη πόλη. Έχω δει πολλούς ανθρώπους να κάνουν τέτοια άλματα, και δεν τους βγήκε πάντα σε καλό. Αν, όμως, θέλουμε να περπατήσουμε με τον Θεό, δεν γίνεται να έχουμε τον φόβο ως θεμέλιο της ζωής μας.

Πρώτα-πρώτα, αποδεσμευτήκαμε από τις υποχρεώσεις που είχαμε αναλάβει μέχρι τότε. Αυτό έγινε μετά από συζητήσεις και σε συμφωνία με τους ανθρώπους που ήταν υπεύθυνοι πάνω από μας στην υπηρεσία μας. Έπειτα, μετά από πολλές θείες συναντήσεις και έναν ξεκάθαρο λόγο από το Άγιο Πνεύμα στη γυναίκα μου ότι «Αυτό θα είναι το σπίτι σας», μετακομίσαμε και αρχίσαμε να υπηρετούμε προσφέροντας τα χαρίσματά μας στο νέο μας σπίτι, στη νέα μας εκκλησία (παράλληλα, εγώ δίδασκα ως Αναπληρωτής Καθηγητής στο Πανεπιστήμιο εκεί). Παρεμπιπτόντως, κάτι που έμαθα καλά είναι ότι, αν ο Κύριος δεν συμμαρτυρήσει το σχέδιό Του και στον/στην σύζυγό σου, ό,τι βήμα και να κάνεις, θα σου δημιουργήσει προβλήματα.

Δίναμε, λοιπόν, απλόχερα στην εκκλησία μας τα χαρίσματα της διδασκαλίας και της προσευχής μας. Αλλά, οφείλω να ομολογήσω, πως τα συναισθήματά μου άρχισαν να αδημονούν: «Πότε θα γίνει κάτι επιτέλους;». Αιωρούμουν ανάμεσα στην ένταση που ένιωθα μεταξύ της ψυχής και του πνεύματός μου. Στον ψυχικό μου άνθρωπο (το μυαλό, τη θέληση και τα συναισθήματά μου), ήθελα να κάνω ό,τι περνούσε από το χέρι μου για να κάνω το επόμενο βήμα προς την προσωπική μου ασφάλεια. Αλλά, κάθε πρωί, όταν πήγαινα στην προσευχή, ήξερα μέσα στο πνεύμα μου ότι «δωρεάν έλαβα, δωρεάν δίνω».

Μετά από τόσα χρόνια, κατάλαβα ότι υπάρχει διαφορά ανάμεσα στο «σκέπτεσθαι» και το «γνωρίζειν». Είναι δύο διαφορετικά κομμάτια του εαυτού μου, θα έλεγα. Το «σκεπτόμενο» κομμάτι μου είναι η ψυχή μου (μυαλό, θέληση και συναισθήματα). Το μέρος της βαθιάς «γνώσης», όμως, είναι το πνεύμα μου, ο εσωτερικό άνθρωπος, ο κρυφός άνθρωπος της καρδιάς (Α' Πέτρου 3:4). Η ψυχή του ανθρώπου αξιολογεί τι είναι επείγον με βάση τον χρόνο και τείνει να είναι παρορμητική, «Αν δεν κάνω κάτι αυτή τη στιγμή, θα χάσω την ευκαιρία μου». Όμως, ούτε το Πνεύμα του Θεού, ούτε το αναγεννημένο πνεύμα του ανθρώπου κινούνται μέσα στους περιορισμούς και τις επιταγές του χρόνου. Ο εσωτερικός σου άνθρωπος ζει στη σφαίρα της αιωνιότητας πλέον. Και από εκεί πηγάζει η βεβαιότητα ότι ο Θεός κάνει τα πάντα να συνεργούν για το καλό σου. Η Βίβλος το ονομάζει «ειρήνη που υπερέχει κάθε νου» (Φιλιππησίους 4:7). Όταν προσεύχομαι με το πνεύμα, μένω για λίγη ώρα σε ησυχία μπροστά στον Κύριο, και νιώθω την ειρήνη να ανεβαίνει μέσα από το πνεύμα μου και να ησυχάζει το μυαλό και την ψυχή μου.

Ο Δαυίδ το έμαθε καλά αυτό το μάθημα μέσα από τις πολλές φορές που περίμενε τον Κύριο. Παρομοιάζει τον εαυτό μου με ένα παιδί που απογαλακτίστηκε και δεν χρειάζεται πλέον να κλαίει και να τσιρίζει κάθε φορά που πεινάει ή θέλει άλλαγμα η πάνα του:

Βέβαια, υπέταξα και καθησύχασα την ψυχή μου, σαν το απογαλακτισμένο παιδί κοντά στη μητέρα του· η ψυχή μου είναι μέσα μου σαν το απογαλακτισμένο παιδί.
Ψαλμός 131:2

Γιατί είναι σημαντικό να απογαλακτιστεί ένα παιδί; Διότι περνάει πλέον σε μια νέα φάση ανάπτυξης, όπου μπορεί να επικοινωνεί και να ζητάει αυτά που χρειάζεται με άλλους τρόπους. Το στάδιο του απογαλακτισμού είναι ουσιαστικά ένα νέο στάδιο επικοινωνίας, όπου το παιδί μπορεί να μιλάει στη μητέρα του αντί να κλαίει και να αναγκάζει τη μητέρα του να μαντεύει τι χρειάζεται.

Πρόκειται για ένα πολύ βασικό σημείο για να καταλάβουμε τον Ρόλο του *Abba*. Πολλοί πιστοί δεν έμαθαν ποτέ πώς να αναπτύσσουν τον εσωτερικό τους άνθρωπο και πώς να δυναμώνουν το πνεύμα τους για να κυριαρχεί στην ψυχή και στα συναισθήματά τους. Το μόνο που ξέρουν να κάνουν όταν νιώθουν άβολα ή δεν ξέρουν τι θα γίνει, είναι να κλαίνε σαν βρέφη που ακόμα θηλάζουν. Καθώς, όμως, μαθαίνω να επικοινωνώ με τον Θεό, και με το μυαλό και με το πνεύμα μου (Α' Κορινθίους 14:15), η ειρήνη του Θεού έρχεται και βασιλεύει μέσα στην καρδιά μου, σαν αυτοκράτορας που κάθεται στον θρόνο του. Το μυαλό μου μπορεί να μην έχει τις απαντήσεις που θα ήθελε για το «τι, πότε, πώς», αλλά το πνεύμα μου είναι ήρεμο. Μπορώ να έχω το «γνωρίζειν», κι ας μη μπορώ να το εξηγήσω με το «σκέπτεσθαι».

Ο Κύριος ποτέ δεν σταματάει να ξεφλουδίζει τα στρώματα της ορφανής νοοτροπίας από τη ζωή μας. Ο Κύριος συνεχώς μου δείχνει κατάλοιπα ανυπομονησίας μέσα μου. Μου δείχνει σε ποια πράγματα επιμένω να θέλω να κινήσω τα νήματα, να κάνω κάποιες κινήσεις, να κλωτσήσω κάποιες πόρτες που δεν ανοίγουν. Και όλα είναι σάρκα, είναι το ορφανό πνεύμα. Αλλά ο Κύριος είναι υπομονετικός και προσεκτικός μαζί μου.

Η υπομονή δεν είναι καρπός της δικής μου έντονης προσπάθειας. Η υπομονή είναι καρπός του έργου του Αγίου Πνεύματος στη ζωή μου. Με την υπομονή μπορώ να κυριαρχήσω στην ψυχή μου. Με την υπομονή μπορώ να δαμάσω τις απαιτήσεις των συναισθημάτων μου για άμεσες απαντήσεις. Όσο περίεργο κι αν ακούγεται, έχω φτάσει στο σημείο που δεν έχω ανάγκη να ξέρω ποιο είναι το θέλημα του Θεού. Ο Ιησούς, διαμέσου του Αγίου Πνεύματος, είναι το θέλημα του Θεού μέσα μου, οπότε ό,τι πρέπει να ξέρω θα το ξέρω όταν το χρειαστώ. Ανακάλυψα ένα νέο μέρος ανάπαυσης, σαν απογαλακτισμένο παιδί. Μπορώ απλώς να είμαι μια έκφραση του Ιησού στους ανθρώπους γύρω μου.

Κάποια στιγμή, σε εκείνη την πρόσφατη περιπέτεια προσαρμογής μας στο νέο μέρος διακονίας μας, ο Κύριος μου έδωσε έναν λόγο που με παρηγόρησε βαθιά. Μου είπε, *Κέρι, δεν έχω καμία πρόθεση να σου στερήσω αυτές τις ευκαιρίες. Απλώς σε προστατεύω από πράγματα που δεν θα είναι το καλύτερο για σένα.* Και τώρα, εκ των υστέρων, βλέπω πόσο δίκιο είχε και πόσο μεγάλη ήταν η αγάπη Του και η καθοδήγησή Του στη ζωή μας. Πόσες φορές, όμως, χωνόμαστε πρόωρα εκεί που δεν μας σπέρνουν, σερνόμαστε από την ανυπόμονη ψυχή μας, απαιτούμε σαν ορφανοί να μάθουμε τι γίνεται, κλαίμε σαν βρέφη που ακόμα θηλάζουν και στο τέλος, ευχόμαστε να είχαμε κάνει λίγη υπομονή ακόμα;

Θέλεις να φτάσεις στο σημείο που δεν θα νιώθεις την ανάγκη να ξέρεις το επόμενο βήμα — θα μπορείς ήσυχα και ωραία να Τον εμπιστεύεσαι; Θέλεις να έρθεις και εσύ σ' αυτό το ταξίδι μαζί μου και να πεις «Θέλω να είμαι γιος, θέλω να ευαρεστώ τον Πατέρα, θέλω να λέω μόνο ό,τι λέει ο Πατέρας, θέλω να κάνω ό,τι βλέπω τον Πατέρα να κάνει»; Μπορεί να σου ακούγονται πολύ θεολογικά όλα αυτά, αλλά το Άγιο Πνεύμα μπορεί να τα πάρει και να τα κάνει τόσο ρεαλιστικά στην καρδιά σου, ώστε να ακούς αυτή τη φωνή από το πνεύμα σου να λέει, «Μπαμπά! Πατέρα! Μέσα στην παρουσία Σου θέλω να μόνο να ζω!». Ας πάμε λίγο πιο βαθιά.

> *Επειδή, όσοι διοικούνται από το Πνεύμα τού Θεού,*
> *αυτοί είναι γιοι τού Θεού.*
> Ρωμαίους 8:14

Η θέση ενός γιου είναι μια θέση ανάπαυσης. Η θέση ενός γιου είναι μια θέση κληρονομιάς. Η θέση ενός γιου είναι να ξέρει ότι δεν εξαρτάται από αυτόν, αλλά από τον Πατέρα. Η κύρια προτεραιότητά μου είναι να ακούω τη φωνή του Πατέρα και να περπατώ μαζί Του. Αν θέλεις να προχωρήσεις ακόμα πιο βαθιά, συνέχισε με το βιβλίο *Η ΔΙΑΜΟΡΦΩΣΗ ΑΠΟ ΤΟΝ ΑΒΒΑ*.

Βιβλιογραφία

Beschloss, Steven. *The Gunman and His Mother: Lee Harvey Oswald, Marguerite Oswald and the Making of an Assassin.* Kindle Books: Media Wave, 2013.

Frost, Trish and Jack. *Spiritual Slavery to Spiritual Sonship: Your Destiny Awaits You.* Shippensburg, PA: Destiny Image, 2006.

Hart, Trevor. "Humankind in Christ and Christ in Humankind: Salvation as Participation." Scottish Journal of Theology, 42.

Hayford, Jack W. *Rebuilding the Real You: The Definitive Guide to the Holy Spirit's Work in Your Life.* Lake Mary, FL: Charisma House, 2009.

———. *A Passion for Fullness.* Waco: Word Pub., 1990.

Jeremias, Joachim. *The Central Message of the New Testament.* London: SCM Press, 1965.

Kendall, R.T. *The Anointing: Yesterday, Today, Tomorrow.* Lake Mary: Charisma House, 2003.

Nouwen, Henry. *Life In The Beloved: Spiritual Living in a Secular World.* New York: The Crossroads Publishing Co., 1992.

O' Collins, Gerald. *The Tri-personal God.* New York: Paulist Press, 1999.

Pinnock, Clark H. *Flame of Love.* Downers Grove: IVP, 1996.

Polo-Wood, Chiqui. *Lessons Learned in the Battle: How to Live in Victory No Matter What.* Bedford, TX: Burkhart Books, 2015.

Sherman, Jeremy S. *"How to Need Less Affirmation."* Psychology Today, August, 26, 2015.

Strobel, Lee. *A Case for Grace.* Grand Rapids: Zondervan, 2015.

Wead, Doug. *The Raising of President and All the Presidents' Children.* Atria Books, 2005.

Wood, Chiqui. *The Abba Foundation.* Bedford, TX: Burkhart Books, 2018.

Wood, Kerry. *The Abba Formation.* Bedford, TX: Burkhart Books, 2018.

———. *The Gifts of the Spirit for a New Generation.* Zadok Publishing, 2015.

Υπόμνημα

[1] «Spiritual Slavery to Spiritual Sonship: Your Destiny Awaits You» από τους Trish και Jack Frost (Shippensburg, PA: Destiny Image, 2006). Ο φίλος μου, ο Νταγκ Στρίνγκερ, μου έδωσε αυτή τη σειρά μηνυμάτων σε CD πριν από πολλά χρόνια, και έκτοτε μου «άναψε φωτιές».

[2] «Rebuilding the Real You: The Definitive Guide to the Holy Spirit's Work in Your Life» του Jack W. Hayford (Lake Mary, FL: Charisma House, 2009).

[3] Ο Ιησούς δεν ήρθε για να επιβεβαιώσει τις ήδη λανθασμένες αντιλήψεις για τον Θεό που έχτισε μέσα μας η θρησκεία. Στην πραγματικότητα, ήρθε για να προκαλέσει και να μεταμορφώσει τις πρωταρχικές ιδέες που υιοθέτησε ο λαός Ισραήλ (και όλος ο κόσμος) για τον Θεό, ότι είναι ένας επικριτικός Θεός, εμμονικός με την τήρηση κανόνων, άκρως σαδιστικός, ο οποίος απολαμβάνει να βασανίζει την ανθρωπότητα. Επιπλέον, ο Ιησούς επαναπροσδιόρισε και μεταμόρφωσε τις έννοιες του ιερατείου, της ραβινικής διακονίας, του νόμου, της διαθήκης και της σημασίας όλων αυτών. Θα πρέπει να είμαστε πολύ προσεκτικοί, ώστε να μη χρησιμοποιούμε τις θρησκευτικές, ραβινικές ιδέες εκείνης της εποχής προσπαθώντας να καταλάβουμε ποιος ήταν ο Ιησούς. Ο Κύριος ήρθε για να τα ανασχηματίσει και να τα επαναπροσδιορίσει όλα αυτά, και όχι να γίνει κατανοητός μέσα απ' αυτά.

[4] Αναφορές στον Θεό ως πατέρα στην Παλαιά Διαθήκη: Μαλαχίας 2:10, Ψαλμός 103:13, Ιερεμίας 3:4, 19, Μαλαχίας 1:6, Ησαΐας 63:15, 64:8, Ωσηέ 11:3, 8, Ιερεμίας 31:9, 20. Αυτά τα εδάφια δείχνουν τον Θεό ως πατέρα όσων κάνουν το θέλημά Του, αλλά και πατέρα κάθε Ισραηλίτη ξεχωριστά.

[5] «The Central Message of the New Testament» από τον Joachim Jeremias (London: SCM Press, 1965).

[6] Ο Ιωακείμ Ιερεμίας λέει, «Ο Ιησούς τους εξουσιοδότησε να επικαλούνται κι αυτοί τον Θεό ως *Abba* τους, και αυτό σήμαινε ότι τους επέτρεπε να συμμετέχουν στη δική Του επικοινωνία με τον Θεό. Πήγε και ένα βήμα παραπέρα, όταν τους είπε ότι μόνο όποιος μπορεί να επαναλαμβάνει με παιδικότητα αυτό το «Abba», θα μπει στη βασιλεία του Θεού. Κάθε φορά που οι μαθητές χρησιμοποιούσαν την επίκληση «Abba», έμπαιναν πιο βαθιά σ' αυτή την αποκάλυψη και έκαναν πράξη μια εσχατολογική αλήθεια. Αυτό είναι η βασιλεία του Θεού εδώ και τώρα. Μια προκαταβολική εκπλήρωση της τελικής υπόσχεσης. (Στο ίδιο, 28-29)

[7] «The Death of the Messiah» από τον Raymond Brown, όπως το παραθέτει ο Gerald O'Collins στο «The Tri-personal God» (New York: Paulist Press, 1999), 183.

[8] Η λέξη *Abba* περιγράφει τη σχέση του Ιησού με τον Πατέρα και μας φανερώνει τι κρυβόταν πίσω από το *Κήρυγμα* (το μήνυμα που διέδωσαν οι μαθητές Του). Δεν ήταν απλά μια ερμηνεία σχετικά με τον Ιησού την οποία ήθελαν να διαδώσουν. Βρισκόμαστε μπροστά σε κάτι πρωτόγνωρο και ανήκουστο, κάτι που γκρεμίζει όλα τα όρια του Ιουδαϊσμού. Βλέπουμε ποιος ήταν ο Ιησούς από την πλευρά της Ιστορίας: ήταν ο άνθρωπος που είχε τη δύναμη να ονομάζει τον Θεό *Abba (μπαμπά)*, και Αυτός που συμπεριέλαβε κάθε αμαρτωλό και κοσμικό άνθρωπο στη βασιλεία, δίνοντάς τους εξουσία να χρησιμοποιούν την ίδια λέξη προς τον Θεό, «*Abba,* Πατέρα μου αγαπημένε».

[9] Ο Ιωακείμ Ιερεμίας λέει, «Την απόδειξη της Χριστολογικής αλήθειας της υιοθεσίας μας, ότι είμαστε γιοι και κόρες Του, μας τη δίνει το Πνεύμα που κατοικεί μέσα μας και χρησιμοποιεί το ίδιο λεξιλόγιο με τον Γιο του Θεού, «*Abba,* Πατέρα!». Ο Πατέρας και ο Γιος είναι παρόντες στη ζωή ενός πιστού, μέσα από το Άγιο Πνεύμα που κατοικεί μέσα του. (66-67)

[10] «Η Κηδεία του Γιάσερ Αραφάτ» στο YouTube, https://www.youtube.com/watchtv_f4lTa72glh0 (το βίντεο έχει διαγραφεί).

[11] Η Αμερικανική Επιτροπή για τους Πρόσφυγες και Μετανάστες είχε ένα εξαιρετικό άρθρο γι' αυτό το θέμα, αλλά δεν υπάρχει πλέον στην ιστοσελίδα τους. Ο Τόνι Χόργουιτς στο βιβλίο του με τίτλο «Baghdad Without a Map» αναλύει αυτή την ιδέα, αλλά, ας μην ξεφύγουμε από τον σκοπό και το θέμα αυτού του βιβλίου.

[12] Το *The Case for Christ* είναι μια αμερικανική, χριστιανική δραματική ταινία του 2017, που σκηνοθέτησε ο Τζον Γκαν, έγραψε ο Μπράιαν Μπερντ και βασίζεται στην αληθινή ιστορία που ενέπνευσε το ομώνυμο βιβλίο του Λι Στρόμπελ (1998). Η υπόθεση αφορά έναν αθεϊστή δημοσιογράφο που προσπαθεί να διαψεύσει την πίστη της συζύγου του στον Χριστό. Η ταινία κυκλοφόρησε στις 7 Απριλίου 2017 από την Pure Flix Entertainment, με πρωταγωνιστές τους Μάικ Βόγκελ, Έρικα Κρίστενσεν, Φαίη Νταναγουέι και Ρόμπερτ Φόρστερ.

[13] «A Case for Grace» από τον Λι Στρόμπελ (Grand Rapids: Zondervan, 2015), 20.

[14] «The Raising of President and All the Presidents' Children» από τον Doug Wead (Atria Books, 2005). Ο Νταγκ Γουίντ καταγράφει πολλούς ακόμα Αμερικανούς Προέδρους που έχασαν τον πατέρα

τους σε μικρή ηλικία. Ο Τζέιμς Γκάρφιλντ ήταν ενός έτους όταν πέθανε ο πατέρας του. Ο Άντριου Τζόνσον ήταν τριών, ο Χέρμπερτ Χούβερ ήταν έξι, ο Τζόρτζ Γουάσινγκτον ήταν έντεκα και ο Τόμας Τζέφερσον ήταν δεκατεσσάρων. Δεκαεννέα συνολικά πρόεδροι, προτού φτάσουν τα τριάντα, είχαν χάσει τους πατεράδες τους.

[15] Ευχαριστώ τον φίλο μου, Ράιαν Νόρθκατ, που έκανε αυτόν τον νοηματικό παραλληλισμό.

[16] Το λέω εδώ και πολλά χρόνια: «Η σπουδαιότερη ελευθερία είναι να μη χρειάζεται να κρύψω κάτι, να μην έχω κάτι να χάσω, να μη φοβάμαι κάτι, να μη χρειάζεται να αποδείξω κάτι». Είναι κάτι που γεννήθηκε μέσα από τη φράση του Πιτ Κάντρελ, «Η σπουδαιότερη ελευθερία είναι να μη χρειάζεται να αποδείξεις τίποτα», όπως την παραθέτει ο P.T. Κένταλ στο «The Anointing: Yesterday, Today, Tomorrow» (Lake Mary: Charisma House, 2003), 33.

[17] Υπονοούμε ότι η αυτή αποκάλυψη (ότι είμαστε γιοι) είναι πιο σημαντική από τη σωτηρία μας; Ουσιαστικά, το ένα ανοίγει τον δρόμο για το άλλο. Η σωτηρία είναι η ολοκληρωτική θεραπεία μας, η πληρότητά μας και το εισιτήριό μας για τον ουρανό· η καρδιά του γιου, όμως, είναι ο αιώνιος σκοπός και προορισμός μας, που θα συνεχίσει να ξετυλίγεται ακόμα και αφότου φτάσουμε εκεί ψηλά.

[18] Η σειρά των δώδεκα βημάτων είναι από το «Spiritual Slavery to Spiritual Sonship: Your Destiny Awaits You» από τους Trish και Jack Frost (Shippensburg, PA: Destiny Image, 2006). Σ' αυτούς χρωστώ τη βασική δομή αυτής της ιδέας, παρότι την έχω αναδιαμορφώσει κάπως στο πέρασμα των χρόνων.

[19] «Sigmund Freud's Father Story» από το PBS.org (http://www.pbs.org/youngdrfreud/pages/family_father.htm), Devillier Donegan Enterprises, 2002.

[20] «The Gunman and His Mother: Lee Harvey Oswald, Marguerite Oswald and the Making of an Assassin» από τον Steven Beschloss (Kindle Books: Media Wave, 2013).

[21] Τραγούδι του Bill Gaither, « I Am Loved», Copyrights: 1982 Word Music, LLC, William J. Gaither, Inc.

[22] Ευχαριστώ τον φίλο και επιμελητή, Κέβιν Γουίλιαμς, για αυτόν τον βαθυστόχαστο συλλογισμό.

[23] Αυτή η ιστορία είναι μια ανθολογία πολλών εκκλησιών και ποιμένων που συνάντησα σε όλον τον κόσμο. Στη Ρωσία, στη Γεωργία, στη Μπογκοτά της Κολομβίας, ακόμα και στη Νέα Ορλεάνη της Λουιζιάνας, γνώρισα ποιμένες που μιλούσαν με επιβεβαίωση στο ποίμνιό τους, και γνώρισα απλά μέλη της εκκλησίας που χαιρετούσαν

ο ένας τον άλλο και εμένα με φιλιά στο μάγουλο. Ο κόσμος είναι γεμάτος πιστούς που ζούνε πραγματικά μέσα στην ελευθερία της αγάπης του Πατέρα, και αυτό τους κάνει σαν παιδιά, ευάλωτους και έτοιμους να εμπιστευθούν. Ποθώ να το δω να συμβαίνει σε όλον τον λαό του Θεού.

[24] «How To Need Less Affirmation» από τον Jeremy S. Sherman, Psychology Today, August, 26, 2015.

[25] Τραγούδι του Stevie Wonder, «Don't You Worry About a Thing», Motown Records: Album, Innervisions, 1973.

[26] Από το κήρυγμα του Henry Nouwen με τίτλο «Being the Beloved», που κήρυξε στον Κρυστάλλινο Καθεδρικό, The Crystal Cathedral, Hour of Power, 1992.

[27] Αναλυτικότερα γι' αυτό το θέμα, δες το βιβλίο της Chiqui Wood, «Lessons Learned in the Battle», Burkhart Books, 2015.

[28] *Θεοδικία* είναι η μελέτη της ύπαρξης του κακού, ένα θέμα πολύ διαφορετικό από τον σκοπό του παρόντος βιβλίου. Είναι γενικά αποδεκτό ότι στον διαλυμένο κόσμο μας συμβαίνουν άσχημα πράγματα για δύο κυρίως λόγους. Πρώτον, ο κόσμος βρίσκεται κάτω από την κατάρα της αμαρτίας, ο Σατανάς είναι προσωρινά θεός αυτού του κόσμου και έχει τη δύναμη να υποκινεί δαιμόνια, ανθρώπους και, σε κάποιο βαθμό, την υπόλοιπη κτίση. Δεύτερον, η ελεύθερη βούληση του ανθρώπου και οι ατελείς ανθρώπινες κατασκευές (αεροπλάνα, αυτοκίνητα, κτίρια κτλ) μπορεί να είναι τα βασικά αίτια μιας τραγωδίας. Αν ένας πιλότος δεν παρακολουθεί τους μετρητές του και ξεμείνει από καύσιμα, το αεροπλάνο θα πέσει και οι επιβάτες θα πεθάνουν. Η αιτία είναι ένας συνδυασμός ανθρώπινου σφάλματος και φυσικών νόμων (της βαρύτητας). Αν πούμε ότι ευθύνεται ο Θεός ή ο διάβολος για τη συντριβή του αεροσκάφους, αγγίζουμε τα όρια της δεισιδαιμονίας. Η ουσία είναι ότι ο Σατανάς εκμεταλλεύεται τον πόνο και τα τραύματα που μας δημιουργούν οι τραγωδίες και οι πληγές μας, ώστε να χτίζει τα δικά του οχυρά μέσα μας.

[29] Διάβασε τον Επίλογο που έχει τίτλο «Απ' το Βρέφος στο Απογαλακτισμένο Παιδί» για μια πιο ξεκάθαρη διάκριση της ψυχής και του πνεύματος.

[30] Στο πρωτότυπο κείμενο, στην προς Ρωμαίους 12:2, στο κατά Ματθαίο 17:2 και κατά Μάρκο 9:2, επαναλαμβάνεται η ίδια ελληνική λέξη *μεταμορφώνομαι*. Αυτό μας δείχνει ότι η αλλαγή στην οποία αναφέρεται ο Παύλος (και αυτό που έζησε ο Ιησούς στο Όρος της *Μεταμορφώσεως*), είναι κάτι πολύ πιο ριζικό από μια διανοητική

άσκηση. Στο επόμενο βιβλίο της τριλογίας, *Η Διαμόρφωση από τον Abba* (Burkhart Books, 2018), θα βρεις περισσότερα για την πνευματική αφετηρία της ανακαίνισης του μυαλού.

[31] Οι υποσχέσεις του Θεού, σύμφωνα με την προς Εβραίους 6:15-17, βασίζονται στο αμετάθετο της βουλής Του. Και εφόσον δεν υπάρχει καμία δύναμη μεγαλύτερη απ' Αυτόν για να ορκιστεί σ' αυτήν, ο Θεός ορκίστηκε στον εαυτό Του. Για να μιλήσουμε με όρους διαθήκης, αυτό σημαίνει ότι, «Αν δεν κάνω αυτό που υποσχέθηκα, ορκίζομαι ότι θα καταστρέψω τον εαυτό Μου». Προφανώς, αυτό είναι αδύνατο· ο Θεός *δεν μπορεί να πει ψέματα* και άρα, δεν μπορεί να αυτοκαταστραφεί. Τόσο σίγουρες είναι οι υποσχέσεις Του.

[32] Ο φίλος μου, ραβίνος Ραλφ Μάροβιτς, λέει ότι η πιο σωστή μετάφραση του Ψαλμού 121:1 δεν είναι *προς τα βουνά*, αλλά *πάνω από τα βουνά*, διότι στις κορυφές των βουνών γίνονταν οι ειδωλολατρικές τελετές, και δεν υπήρχε περίπτωση ο Δαυίδ να έλεγε «Υψώνω τα μάτια μου προς τα είδωλα». Ίσα ίσα, λέει το ακριβώς αντίθετο: «Υψώνω τα μάτια μου πάνω από τα βουνά... από εκεί έρχεται η βοήθειά μου... από τον Δημιουργό του ουρανού και της γης».

[33] «Humankind in Christ and Christ in Humankind: Salvation as Participation» από τον Trevor Hart, Scottish Journal of Theology vol. 42, p 72.

[34] «Flame of Love» από τον Clark H. Pinnock, Downers Grove; IVP. 1996, p 21, 50.

Σχετικά με τον Συγγραφέα

Το πάθος του Κέρι Γουντ είναι η αυθεντική χριστιανική ζωή μέσα από τη δύναμη του Πνεύματος. Μέσα στα πάνω από τριάντα πέντε χρόνια της ποιμενικής διακονίας του, εστίασε την προσοχή του στην τοπική εκκλησία, στο έργο της προσευχής και σε πρωτοβουλίες που φέρνουν αλλαγή στην κοινωνία. Ίδρυσε και χρηματοδότησε την ίδρυση εκκλησιών στην Αμερική και σε άλλες χώρες και έχει μιλήσει σε συνέδρια ηγεσίας, μαζικές συναθροίσεις και τοπικές εκκλησίες σε πάνω από είκοσι χώρες, αλλά και στην Αμερική. Έχει πλούσιο συγγραφικό υλικό για διακονία, έχει δημοσιεύσει άρθρα, οπτικοακουστικά μαθήματα και προγράμματα Βιβλικών σπουδών.

Στους ρόλους του ως ηγέτης τοπικής εκκλησίας, καθηγητής σε Βιβλικό Κολέγιο και μέλος του Συλλόγου Μελέτης της Πεντηκοστής, ο Κέρι έχει δεσμευτεί να συνεργάζεται με το Άγιο Πνεύμα στη μεσιτική προσευχή, στη διδασκαλία του Λόγου, στην πενταπλή ενίσχυση της Εκκλησίας, στην εκπαίδευση ηγετών και στην ίδρυση εκκλησιών. Στόχος του είναι η συνεργασία με το έργο του Αγίου Πνεύματος μέσα από τα χαρίσματα και το βάπτισμα στο Άγιο Πνεύμα. Η φιλοσοφία της ζωής και της διακονίας του είναι ότι πρώτα «είμαστε» και έπειτα «κάνουμε». Η πληρότητα του Θεού μέσα μας πρέπει να είναι η αφετηρία κάθε έργου μας.

Ο Κέρι κατέχει Διδακτορικό Διακονίας (Ποιμενικού Έργου) και Μεταπτυχιακό Θεολογίας από το Πανεπιστήμιο «The King's University» στο Λος Άντζελες, Μεταπτυχιακό Βιβλικής Λογοτεχνίας από τη Θεολογική Σχολή «Assemblies of God Theological Seminary» και Πτυχίο Χριστιανικής Διακονίας από το Πανεπιστήμιο «Southwestern Assemblies of God University».

Ο Κέρι είναι παντρεμένος με τη (Δρα) Άννα (Τσίκι) Γουντ, και έχει τέσσερα ενήλικα παιδιά, τον Ρόμπερτ, τον Τζόφρεϊ, την Όντρεα και τη Λόρεν.

www.DrKerryWood.com   www.TableofFriends.com

Δείτε τα άλλα δύο βιβλία της τριλογίας:

ΤΟ ΘΕΜΕΛΙΟ ΤΟΥ ΑΒΒΑ:
Η πραγματική ελευθερία από το ορφανό πνεύμα είναι εφικτή μόνο μέσα από μια σωστή οπτική για τον Θεό.

Η ΔΙΑΜΟΡΦΩΣΗ ΑΠΟ ΤΟΝ ΑΒΒΑ:
Θέλεις να προχωρήσεις πιο βαθιά; Μάθε πώς μπορείς να συνεργάζεσαι με το Άγιο Πνεύμα, που διερευνά την καρδιά του Πατέρα και σου αποκαλύπτει τις προθέσεις Του μέσα από πνευματικά λόγια.

CPSIA information can be obtained
at www.ICGtesting.com
Printed in the USA
BVHW031500071022
648926BV00031B/762